从零开始

IESR
七载逐梦史

冯帅章　编著

暨南大學出版社
JINAN UNIVERSITY PRESS

中国·广州

图书在版编目（CIP）数据

从零开始：IESR 七载逐梦史 / 冯帅章编著 . —广州：暨南大学出版社，2023.9
ISBN 978-7-5668-3761-5

Ⅰ.①从… Ⅱ.①冯… Ⅲ.①暨南大学经济与社会研究院—校史 Ⅳ.① G649.286.51

中国国家版本馆 CIP 数据核字（2023）第 157725 号

从零开始：IESR 七载逐梦史
CONG LING KAISHI：IESR QI ZAI ZHUMENG SHI
编著者：冯帅章

出 版 人：张晋升
责任编辑：曾鑫华　彭琳惠
责任校对：孙劭贤　黄子聪
责任印制：周一丹　郑玉婷

出版发行：暨南大学出版社（511443）
电　　话：总编室（8620）37332601
　　　　　营销部（8620）37332680　37332681　37332682　37332683
传　　真：（8620）37332660（办公室）　37332684（营销部）
网　　址：http://www.jnupress.com
排　　版：广州市广知园教育科技有限公司
印　　刷：深圳市新联美术印刷有限公司
开　　本：787 mm×1092 mm　1/16
印　　张：20.25
字　　数：396 千
版　　次：2023 年 9 月第 1 版
印　　次：2023 年 9 月第 1 次
定　　价：128.00 元

序一

2018年10月，中共中央总书记、国家主席、中央军委主席习近平到暨南大学视察并发表重要讲话。在肯定学校办学成果的同时，习近平总书记对进一步办好暨南大学提出了更高的要求。习近平总书记的视察讲话提振了暨南大学的办学信心，同时为学校全面深化改革，推进"双一流"和高水平大学建设指明了奋斗方向。此后，学校认真把习近平总书记的嘱托落实落细，坚持立德树人根本任务，坚持办学特色，弘扬暨南精神，擦亮暨南金字招牌，为全面建设社会主义现代化国家持续贡献暨南力量。

育才造士，为国之本。在实现中华民族伟大复兴中国梦的征程上，针对人才工作，习近平总书记作出一系列重要论断，如"办好中国的事情，关键在党，关键在人，关键在人才""聚天下英才而用之"等。从经济与社会研究院七年的建设历程来看，"引才育才"是其中最令人瞩目的成绩。通过引进世界一流的国际化全职人才和学术领军人才，推行育才机制改革创新，研究院构建起新的人才格局，形成高水平人才培养体系。高层次青年人才的聚合，推动了暨南大学经济学科内涵式发展，并在国内国际学术科研方面屡获佳绩。

中共中央、国务院印发《中国教育现代化2035》中明确指出，"开创教育对外开放新格局"是面向教育现代化的十大战略任务之一。暨南大学自创办以来就担负着"声教"讫于五洲四海的历史责任。经济与社会研究院在学校支持下，汇聚世界顶尖学者，渐成国际学术高地。高质量、高频率的国际学术交流促进研究院在国际学术界发声、"亮相"，形成学术交流品牌，提升了暨南大学经济学科在学术界的声望，推动学校形成全方位、宽领域、多层次的教育对外开放局面。

当代中国青年是与新时代同向同行、共同前进的一代。青年兴则国家兴，青年强则国家强。为持续输送祖国所需的德智体美劳全面发展的时代新人，经济与社会研究院荟萃高水平师资队伍作为导师，在本科生和研究生阶段推行国际化培养模式，辅以"贴近时代，贴近生活，贴近百姓"的实践教育和丰富学术交流，推动扎根中国大地办大学与教育国际化合理结合起来，打造新商科育才摇篮，培养了一批批具有国际视野、通晓国际规则、掌握经济学系统知识、能解决实际问题、代表中国立场、富有家国情怀的高素质学子，为暨南大学推动人才培养高质量发展作出了良好示范。

习近平总书记指出，"中国特色社会主义进入新时代，大学要着眼经济社会发展，面向世界科技前沿、面向经济主战场、面向国家重大需求、面向人民生命健康，主动对接，积极作为"。研究院以"经世济民"为核心目标，充分认识服务社会的责任使命，推动了高质量微观数据库和中国特色新型智库建设，聚焦乡村振兴、人口流动等国计民生大事，发挥人才智力优势和微观数据支撑优势，面向国家重大战略需求，提供政策咨询和研究的科学参考，打造切实推动社会发展的"智识蓄水池"。

教育是国之大计、党之大计。党的二十大报告指出："教育、科技、人才是全面建设社会主义现代化国家的基础性、战略性支撑。"未来，暨南大学将继续深入贯彻习近平总书记视察暨南大学重要讲话精神，立足现有发展基础，坚持侨校办学特色，不断提高办学国际化水平；坚持为党育人、为国育才，培育更多面向未来的卓越商科人才；坚持深化教育改革创新，吸纳并推广经济与社会研究院综合改革的有效经验，为推进"双一流"和高水平大学建设、开创华商经济新局面、服务国家和地方经济社会发展、中华民族的伟大复兴作出更大贡献！

林如鹏

暨南大学党委书记

2023 年 3 月 22 日

序二

始有暨南，便有商科。作为我国最早开展商科教育的国立高等学府之一，暨南大学在百年办学历程中，始终牢守初心，在商科发展上重点施力，为持续擦亮这块跨越世纪的金字招牌砥砺深耕。

2015年，暨南大学经济与社会研究院正式成立。迎着国内高校推动"双一流"建设的热潮，学校决定将研究院列为"暨南大学综合改革示范区"试点单位，给予全方位的发展支持和有力指导，并赋予其新的使命——积极探索教育改革和创新，在坚持暨南国际化办学特色的基础上，着力形成充满活力、富有效率、更加开放、有利于高质量发展的教育体制机制，推动暨南商科乃至中国经济学科长足发展。

在五年的示范区建设中，经济与社会研究院在队伍建设、人才培养、科学研究、社会服务、国际合作等方面开展了大胆探索和生动实践，取得丰硕的改革成果，积累了行之有效、可供推广的经验，并初步形成品牌效应，获得学术界的高度认可。

"大学"之"大"在于师。经济与社会研究院推进暨南经济学科建设，提高教学培养质量，就是从"师"入手。研究院通过创新人才引进和培养机制体制，吸引高层次海外人才归国发展孵化，柔性引进海外学术大师领军科研，不断突破教师引培困局。同时，研究院积极筑巢引凤，全力打造国际学术交流平台，汇聚世界顶级学者大师，促进暨南园内的青年学者和学生在高质量、高频率的学术交流中，夯实学术功底、启发创新思维。在此良师汇聚的学术环境基础上，研究院勇于改革学生培养方案，开设经济学（国际化创新班）项目，创新教学方式和教学内容，发挥导师的培养主导作用，为拔尖人才成长搭建平台。课堂之外，研究院重视师生实践，重视践行服务社会发展的使命，打造专业的调查中心，建设中国特色新型智库。师生积极担当作为，通过开展学术调查和政策研究，收集中国数据，研究中国问题，服务中国发展，讲好中国故事。从 2015 年至 2022 年，研究院的先行探索和高质量发展，取得了可喜的成绩。其有益的经验为学校的人才引进、科学研究、社会服务、国际合作提供了颇具示范作用的教育改革创新实践参考。

昨日的奋斗和收获已在字里行间。展望未来，我深切期望经济与社会研究院以习近平新时代中国特色社会主义思想为指引，全面贯彻党的二十大精神和习近平总书记考察暨南大学的重要讲话精神，牢记暨南大学的办学使命，将商科的百年历史积淀与我国新时代发展紧密结合，坚持推进教育体制机制改革和创新，抓内涵，提质量，全面落实立德树人根本任务；坚持建设高素质教师和研究队伍，汇聚更多"高精尖"人才，培养更多国家栋梁之材，深耕本土经济学科发展，服务国家重大发展战略和统战工作大局，为全面建设社会主义现代化国家、全面推进中华民族伟大复兴作出新的更大的贡献！

宋献中

暨南大学校长

2023 年 3 月 22 日

目　录

Contents

从零开始

IESR 七载逐梦史

第一章

创新引才育才机制，建设一流学科平台

人才是高质量推进一流高校建设的关键所在。中共中央 2016 年印发的《关于深化人才发展体制机制改革的意见》着重强调了人才对于经济社会发展的重要意义，并提出应"树立全球视野和战略眼光，充分开发利用国内国际人才资源，主动参与国际人才竞争，完善更加开放、更加灵活的人才培养、吸引和使用机制，不唯地域引进人才，不求所有开发人才，不拘一格用好人才，确保人才引得进、留得住、流得动、用得好"。中央的这一指导思想给研究院的建设目标、制度改革指明了重要方向。暨南大学经济与社会研究院（英文缩写 IESR，以下简称研究院）深知人才对于高校学科发展的重要性，自成立起便致力于打造一支具备国际视野且立足本国现实国情、具有科研创造力的优秀人才队伍。

国际化人才在推动经济学现代化、国际化过程中发挥着重大作用。目前，中国大部分高校拥有比较完整独立的经济学教学培养体系，但大多数与国际前沿的经济学教学研究的接轨程度仍然较低。而高校大力引进具有海外教育或工作背景的国际化人才，将有效地推动国内经济学现代化、国际化进程。国际化人才对于高校经济学科的发展的重要意义主要有如下几点：第一，促进高校经济学科教育与国际接轨，如课程设置、教学内容等方面；第二，促进经济学学术研究与国际接轨，如研究内容、研究方法、研究范式等方面；第三，加快经济学教育与研究的国际交流与合作进程；第四，增加在国际主流经济学期刊的论文发表数量，从而提高我国本学科的国际学术影响力；第五，推动高校教师管理体制等各方面的改革进程。国际化人才的加盟会反过来进一步促进高校进行教师人事制度改革。要想吸引人才、留住人才、发展人才，高校需对现有的"计件制"和"记工分"制度进行改革，打造宽松和谐的教学与科研环境，建立与国际接轨的学术标准。

因此，为达成"引得进、留得住、流得动、用得好"这一人才培养目标，秉承"创新机制、筑巢引凤"的人才理念，研究院大力引进国内外优秀人才，大胆改革教师人事制度，"引才"与"育才"两手一起抓。

研究院在教师人事制度改革方面，主要围绕人才引进、人才培育与人才流动三大方面进行改革。具体实施了如下措施：

（1）通过国际人才市场延揽海内外优秀全职人才；

（2）通过多形式的柔性手段引进高层次领军人才；

（3）全职教师的职称采用准聘长聘制，设立助理教授、副教授、长聘副教授和正教授四个职级；

（4）自主设置对标国际标准的职称评聘机制和考核标准；

（5）采用"首聘期 + 续聘期"考核管理模式，自主设置聘期考核标准；

（6）对全职教师实行年薪制，并设置动态调整机制；

（7）从各个方面为教师提供有力的学术支持；

（8）形成合理的人才流动机制，在允许人才有序流动的同时保持队伍稳定性。

在一系列机制体制创新及支持措施的保障之下，研究院人才工作成效显著。第一，在人才引进成果方面，成立七年内先后从国内外著名高校引进了 53 名教师（含已离职），其中毕业于中国港澳台地区及国外高校 47 人，内地（大陆）高校 6 人；截至 2022 年 12 月，在职教师 41 人，其中毕业于中国港澳台地区及国外高校 37 人，拥有中国港澳台地区及国外教育背景人才比例高达 90%。通过设立顾问委员会、特聘教授等方式引进一大批海外学术大师，其中包括 2000 年诺贝尔经济学奖获得者 James J. Heckman 教授。第二，在科研成果方面，截至目前，研究院全职教师累计获立科研项目 77 项，其中国家级项目 40 项，包括国家自然科学基金项目 38 项、国家社会科学基金项目 2 项（其中国家社会科学基金重点项目 1 项）。在国内外知名学术期刊上发表或已被正式接受论文 170 余篇，其中在国外知名期刊上发表英文论文 140 余篇，国际论文发表比例高达 85%，并在 2020 年取得暨南大学经济学科本土原创文章在 *American Economic Review* 这一国际顶级经济学期刊上发表的零的突破。第三，在学科排名方面，暨南大学经济学科在各类经济学机构排名稳步上升。在 2020 年度荷兰蒂尔堡大学"全球经济学研究机构排名"、2022 年软科"世界一流学科排名"、2021 年软科"中国最好学科排名"等排名列表中，暨南大学经济学科均排进全国前十，位列广东省首位。同期，暨南大学经济学与商学在 2022 年 9 月首度进入 ESI 全球排名前 1%，助力暨南大学应用经济学第五轮学科评估再上新台阶。第四，在人才流动方面，研究院在允许人才有序流动的同时，保持了队伍稳定性，成立至今总离职率为 23%，其中人才流失率为 17%，淘汰率为 6%。

以下，我们将从人才机制创新、人才工作成效、人才工作指引、人才工作推广四个部分对研究院人才工作内容进行详细介绍。

一　人才机制创新

研究院致力于通过引培并举的方式进行人才机制创新，构建人才队伍新格局。引才，需要突破性地吸引世界一流的国际化人才；育才，需要大胆推进改革，为国际化人才提供良好的学术与教学环境。因此研究院在教师人事制度改革方面进行了大胆的探索，从而实现"引得进、留得住、能成长"的三位一体人才管理目标。通过提供具有国际竞争力的薪酬待遇、建立与国际接轨的人才管理模式，以及打造全方位、多领域、高层次的学术交流平台等方式，为引进人才的成长提供全方位的配套保障。

（一）多措并举引进人才

1. 国际市场引进全职人才

自2016年起，研究院直接进入国际人才市场招聘国际化人才，利用美国经济学年会（American Economic Association，AEA）成熟的人才市场和招聘渠道，参照北美高校通行的招聘程序进行严格选拔。美国经济学年会目前是国际上经济学科领域最主要的面试渠道，每年来自全球各地的经济学领域求职者与招聘单位汇聚一堂，为双方提供绝佳的交流机会。短短几年时间，研究院已从芝加哥大学、加州大学伯克利分校、西北大学、约翰·霍普金斯大学、伦敦政治经济学院、新加坡国立大学、香港科技大学等国内外著名高校先后引进了53名教师（含已离职），其中毕业于中国港澳台地区及国外高校47人，内地（大陆）高校6人。研究院七年来引进的教师博士毕业高校列表如表1-1所示。

表 1-1　经济与社会研究院成立以来引进教师博士毕业高校一览表

毕业高校	人数	地区
耶鲁大学	1	
芝加哥大学	1	
西北大学	1	
约翰·霍普金斯大学	1	
康奈尔大学	1	
宾夕法尼亚州立大学	1	
波士顿大学	1	
波士顿学院	1	
得克萨斯农工大学	1	美国
俄亥俄州立大学	2	
加州大学伯克利分校	2	
加州大学戴维斯分校	3	
加州大学洛杉矶分校	2	
伊利诺伊大学厄巴纳—香槟分校	1	
罗彻斯特大学	2	
新泽西州立罗格斯大学	1	
马里兰大学帕克分校	1	
密歇根州立大学	1	

（续上表）

毕业高校	人数	地区
匹兹堡大学	1	美国
雪城大学	1	
亚利桑那大学	1	
田纳西大学诺克斯维尔分校	1	
麦吉尔大学	1	加拿大
女王大学	1	
澳大利亚国立大学	1	澳大利亚
新南威尔士大学	1	
墨尔本大学	1	
（英国）伦敦政治经济学院	2	欧洲
（英国）华威大学	1	
（荷兰）阿姆斯特丹大学	1	
（荷兰）马斯特里赫特大学	1	
（意大利）博科尼大学	1	
新加坡管理大学	1	新加坡
新加坡国立大学	2	
香港科技大学	4	中国香港
香港中文大学	1	
北京大学	1	中国内地
清华大学	1	
上海财经大学	2	
上海交通大学	1	
中山大学	1	
合计	53	

2. 柔性引进领军人物

研究院通过设立顾问委员会、特聘教授等方式引进一大批海外学术大师，其中包括 James J. Heckman 教授。Heckman 教授与研究院有很深的渊源，他既是研究院的顾问委员会主席，同时也是"111"引智基地的海外学术大师、研究院劳动经济学研究中心的联合负责人。2019 年国庆期间，Heckman 教授经暨南大学推荐，荣获中国政府友谊奖，Heckman 教授此次的获奖说明研究院在柔性引进海外顶尖人才工作上取得了卓越成效。

另外，在柔性引人政策上，研究院采用"海外中心主任制度"，聘请海外顶尖学者全面负责研究院下属各大研究中心的运作。中心主任主要负责中心的学术指引与领导，专注于提升学科实力，同时在人才引进、科学研究等方面具有自主权。研究院先后成立微观计量经济学中心、劳动经济学研究中心、国际贸易与企业发展研究中心、房地产与区域经济学研究中心、生态文明与环境经济学中心五大研究中心，聘请约翰·霍普金斯大学胡颖尧教授、芝加哥大学 James J. Heckman 教授、杜克大学徐熠教授、威斯康星大学麦迪逊分校邓永恒教授、康奈尔大学李善军教授等人分别担任中心主任。目前，各大研究中心已进入发展正轨，胡颖尧、徐熠等特聘教授连续多年参与研究院的海外招聘工作，由他们负责该领域的人才引进事宜。各大研究中心的研究队伍正逐年壮大。同时，各大研究中心的系列学术活动也在有条不紊地进行，例如微观计量经济学中心每月举行内部研讨会，每年举行计量学术研讨会和组织计量暑期夏令营，包括承办中国 2019 世界计量经济学会中国年会；房地产与区域经济学研究中心和北大光华联合举办区域与城市经济学前沿系列讲座；国际贸易与企业发展研究中心每年举办"新兴经济体的企业发展"学术研讨会；生态文明与环境经济学中心每月举办环境经济学系列讲座。

房地产与区域经济学研究中心
邓永恒教授
威斯康星大学麦迪逊分校

生态文明与环境经济学中心
李善军教授
康奈尔大学

微观计量经济学中心
胡颖尧教授
约翰·霍普金斯大学

劳动经济学研究中心
James J. Heckman教授
芝加哥大学

国际贸易与企业发展研究中心
徐熠教授
杜克大学

研究院五大研究中心海外主任

（二）探索创新人才机制

为营造宽松和谐的教学与科研环境，并进一步增加对国际化人才的吸引力，研究院尝试对人才管理进行一系列的制度改革，实施了包括准聘长聘制、职称自主评定、教师薪酬改革、行政人事管理改革等系列措施。得益于学校的支持，2017 年 9 月研究院被列为"暨南大学综合改革示范区"首个试点单位，深入开展一系列人事制度改革的探索。具体改革举措如下：

1. 学术委员会负责制

研究院秉承"教师治学"方针，以学院学术委员会为最高学术机构，负责制定研究院的总体学术标准，全面把握研究院的学术方向。学术标准的制定主要包括学术水平和研究成果的认定，教师聘任、续聘、职称评定等决定中关于学术水平的认定等范畴。研究院学术委员会是教师职称评审、教师聘期考核、学术期刊列表动态调整、研究生科研成果毕业鉴定等工作的最高决策机构，同时负责指定与组建聘期考核小组、升职评审委员会等基层考核机构。

2. 准聘长聘制

研究院参照世界一流研究型大学常用的准聘长聘（tenure-track）制度对教师予以管理和考核，设置助理教授（assistant professor）、副教授（associate professor）（非长聘）、长聘副教授（associate professor with tenure）、正教授（professor）四个职级。以助理教授身份进入研究院的教师，采用"3+3"聘期模式对教师进行考核，有六年时间获得长聘资格（即获评长聘副教授）。原则上在六年结束后未通过长聘考核的教师，学校将与其解除聘任合同。对于取得长聘资格的老师，每五年进行一次考核。

3. 职称自主评定

鉴于研究院特殊的人事制度，为进一步提高研究院人事制度的灵活性，学校将职称评定自主权下放至研究院。研究院由此获得了制定职称评定标准及执行程序的高度自主权，能够根据学科规律妥善制定对标国际的评聘机制与考评标准。

截至目前，研究院已完成了6年职称自主评审工作，其中1人次获评正教授，8人次获评长聘副教授，15人次晋升副教授（非长聘）。研究院的准聘长聘制度向海外知名高校看齐，以同领域外审专家的评审意见为主要评估依据，结合教师各方面表现进行综合评价。研究院确定了较严格的考评标准和体系，使得教师在学术论文、科学项目研究等各方面都必须遵循高标准，产出对标国际的高水平成果。同时研究院也兼顾了国内高校发展的要求，提出了对国家级基金项目立项的要求，以提高研究院教师申请国家级基金的积极性。

4. 聘期自主考核

学校对于新进的聘用制教师实行"首聘期＋续聘期"考核管理模式，在首聘期（三年）结束后需对教师进行中期考核，续聘期（三年）结束后需对教师进行期满考核。由于研究院的教师评聘机制与考评标准具有独立性，学校将聘期考核的自主权也下放至研究院，由研究院评定后，上报学校相关部门进行核准。结合研究院"3+3"聘期模式及评聘标准等实际情况，研究院自主拟定了相应的考核程序及考核标准。聘期考核分为三年中期考核与六年期满考核，其中三年中期考核结果含"续聘""延期一年""不续聘"三个等级，六年期满考核结果包括"进入常任轨评审程序""延期考核一年""延期考核两年""延期考核三年""不续聘"。学院对于何种情况下进行延期考核有严格的规定。

5. 教师薪酬改革

美国经管类专业大学教师的平均薪酬具有非常强的竞争力。据统计，2016 年美国大学教师平均薪酬是全美平均薪酬水平的 1.6 倍，且经管类专业大学教授的平均年薪水平是众多学科中最高的。因此，提供具有国际竞争力的薪酬水平是研究院从国外引进高水平优秀人才的关键。

对此，研究院对教师薪酬制度进行改革，提供具有国际竞争力的薪酬水平吸引人才，在各层次的基础上制定相应的薪酬范围，并在该范围内实行"一人一价"薪酬决定方式，根据每一位教师的情况为其"量身定做"薪酬。学院成立薪酬委员会，由委员会成员讨论每位教师的薪酬，特别是对合同即将到期或即将升职的教师的薪酬进行动态调整，以确保薪资有市场竞争力，留住优秀的人才。薪酬委员会讨论的薪酬结果上报学校主管领导，由主管领导审批后上报校薪酬委员会。

教师薪酬改革一方面有利于提升对外竞争力，达到吸引人才的目的；另一方面有利于促进内部融洽和谐，达到留住人才的目的。总体利于打造和谐、进取的教学和科研环境，有效推动全体教师参与公共服务，共同建设学院。目前，国内不少高校常用的薪酬方式是约定短期考核要求，先发放部分工资，到期再根据考核要求完成情况发放剩余工资，然而这种方式并不利于教师专注学术。

6. 行政人事管理改革

为向教师提供全面的学术服务，研究院对行政人事制度也进行了探索与改革，主要从以下三点着手：第一，实行行政专业化管理模式，研究院根据行政事务性质将行政事务分为财务、人事、科研、教务、外事、宣传等大类，采用"专项工作，专人负责"的工作模式。第二，增强行政队伍对教师的支撑服务力度，建立高效的行政服务队伍。这能最大限度减少教师在行政事务的羁绊，使其有更充足时间从事研究与教学。例如，研究院有专门的财务秘书，负责学院教师的报销事务，使得老师们得以从烦琐的报销环节中解脱出来，可以投入更多的时间进行学术研究。第三，行政人员实行寒暑假弹性休假制度。寒暑假是教师专心科研的最佳时期，同时也是研究院组织国际学术交流活动的密集时期。研究院通过实行行政弹性休假制度，可确保有足够的行政人员在假期中提供及时的会议后勤保障和行政服务支撑。

（三）提供坚实配套支撑

研究院一直在探索各类配套政策以提升对教师的学术支持，为教师营造良好的学术氛围，打造和谐的工作环境，从而增强对国际化人才的吸引力。第一，提供科研启动经费。研究院为每一位新入职的教师提供三年的科研启动经费，基本解决了新老师课题项目经费不足的问题。第二，教学任务减免。新教师在入职首年一般没有教学任务，这样教师能有更多的时间进行学术研究，而这一点对于刚毕业的海外人才是极具吸引力的。第三，为教师在生活及工作上提供各类支持，如为新教师提供搬家费用报销服务；为外籍教师及其家属提供中文课程和一对一服务，助其解决生活及工作上遇到的具体问题。第四，举办形式多样的学术活动，积极推进全方位、多领域、高层次的国际学术交流平台建设，营造浓厚的学术氛围，提供与国际国内学术界广泛、高频次和深入的交流机会。

研究院希望借助相关配套政策给予教师最大力度的支持，使得教师们能全心投入科研，提高科研产出，同时增强对国际人才的吸引力。

（四）探索人才流动机制

目前，国内高校在人才流动机制上存在各种弊端，主要有两种：要么过于死板，仍沿用"事业编制"管理模式，新聘教师直接入编；要么过于灵活，采取"非升即走"模式，可能导致人员大规模流失。一些硬性限制人员流动的政策，比如约定短期考核要求并且中期考核通过前只发放部分薪酬、设置职称评审服务期否则支付违约金等，并未实现预期中留住人才的效果，反而不利于调动人才的积极性，使得真正的人才望而却步。

考虑到以上普遍存在的问题，研究院在人才流动机制方面也进行了探索。要想有效激发高校教师队伍的活力，一方面需要人才合理有序地流动；另一方面还需要保证人才队伍的相对稳定性，切忌一刀切。为此，研究院采取了以下措施：第一，采取"准聘长聘制"非事业编制管理模式，新进教师暂不进入事业编制，取得长聘资格的教师方能进入事业编制；第二，按合同约定足额发放教师薪酬；第三，在完成约定的程序情况下，教师离职无需支付额外的违约金。另外，在六年期满考核中，对于经评估短期内未能达到长聘条件的教师，若其满足适当条件，如获得突出成果、对学院作出突出贡献、女性教师聘期内生育子女等条件，应该予以一至两年延期考察，以免错失有潜力的优秀人才。研究院通过上述措施增加人才队伍的相对稳定性。

二. 人才工作成效

（一）人才队伍国际多元化

目前，研究院拥有全职教师41名，其中正教授3名，长聘副教授7名，副教授（非长聘）12名，助理教授19名。院内全职教师均拥有经济学博士学位，其中毕业于中国港澳台地区及国外高校37人，毕业于大陆地区高校4人，其中外籍教师3人，有中国港澳台地区及国外教育背景人才比例高达90%。37名从中国港澳台地区及国外引进的老师分别毕业于芝加哥大学、加州大学伯克利分校、西北大学、约翰·霍普金斯大学、伦敦政治经济学院、新加坡国立大学、香港科技大学等著名高校，其中59%来自美国高校。具体情况见下图：

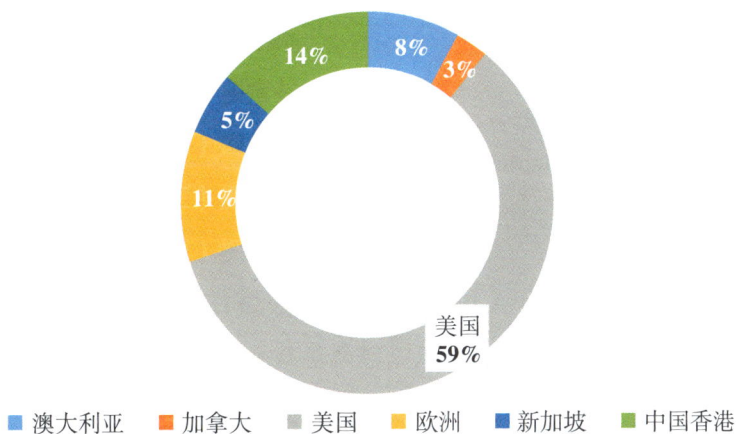

研究院国际化人才毕业高校所在地区分布

研究院目前在职的41名教师绝大部分毕业于经济学领域中久负盛名的高等院校。其中，毕业于2022年QS世界大学排名前200名大学的教师28人，占总人数的68%；毕业于蒂尔堡大学全球前100名经济学研究机构的教师35人，占总人数的85%。

除大力引进全职的国际化人才外，研究院还通过"多途径、多形式"的柔性手段引入学科内的领军人物，最大程度地挖掘制度潜力，包括邀请2000年诺贝尔奖获得者James J. Heckman教授担任顾问委员会主席，聘任五位海外中心主任和十余位特聘教授，不定期邀请来自哈佛大学、芝加哥大学、杜克大学的资深学者来访暨南大学等。

2016 年 10 月，时任暨南大学分管副校长宋献中为
James J. Heckman 教授颁发研究院顾问委员会主席聘书

（二）国际论文量与质的突破

自成立以后，研究院全职教师在国内外知名学术期刊上发表或已被正式接受发表论文 170 余篇，出版专著 2 部，其中 SSCI 139 篇、SCI 26 篇、CSSCI 24 篇。全职教师在国外知名学术期刊发表英文论文 140 余篇，国际论文发表占比高达 85%。这极大地提高了暨南大学经济学科国际论文发表数量的增长速度，并且稳步提升论文的整体质量，实现了数量与质量双突破。

2015 年后，暨南大学经济学科论文发表总数量实现新跨越，在 SSCI、SCI、CSSCI 等三大引文索引数据库中的论文年度发表数量由 2015 年的 160 余篇大幅增长至 2020 年的 300 余篇。值得一提的是，国际论文发表数量逐年稳步增长并创历史新高。据统计，暨南大学经济学科 SSCI/SCI 期刊年度发表数从 2015 年的 33 篇逐年递增至 2019 年的 118 篇，且 SSCI/SCI 期刊发表数占总发表数比例也呈现出强劲增长势头，从 20% 增长至 42%。

另外，论文发表质量迎来新突破。研究院多篇论文先后发表或被正式接受发表于 *American Economic Review*、*Review of Economics and Statistics*、*International Economic Review*、

Journal of Econometrics、《经济研究》等国内外经济学权威期刊。2020 年，陈祎副教授以第一作者在 *American Economic Review* 发表了论文 "Arrival of Young Talent: The Send-Down Movement and Rural Education in China"，这是暨南大学经济学科第一篇发表于 *American Economic Review* 的本土原创文章。*American Economics Review*（AER）是经济学科公认的世界五大顶级期刊之一，位列五大顶刊之首。另外，根据科睿唯安（Clarivate）2022 年 9 月更新的 *Essential Science Indicators*（ESI）数据库显示，研究院副教授邱筍、史炜发表于 *Journal of Population Economics* 的合作论文 "Impacts of Social and Economic Factors on the Transmission of Coronavirus Disease 2019（COVID-19）in China" 入选 ESI 高被引论文，并获得 *Journal of Population Economics* 2021 年度 Kuznets Prize 最佳论文奖。

经济与社会研究院成立以来发表的重要论文见表 1-2。

表 1-2　经济与社会研究院成立以来发表的重要论文一览表

期刊名	期刊类型	发表篇数
American Economics Review	国际顶级经济学期刊	1
Proceedings of the National Academy of Sciences of the United States of America	综合类权威期刊	2
Review of Economics and Statistics	国际顶级经济学期刊	2
International Economic Review	国际权威经济学期刊	3
Journal of Development Economics	发展经济学顶级期刊	4
Journal of Econometrics	计量经济学顶级期刊	4
Journal of International Economics	国际经济学顶级期刊	1
Journal of Economic History	经济史顶级期刊	1
Journal of Environmental Economics and Management	环境经济学顶级期刊	7
Journal of the Association of Environmental and Resource Economists	环境经济学顶级期刊	1
Journal of Urban Economics	城市经济学顶级期刊	5

（三）科研项目屡获佳绩

自成立以来，研究院一直高度重视科研工作，不断完善科研管理和激励政策，强化对科研人才的培养和科研队伍的建设。科研项目是高校科学研究的重要成果之一，因此研究院一直坚持论文与项目"两手一起抓"，不断深化科研项目管理工作，不断提升经济学科科研创新能力。为最大程度提升科研项目的申报率与立项率，研究院通过以下举措激励教师积极申报国家级项目：第一，将国家级项目立项与教师职称评审挂钩，在研究院自主制定的职称评审文件中增加"主持国家级项目"要求，但无国家级项目立项者，可以用更多论文弥补达标；第二，鼓励未主持过国家项目的教师积极申报，原则上没有在研项目（包括未主持过和已结题）的教师每年均须参与国家级项目申报；第三，最大程度给予科研项目申报支持，制定一对一帮扶专家政策、举办项目申报内部交流会和专家评审会等。随着人才引进与激励政策的落实，研究院近年来在科研项目申报与立项方面屡获佳绩。

成立至今，研究院共获得立项纵向科研项目 76 项，其中国家级项目 40 项，省部级项目 21 项，厅局级项目 5 项，校级项目 10 项。研究院在国家级项目立项方面取得丰硕成果，获批国家自然科学基金项目 38 项，国家社会科学基金项目 2 项（其中国家社会科学基金重点项目 1 项）。研究院累计获批纵向项目经费 1 983 万元，教师人均纵向科研经费 48 万元。

自成立以来，研究院共获批国家自然科学基金项目立项 38 项。研究院国家自然科学基金项目立项情况见下图：

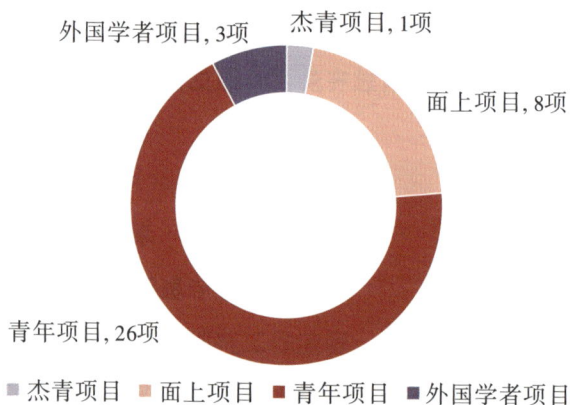

研究院国家自然科学基金项目立项情况

近年来，研究院在国家自然科学基金项目立项方面取得不俗成绩。自 2019 年后，研究院在集中受理期的总体立项率保持在 20% 以上，并在 2019 年与 2022 年甚至高于 30%。以 2019 年为例，暨南大学经济学科（G03 代码下）共获得资助 12 项（其中经济与社会研究院贡献 8 项），立项数仅次于中国人民大学，排名全国第二。2019 年，研究院面上与青年项目两类项目资助率合计达 35.71%，远远高于当年管理学部面上与青年项目的 15.1% 的资助率。经济与社会研究院国家自然科学基金项目集中受理期历年立项数及立项率见下图：

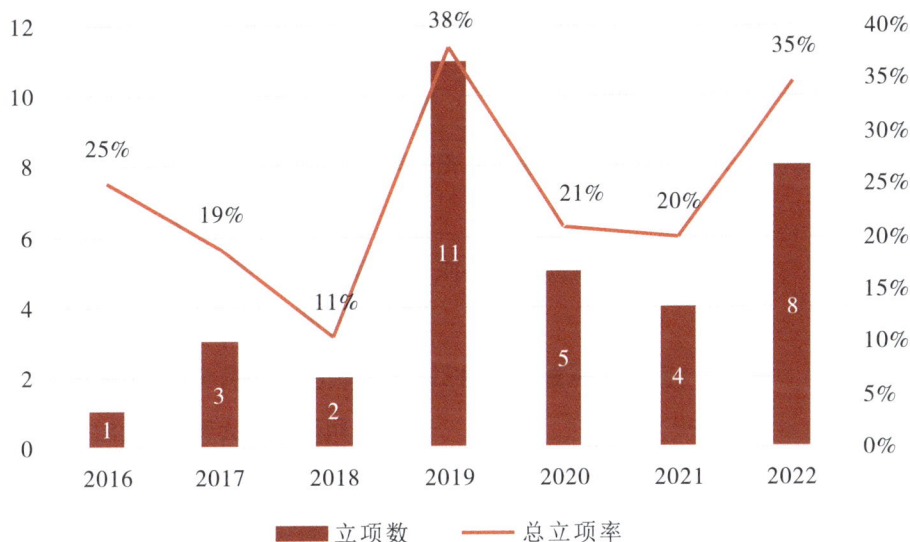

经济与社会研究院国家自然科学基金集中受理期历年立项数与立项率

提升立项数的基础在于增加申报数量。研究院通过制定多种激励政策，极大程度地挖掘国家基金的申报潜力，每年在职教师的国家自然科学基金的申报率均保持在 50% 以上。经济与社会研究院国家自然科学基金集中受理期历年申请情况见表 1-3。

表 1-3　经济与社会研究院国家自然科学基金集中受理期历年申请情况

	2017 年	2018 年	2019 年	2020 年	2021 年	2022 年
申请项目总数	16	19	29	24	20	23
在研项目人数	3	6	9	17	20	21
在职教师总人数	19	26	38	42	39	41
项目在研率	16%	23%	24%	40%	51%	51%
在职教师申报率	84%	73%	76%	57%	51%	56%

（四）学科排名稳步提升

随着近年研究院国际高水平论文的质量与数量双提升，暨南大学经济学学科在各类经济学机构的排名也在稳中带升。

根据荷兰蒂尔堡大学"全球经济学研究机构排名"（Tilburg University Economics Ranking）最新数据，2020 年，暨南大学经济学学科在 35 本国际权威经济学期刊上的论文发表数量位列广东省第 1 位，全国第 9 位。据研究院统计，2010—2020 年十一年间，暨南大学在蒂尔堡大学"全球经济学研究机构排名"35 本默认期刊的年度发表论文篇数及历年全国排名均有了明显的提升。2015 年研究院成立之后，暨南大学年度论文发表篇数与排名呈不断上升态势，具体情况见下图：

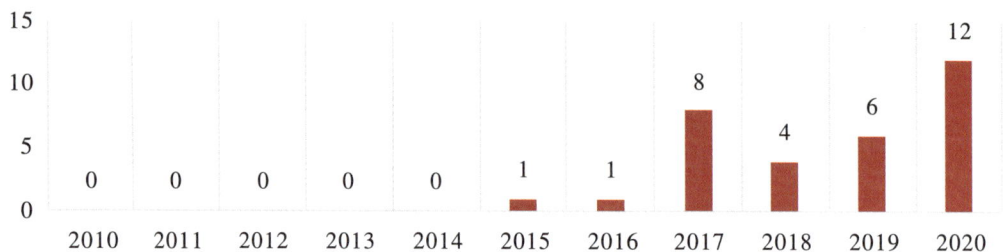

2010—2020 年蒂尔堡大学"全球经济学研究机构
排名"35 本默认期刊暨南大学历年发表论文篇数

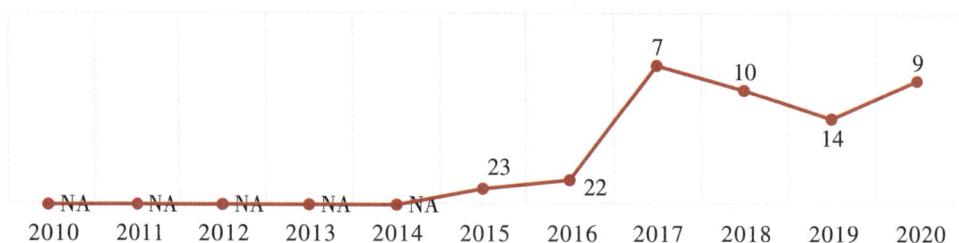

2010—2020 年蒂尔堡大学"全球经济学研究机构
排名"35 本默认期刊暨南大学历年全国排名

自成立以来，研究院在 35 本默认期刊上发表或被接受发表论文数量已超 30 篇，研究院每年发表的 35 本默认期刊论文数占暨南大学当年发表数量的 60% 以上。以 2020 年为例，暨南大学在 35 本默认期刊上发表的论文数量 12 篇，其中 9 篇来自经济与社会研究院。具体情况见下图：

2016—2020 年暨大各学院在 35 本默认期刊发表论文数量一览图

研究院国际论文发表数量的迅速增长，助力暨南大学经济学学科在各类经济学机构排名中取得亮眼的成绩。除了 2020 年度荷兰蒂尔堡大学"全球经济学研究机构排名"，根据 2022 年软科"世界一流学科排名"、2021 年软科"中国最好学科排名"，暨南大学经济学科均排进全国前十，位列全省首位。

根据科睿唯安 2022 年 9 月发布的 ESI 最新数据，暨南大学经济学与商学（Economics & Business）首次进入 ESI 全球排名前 1%。

根据高等教育评价专业机构软科正式发布的"2022 软科世界一流学科排名"，暨南大学经济学学科世界排名第 101~150 位，全国并列第 4 名（第 4~12 位），广东省排名第 1 名。历年排名如下图：

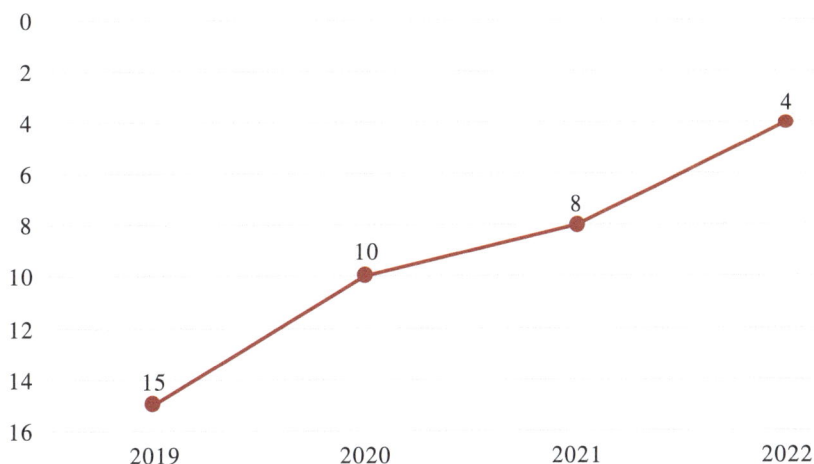

2019—2022 年"软科世界一流学科排名"暨南大学经济学学科全国排名名次

根据高等教育评价专业机构软科正式发布的"2021 软科中国最好学科排名"，暨南大学应用经济学 2021 年全国排名第 9 名，较 2020 年上升了 5 位。历年排名如下图：

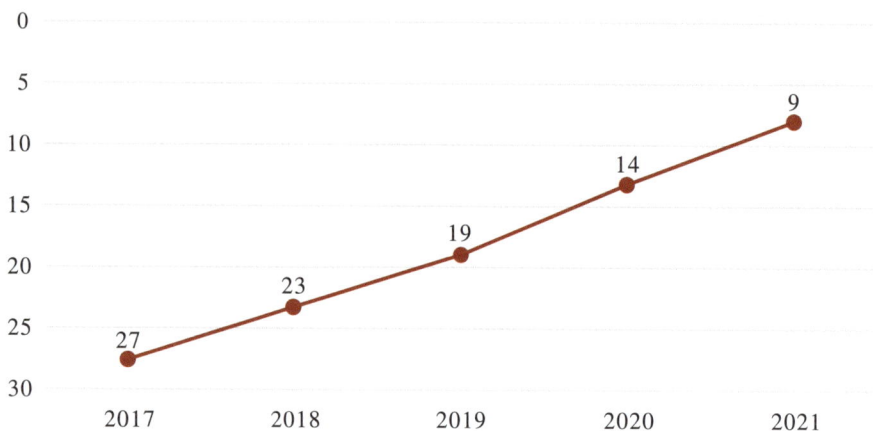

2017—2021 年"软科中国最好学科排名"暨南大学应用经济学全国排名名次

根据上海财经大学高等研究院经济学研究全球竞争力评估中心发布《2022 全球高校经济学研究力评估报告》，暨南大学 2020 年在内地（大陆）高校中排名第 9 位，近五年（2017—2021）综合权重总排名第 13 位，近三年（2019—2021）综合权重总排名第 11 位。历年五年综合权重排名如下图：

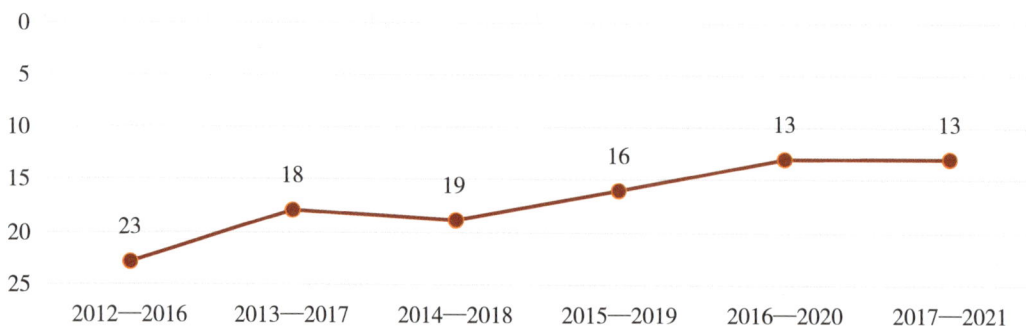

2012—2021 年《全球高校经济学研究力评估报告》暨南大学在内地（大陆）高校 5 年综合权重排名

（五）人才流动现状分析

鉴于研究院灵活的人才流动机制，研究院近年虽存在一定人才流出，但总体仍处于较为合理的范围。成立至今，研究院先后引进了 53 名海内外经济学博士，截至目前共有 12 名教师离职，总离职率为 23%，其中主动离职 9 人，人才流失率为 17%，未达到考核标准淘汰 3 人，淘汰率为 6%。这说明研究院在保证人才有序流动的同时，也保持了队伍稳定性。

　　表 1-4 显示研究院成立至今离职原因分布情况。主动离职指教师因个人原因主动提出离职，其中因家庭原因（比如配偶在异地工作）提出离职有 5 人，占总人数 42%；预期自己不能达标，在考核前一两年提前离职有 1 人，占 8%；寻求更好平台，真正意义上的人才流失者 3 人，占总离职人数 25%。总体而言，主动离职占总离职人数 75%。淘汰指研究院对离长聘标准差别较大的教师进行劝退或中期考核不予续聘，其中三年中期考核不予续聘有 3 人，占总离职人数 25%。

表 1-4　2016 年至今研究院教师离职原因分布情况

		人数	占总人数比例
主动离职	家庭原因	5	42%
	寻求更好平台	3	25%
	未达标主动离职	1	8%
淘汰	三年中期考核淘汰	3	25%
	合计	12	100%

　　研究院希望接下来能进一步降低人才流失率。在不考虑因家庭原因离职等外力因素之外，目前研究院人才流失最主要的原因是所提供的薪酬水平与市场水平仍有一定差距。离职原因为"寻求更好平台"的教师是研究院真正意义上的流失人才，研究院至今共有三位教师因"寻求更好平台"离职，其三人分别去往国内最顶尖两所高校之一的商学院、某知名国际机构及香港某知名投行。流失人才的新薪酬均远远超过研究院提供的薪酬。提供具有国际竞争力与行业竞争力的薪酬水平是研究院留住高水平优秀人才的关键。

三．人才工作指引

（一）海外招聘工作

研究院于 2015 年底成立，同年便通过美国经济学年会的招聘平台线上招募了研究院的第一批教师。研究院利用美国经济学年会成熟的人才市场和招聘渠道，直接通过国际人才市场招聘国际化人才。国外的经济学科人才招聘有固定的周期，美国经济学会每年 1 月初会举办一场全球经济学界共同关注的盛大经济学年会。在年会期间，世界各地经济学用人单位和求职者都将参加会议，利用这个机会进行大规模、高频率的面试。美国经济学年会经过多年的发展，已经形成了非常成熟的人才市场和招聘渠道，为用人单位和求职者提供专业的招聘服务和合适的会场。

2016—2020 年，研究院每年组织人才引进小组于 1 月初赴美参与美国经济学年会的现场招聘活动。而近两年来由于疫情影响，研究院及时调整招聘方案，依旧依托美国经济学年会的人才市场，采用"线上"形式开展招聘工作。招聘程序大体分为五个环节：①招聘宣传；②材料审核与评分；③小组面试；④确定最终引进名单；⑤名单提交学校审核。具体形式又因现场招聘与线上招聘不同而有所不同，现分别详述如下：

1. 赴美现场招聘

（1）招聘宣传。每年 9 月，通过学院官网、学院微信公众号、美国经济学会招聘官方网站（Job Openings for Economist）等途径公开发布招聘宣传信息，同时明确招聘领域、岗位类型、招聘方式以及联系方式等内容。

（2）材料审核与评分。研究院通过美国经济学会招聘系统和招聘邮箱同时接收应聘材料，一般申请截止时间为 12 月 1 日。在申请截止后，招聘委员会负责人对申请材料进行初筛，再根据申请人研究方向进行分组。各组组织数名相关教师分别对同一份应聘材料进行打分，并最终汇总形成小组总评分，确定各组推荐面试名单。

（3）赴美开展现场面试。美国经济学年会每年会举行为期 3 天的集中大型会议，一般为 1 月初。用人单位和应聘者将集中在 3 天时间内完成紧密、高强度的现场面试工作。研究院人才引进由 5~6 人组成的小组于会议前一天抵达会议现场，翌日开始为期 3 天的集中面试。面试时间为每日的 8:30—18:00，分若干个小组同时进行，每位候选人有 30 分钟面试时间。其间，研究院的特聘教授或海外中心主任也会参与相关领域的面试。

（4）确定最终引进名单。人才引进工作小组讨论确定最终拟引进人才名单，面试最后一天约见名单上的拟引进人才进行交流，确认意向。

（5）名单提交学校审核。研究院先给意向候选人发放录用通知（offer letter）。待候选人接受录用后，研究院将拟引进教师材料提交至学校人事处人才工作办公室，进行最终核准。

2. 线上海外招聘

（1）招聘宣传。此环节同赴美现场招聘。

（2）材料审核与评分。此环节同赴美现场招聘。

（3）小组面试。12月下旬至次年1月中旬，以小组为单位组织面试。考虑疫情防控原因，以小组为单位分别进行两轮面试。面试环节包括线上面试与线上学术报告（job talk）。

①线上面试。线上面试形式主要为30分钟一对多全英文面试，面试每位候选人的专家均保证在4人以上，以获取充分的反馈意见。

②线上学术报告。总汇报时间为1小时，其中包括45分钟论文汇报和15分钟自由讨论，随后视情况安排一对多或一对一交流活动。人才引进工作小组与研究院教师参与报告或面谈，并填写《学院教师反馈意见表》对候选人进行全面评估。每个线上学术报告要求至少有4名教师参加。

（4）确定最终引进名单。人才引进工作小组根据面试反馈意见，确定最终拟引进人才名单及排序，并由院长与候选人单独交流。

（5）名单提交学校审核。研究院先给意向候选人发放录用通知。待候选人接受录用后，研究院将拟引进教师材料提交至学校人事处人才工作办公室，进行最终审核。

（二）职称评审工作

研究院对教师实行双轨制管理，分为教学科研轨与政策研究轨，两条轨分别设立不同考核标准。教学科研轨主要面向国际人才，鼓励人才以发表国际高水平论文为目标；而政策研究轨主要面向国内优秀博士，鼓励其以政策研究为导向。引进标准并不完全受限于引进人才境外教育背景的有无。另外，研究院对教学科研轨与政策研究轨的引进人才采用两套考核标准。教学科研轨以国际标准的科研成绩为主要考核标准，政策研究轨则以智库相关政策研究业绩作为主要考核标准。教学科研轨与政策研究轨均采用准聘长聘制。

职称评审改革。研究院对教师职称评审进行了两大方面的改革：第一，改革评聘长聘资格学术标准。职称评审改为与同一学术领域内、同一学术资历阶段（通常是从获得博士学位时间起算）的学者作比较，只看是否达到长聘标准，无名额限制。第二，改革职称评审程序。不同职称的评审程序有所不同。研究院统一设置助理教授、副教授（非长聘）、长聘副教授、正教授四个职级，四个职级的职称评定程序因晋升职级不同而有所区别。具体如下：

1. 副教授（非长聘）职称评定程序

（1）个人申报。申请人于每年 5 月向研究院提出申请，并准备如下材料：相关表格、最新简历、研究陈述（research statement）、代表性论文（已发表论文需提供图书馆论文检索证明）等。业绩成果统计截止时间为当年 6 月 30 日。

（2）学院材料审核。学院审核申请人所提交资料的真实性，确认属实后加盖研究院公章。

（3）学院评审程序：

①确定升职委员会名单。根据当年申请人研究领域，组成相应升职委员会。升职委员会名单需提交学校。

②升职委员会投票表决。升职委员会根据申请人提交的材料（简历、研究陈述、3 篇代表性论文），综合考核申请人各方面情况，并参考历年年度考核结果，进行投票表决，形成最终升职推荐意见，提供给学术委员会。

③学术委员会作出最终升职决定。学术委员会对申请人升职资格进行投票表决。三分之二委员到场可进行投票，若该申请人获得不少于到场人数二分之一的赞成票数即为通过。

（4）院内公示。学术委员会投票通过后，在研究院内公示 7 天。

（5）学校发文聘任。公示后，上报学校人事部门备案，由学校发文聘任，并由研究院正式聘为副教授（非长聘）。

2. 长聘副教授及正教授职称评定程序

（1）个人申报。申请人于每年 5 月向研究院提出申请，并准备如下材料：相关表格、最新简历、研究陈述、代表性论文（已发表论文需提供图书馆论文检索证明）等。

（2）学院材料审核。学院审核申请人所提交资料的真实性，确认属实后加盖研究院公章。

（3）学院评审程序：

①确定升职委员会名单。根据当年申请人研究领域，组成相应升职委员会。升职委员会名单需提交学校。

②申请人外审资格投票表决。升职委员会根据申请人提交的材料（简历、研究陈述、5 篇代表性论文），对申请人作外审程序资格评估，并进行投票表决，最终确定申请人能否进入下一步评审流程（外审程序）。

③外审名单确定。升职委员会根据每个申请人的研究领域，提名外审专家名单，并投票决定不少于 10 名的最终外审专家名单。

（三）考核工作

在学校的考核基础上，结合研究院"3+3"聘期模式及评聘标准等实际情况，研究院拟定了相应的考核程序及考核标准。考核分为年度考核、三年中期考核与六年期满考核。

三年中期考核不设硬性考核指标，而是由考核小组对被考核人未来三年内获得长聘资格的潜力进行全面评估。考核结果分为"续聘""延期一年""不续聘"三个等级。三年内通过升职评审程序的教师自动续聘。

六年期满考核以是否能最终获得长聘资格为考核标准。考核小组根据被考核人过去六年的贡献及在短期内获得长聘资格的潜力进行全面考核，以确定是否给予延期。考核结果为"进入常任轨评审程序""延期考核一年""延期考核两年""延期考核三年""不续聘"。已获得长聘资格的教师不在考核范围内。

具体考核工作流程如下：

1. 年度考核流程

为能及时了解教师的教学科研工作情况，并给予教师有关工作进展与表现的及时反馈，研究院每年5月开展年度考核工作，组织教师填报《教师年度总结报告》。考核周期为每年5月1日至次年4月30日。考核内容包括个人科研、公共科研、教学、服务四大方面，涵盖了论文/专著、项目、学术报告、研究报告/政策简报、媒体文章、教学、人才培养、获奖情况、组织与参与活动等各方面内容。院长及薪酬委员会根据《教师年度总结报告》全面掌握教师教学科研现状，及时根据教师的表现灵活调整薪酬水平。

为了进一步减少教师填报《教师年度总结报告》的工作量，同时促进研究院科研信息电子化和规范化，研究院自主开发了科研管理系统。该系统于2021年获得国家版权局颁发的计算机软件著作权登记证书。科研管理系统涵盖了教师"日常科研管理"及"年度工作总结"等环节，其中"年度工作总结"模块以问卷形式呈现，并最终生成PDF、Excel等文件，为教师提供了线上系统查询及线下文件保存等多种浏览方式。该模块只在每年某一时间段内开放，并在每年的考核期间对"日常科研管理"的记录进行自动抓取，最大程度地为教师节省填表时间。

2. 三年中期考核程序

（1）提交申请。合同聘期在当年到期的教师需在合同到期前60~90天提交申请材料。

（2）考核小组会议。聘期考核小组由3名研究院教师组成。考核小组根据被考核人员所提交的资料进行充分讨论，形成一份是否同意通过中期考核的一致意见，由所有成员签名后提交学术委员会。在三年聘期内已通过升职评审程序的教师自动续聘。

（3）学术委员会最终投票。学术委员会对聘期考核小组所提交的考核意见进行最终审核及确认，并投票表决。

（4）院内公示。考核结果在院内公示5天。

（5）中期考核结果及相关材料报送学校备份。

3. 六年期满考核程序

（1）提交延期申请。六年聘期在当年到期的教师，如有申请延期意向，需在合同到期前90~180天提出延期申请，提交延期申请材料。

（2）考核小组会议。聘期考核小组由5名研究院教师组成。考核小组根据被考核人员所提交的资料进行充分讨论，形成一份是否同意通过期满考核的一致意见，由所有成员签名后提交学术委员会。在六年聘期内已通过长聘教职升职评审程序的教师不在考核范围内。

（3）学术委员会最终投票。学术委员会对聘期考核小组所提交的考核意见进行最终审核及确认，并投票表决。

（4）院内公示。考核结果在院内公示5天。

（5）期满考核结果及相关材料报送学校备份。

四 人才工作推广

自2020年起，暨南大学经济学院在学校的支持下进行了"常任轨教师"的改革，将研究院在人才引进方面的工作经验在经济学院进行推广。两院成立联合招聘工作小组，共同开展招聘工作。

人才工作在经济学院推广的具体内容包括：①由学院成立人才引进委员会，统一进行各系所的简历筛选和面试；②简历筛选和面试环节与研究院一起进行，保证选拔的高标准和一致性；③推行年薪制，提高引进人才的待遇。

上述措施避免了经济学院之前主要由各系所独立负责人才引进导致的程序不标准、不统一的问题。经济学院于2020年引进海外人才6人，2021年引进海外人才7人，毕业院校包括美国普渡大学、新加坡管理大学、澳大利亚新南威尔士大学、日本东京大学等。新引进人才为经济学院注入了大量新鲜血液，带动了各学科团队的学术氛围。

从招聘过程来看，暨南大学经济学学科在美国人才市场中已经具有相当的影响力和吸引力，以2021年的招聘为例，累计收到348份简历（其中境外博士材料298份）。

两院根据学校整体发展规划与学科建设需要，结合两院重点发展学科方向及师资队伍现状，分为应用微观、计量统计、宏观金融、国际贸易—产业组织四大方向开展招聘工作。具体工作程序如下：

1. 发布 2022 年度人才招聘信息（2021 年 9 月）

两院分别通过学院官网、学院微信公众号、美国经济学会招聘官方网站、中国经济学年会等途径公开发布招聘宣传信息，同时明确招聘领域、岗位类型、招聘方式以及联系方式等内容。

2. 成立人才引进联合工作小组，召开工作会议（2021 年 10 月）

根据学科发展需求，组成经济学科人才引进联合工作小组。冯帅章院长为招聘总负责人，经济学院郑贤副院长和经济与社会研究院张思思副院长为两院协调人，并设立应用微观、计量统计、宏观金融、国际贸易—产业组织四个大组（见表 1–5）。

表 1–5 2022 年度暨南大学经济学科人才引进工作小组名单

序号	人才引进工作小组	姓名	单位 / 职务	职称
1	人才引进联合工作小组总负责人	冯帅章	经济学院、经济与社会研究院 / 院长	教授
2	经济学院招聘协调人	郑　贤	经济学院 / 副院长	教授
3	经济与社会研究院招聘协调人	张思思	经济与社会研究院 / 副院长	副教授
4	应用微观大组负责人	薄诗雨	经济与社会研究院 / 书记、院长助理	副教授
5	计量统计大组负责人	徐吉良	经济与社会研究院	教授
6	宏观金融大组负责人	朱东明	经济学院	教授
7	国际贸易—产业组织大组负责人	唐立鑫	经济与社会研究院	副教授

3. 应聘简历初筛（2021 年 12 月 1 日—12 月 3 日）

两院通过美国经济学会招聘系统或招聘邮箱接收应聘材料。在申请截止后，首先由工作人员对申请两院的候选人材料进行合并及初筛，再根据申请人研究方向进行分组。

4. 人才引进工作小组评审并确定面试名单（2021 年 12 月 15 日前）

大组负责人组织相关领域教师对候选人材料进行打分，并确保每份申请材料均由4 位以上教师评审。各组召开小组会议，对初步形成的面试名单进行讨论，并根据候选人排名形成面试名单。

5. 面试工作（2021 年 12 月 15 日—2022 年 1 月 13 日）

在本年度招聘中，面试形式主要包括线上面试与线上学术报告，各小组根据各组情况自行安排。

在应用微观、计量统计、宏观金融、国际贸易—产业组织四个大组基础上，分为应用微观经济学（含劳动经济学、城市经济学、环境经济学、发展经济学等）、计量经济学、宏观经济学、国际贸易学、产业组织学、财税学、金融学等 12 个面试小组，分别进行线上面试或线上学术报告，各组分别形成最终推荐名单。

（1）线上面试。线上面试形式主要为 30 分钟一对多纯英文面试，每场面试的面试官保证在 4 人以上。

（2）线上学术报告。线上学术报告汇报时间为 1 小时，其中包括 45 分钟论文汇报和 15 分钟自由讨论，各组可根据实际需求调整具体安排。

在此环节，邀请应聘者进行线上学术报告，人才引进工作小组与两院教师参与报告或面谈，并分别填写《学院教师反馈意见表》提交学院。

6. 人才引进工作小组确定最终引进名单

经济学科常任轨教师人才引进工作小组根据面试反馈意见，确定最终拟引进人才名单及排序，并由院长与候选人进行一对一交流。

7. 名单提交学校审核

人才引进工作小组向意向候选人发放录用通知。待候选人接受录用后，经学院党政联席会审核通过后，提交拟引进人才材料至学校人事处人才工作办公室，进行最终审核。

第二章

汇聚世界顶级学者，构筑国际学术高地

建设国际化的一流经济学科，首先要做到与国际接轨，加强国际交流。作为暨南大学综合改革示范区，研究院的核心目标之一是打造具有鲜明国际化特色的科研管理体制。除了在全球延揽优秀人才外，研究院还非常重视为海归人才提供与国际接轨的学术与科研环境。

研究院国际化的重要举措之一，在于柔性引进海外高端人才，直接与国际学术前沿接轨。其中具有标志性意义的举措是聘请 2000 年诺贝尔经济学奖获得者、芝加哥大学 James J. Heckman 教授担任顾问委员会主席。此外，研究院为加强劳动经济学、房地产与区域经济学、微观计量经济学、国际贸易与企业发展学、生态文明与环境经济学等方向的科研实力，先后成立五大研究中心，聘请包括约翰·霍普金斯大学经济系主任胡颖尧教授在内的一批国际知名学者担任中心主任，以他们的丰富经验和先进理念带动年轻教师加速成长，让研究院的科研实力迅速达到国内领先、国际先进水平。

研究院国际化的重要举措之二，在于广泛寻求国际合作，推动学术领域的多层次、高水平合作向更广阔、更纵深的方向发展。研究院先后与芝加哥大学人类发展经济学研究中心（Center for the Economics of Human Development, CEHD）、芝加哥大学人力资本与经济机会（Human Capital and Economic Opportunity, HCEO）国际工作组、全球劳动组织（Global Labor Organization, GLO）、布鲁金斯学会（Brookings Institution）及新加坡管理大学等多家全球知名机构和高校建立长期友好合作关系，在学术交流、学生培养、智库建设等多个领域开展深入合作，进一步提升研究院的海外影响力。

研究院国际化的重要举措之三，在于坚持举办高频率、高质量的学术活动，打造一系列学术活动品牌，构建全球互联的学术交流网络。根据研究院的发展需求和研究需求，研究院每年都会邀请来自全球各院校的专家学者通过到访或线上讲座等形式进行学术交流，主办或承办过各种规格的学术活动，积极地将研究院打造为融入国际、把握前沿信息、供学界切磋交流的窗口和良好平台。研究院以高质量学术活动为枢纽，广纳真知灼见，广聚学术资源，广交学术人才，不仅进一步提升了研究院乃至暨南经济学科在全球经济学界的学术影响力，还将接轨国际的学术视野、严谨规范的学术标准、乐于交流分享的学术风气带到了暨南大学。

一 国际交流成果

（一）汇聚海外顶级大师

在研究院的国际化引才战略中，不得不提经济学大师 James J. Heckman 与暨南大学经济学科的不解之缘。James J. Heckman 现任芝加哥大学"亨利·舒尔茨杰出服务"教授，人类发展经济学研究中心主任，人力资本与经济机会国际工作组主席。因对微观计量经济学的杰出贡献，Heckman 教授于 2000 年荣获诺贝尔经济学奖。Heckman 教授已发表论文 360 余篇，Google Scholar 统计被引用次数超过 23 万次，出版学术专著 9 部，受邀作公开讲座 250 余场，培养博士近百人。近年来，Heckman 教授及其团队与巴西、中国、哥伦比亚、爱尔兰、意大利、牙买加、韩国、墨西哥、秘鲁等国的有关机构合作开展儿童早期干预项目的研究，研究院正是重要合作机构之一。Heckman 教授曾先后五次到访研究院，与暨南大学经济学学科的合作日益紧密。

2016 年 3 月 14 日，Heckman 教授首次受邀来访研究院，在暨南大学作题为"Creating and Measuring Capabilities"的学术讲座，并与院长冯帅章教授深入沟通了关于未来合作的方向及可能性。同年 10 月 9 日，Heckman 教授再赴暨南大学参加"亚洲家庭变迁会议"（Asian Family in Transition Conference on Migration），并受聘成为暨南大学经济与社会研究院顾问委员会主席。

2018 年 9 月，Heckman 教授受邀参加芝加哥—暨南联合计划学术研讨会（2018 Chicago-Jinan Joint Initiative Workshop），并再次为暨南大学师生带来精彩的公开讲座"China's Investment in Skills"。

2019 年 6 月，Heckman 教授受邀出席研究院举办的"2019 世界计量经济学会中国年会"（2019 China Meeting of the Econometric Society，2019 CMES），并作题为"A Dynamic Model of Health, Addiction, Education, and Wealth"的主旨报告。同年 7 月 13—17 日，Heckman 教授第五次到访，就四川绵竹儿童认知与非认知能力发展追踪项目，与冯帅章院长及项目组成员展开深入交流。

2016 年 3 月，2000 年诺贝尔经济学奖获得者、芝加哥大学 James J. Heckman 教授（右）首次来访研究院，并与冯帅章院长深入交流

2018 年 9 月，James J. Heckman 教授（前排右一）参加芝加哥—暨南联合计划学术研讨会（2018 Chicago–Jinan Joint Initiative Workshop）

2018 年 9 月，James J. Heckman 教授（中间）在讲座后与研究院的学生们面对面交流

2019 年 6 月，James J. Heckman 教授（前排左九）作为主旨演讲嘉宾
出席由研究院承办的"2019 世界计量经济学会中国年会"

2019 年 7 月，James J. Heckman 教授（右一）第五次来访研究院，与冯帅章教授（左一）及项目组成员深入讨论四川绵竹儿童认知与非认知能力发展追踪项目

Heckman 教授非常认可研究院的发展目标和理念，自首次来访之后，就大力推动所在的机构和研究团队与研究院在学生培养、学术交流等多方面开展合作。2016年 7 月，在 Heckman 教授的大力促成下，研究院与芝加哥大学人力资本与经济机会（HCEO）国际工作组首次合作举办"社会经济不平等"暑期学校项目（Summer School on Socioeconomic Inequality Guangzhou at Jinan University）。研究院成为继北京大学国家发展研究院后亚洲第二所承办该项目的研究机构。此后，研究院与 HCEO 国际工作组连续六年合作举办暑期学校项目，成功提升了研究院在国内外经济学师生中的知名度。

2016 年 9 月，由 Heckman 教授担任项目顾问的"四川绵竹儿童认知与非认知能力发展追踪项目"正式启动，Heckman 教授的研究团队与冯帅章教授的研究团队共同对项目研究课题及问卷内容进行设计。该项目于 2016 年开展预调查，2017 年完成基线调查，此后每年开展追踪访问，访问对象涵盖当地学生（小学、初中和高中）、教师及家长，年访问量逾万人次。

2018 年 3 月，Heckman 教授在中国发展高层论坛年会上报告了与冯帅章教授合作的研究"中国的技能投资"（China's Investment in Skills）。2018 年 6 月，研究院与 Heckman 教授所领导的芝加哥大学人类发展经济学研究中心正式开启"芝加哥—暨南人类发展研究联合计划"（The Chicago-Jinan Joint Initiative on the Study of Human Development），这是国内经济学领域首次与国际顶级高校开展深度合作。研究院研究生吕佳玮成为该计划的首位受益者，以访问学生的身份赴芝加哥大学交流学习。

2019 年 9 月 30 日，经暨南大学向中央统战部推荐，Heckman 教授因在中国留守儿童教育及中美高水平人才合作交流等方面所作的突出贡献，被授予中国政府友谊奖，并作为获奖代表发言。在发言中 Heckman 教授动情地说道："感谢中国政府授予友谊奖，感谢外国专家局、暨南大学为此作出的努力和帮助，感谢那些跟我合作的卓越、努力且真诚的中国学者们，这份荣誉也使我们与中国的合作更加紧密。"

2019 年 9 月 30 日，Heckman 教授在北京被授予中国政府友谊奖，并作为获奖代表发言

除了聘请 James J. Heckman 教授担任顾问委员会主席之外，研究院还先后成立五大研究中心，柔性引进一批世界级专家学者担任海外中心主任。这些顶级学者在人才引进、学术交流、项目合作、学生培养、智库建设等方面的创新举措立竿见影，让研究院在短时间内脱颖而出，成为国内经济学研究机构中的后起之秀。

约翰·霍普金斯大学经济系主任、国际知名计量经济学家胡颖尧教授受邀担任微观计量经济学中心海外主任。上任不久，他就陆续邀请了 11 位来自国内外知名高校的计量经济学者担任特聘研究员。连续两年举办 IESR 计量经济学训练营，邀请包括麻省理工学院的世界顶级计量经济学家 Whitney Newey 教授、西班牙马德里货币金融研究中心 Manuel Arellano 教授在内的众多学者来暨南大学讲授前沿课程。

美国房地产和城市经济学协会第 50 任主席、威斯康星大学麦迪逊分校威斯康星商学院 John P. Morgridge 杰出讲席教授邓永恒受邀担任房地产与区域经济学研究中心海外主任。在他的带领下，中心成功举办了 2018 年度美国房地产和城市经济学会国际年会。邓永恒教授非常强调学术研究与政策研究相结合，2019 年，由南方舆情数据研究院提供大数据服务，房地产中心提供独家学术支持，房地产中心联合南方产业智库发布 "2019 中国上市房企 60 健康指数"（Healthy Firm Index-60）。指数一经发布，便得到了业界和政府部门的一致认可。

国际权威期刊 Review of Economics and Statistics 和 Journal of Development Economics 的联合主编、杜克大学经济系徐熠教授受邀担任国际贸易与企业发展研究中心海外主任。自 2017 年起，徐熠教授连续三年组织 "新兴经济体的企业发展" 学术研讨会，邀请全球范围内国际贸易与企业发展方面的专家学者齐聚暨南大学，其间除了学术研讨外，还组织实地参观调研，让外国学者更好地了解中国的发展实践。

各个研究中心除了举行大型学术活动之外，海外中心主任还会定期组织内部学术研讨会，让研究院的青年教师受益匪浅。过去五年，研究院能够持续吸引优秀海归博士加入，在各类经济学学术机构排名中持续攀升，海外中心主任们在其中发挥了重要作用。

（二）获批创新引智基地

2018 年，由 James J. Heckman 教授担任海外学术大师、冯帅章教授担任负责人的 "人口流动与劳动经济学科创新引智基地" 正式获批，成为暨南大学首个人文社科类的 "111 计划" 引智基地。"111 计划" 由教育部和国家外国专家局联合组织实施，总体目标是瞄准国际学科发展前沿，围绕国家需求，结合高等学校具有国际前沿水平或国家重点发展的学科领域，以优势特色学科为基础，以国家、省、部级重点科研基地为平台，从世界排名前 100 位的大学、研究机构或世界一流学科队伍中，引进、汇聚 1 000 名海外顶级学术大师以及一大批学术骨干，与国内优秀学科带头人和创新团队相互融合，形成高水平的研究队伍，重点建设 100 个世界一流的学科创新基地，努力取得具有重大国际影响的科研成果，提高高等学校的整体水平和国际地位。暨南大学是为数不多的获批经济学类引智基地的高校之一。

2018 年 7 月，暨南大学举行"人口流动与劳动经济学科创新引智基地"揭牌仪式

引智基地聚焦"人口流动""劳动力市场"和"人力资本培育"三大研究方向，开展国际合作研究。除了 Heckman 教授外，基地还汇聚了一批海内外相关领域的优秀学者，如耶鲁大学的 Mark R. Rosenzweig 教授、香港中文大学的张俊森教授、澳大利亚国立大学的孟昕教授、美国杨百翰大学的 Lars J. Lefgren 教授、加拿大多伦多大学的 Loren Brandt 教授、香港浸会大学的张宏亮教授、荷兰马斯特里赫特大学的 Klaus F. Zimmermann 教授、美国弗吉尼亚大学的 Dennis Tao Yang 教授、美国俄亥俄州立大学的 Mark D. Partridge 教授、世界银行发展研究组首席经济学家 John T. Giles 教授、Mathematica Policy Research 研究员 Tim Kautz 等。

引智基地能够顺利获批，离不开研究院与海外学者前期深厚的合作基础。基地内所有专家均曾到访过研究院并开展交流活动，有些专家还曾多次来访。例如，Mark R. Rosenzweig 教授先后于 2016 年 6 月和 10 月受邀参加研究院举办或承办的"人口流动与儿童发展研讨会"及"Asian Family in Transition Conference on Migration"。Loren Brandt 教授曾于 2016 年和 2017 年两次为"社会经济不平等"暑期学校授课，2016 年 10 月参加"Asian Family in Transition Conference on Migration"，2017 年 6 月参加"Firms in Emerging Economics Workshop"。还有专家深度参与了"四川绵竹儿童认知与非认知能力发展追踪项目"，Tim Kautz 曾于 2017 年 10 月赴四川省绵竹市进行调查，与项目组成员共同讨论并设计测试问卷。

（三）广泛寻求国际合作

研究院积极与国际知名高校及学术机构建立合作关系，为研究院提供了更多的国际发展机遇，也大大提升了研究院在国际学术界的声誉。

1. 与芝加哥大学人类发展经济学研究中心（CEHD）联合发起"芝加哥—暨南人类发展研究联合计划"

2018年6月25日，暨南大学副校长张宏教授、经济与社会研究院院长冯帅章教授、芝加哥大学人类发展经济学研究中心副主任Steven Durlauf教授共同为"芝加哥—暨南人类发展研究联合计划"揭牌，标志着该计划正式启动。该计划旨在促进双方在科学研究、数据收集、学术交流、人才培养等方面开展深度合作。冯帅章教授将联合计划称为"学术自贸区"，并表示"联合计划不只是像以往聘请Heckman教授来担任特聘教授这么简单，我们想做的是真正结合双方的优势资源，通过国际化的运作方式，搭建一个对标国际的学术平台"。

联合计划主要在四方面开展工作：

第一，全面开展科研合作。以正在开展的四川绵竹儿童认知与非认知能力发展追踪项目为基础，逐步拓展到其他具有重大现实意义的研究议题，包括流动人口、健康、教育、劳动力市场表现、全球化与经济转型对劳动力市场的影响、劳动力市场政策评估等重要问题。

第二，继续举办并开拓更多高水平的系列学术活动。联合计划将继续开展并深化以往的品牌学术活动，如"社会经济不平等"暑期学校、"亚洲家庭变迁会议"等。同时，还将打造更多的学术活动品牌，促进双方优质学术资源更广泛的互补。

第三，联合聘用科研人员及博士后，培养国际化复合型人才。联合计划将真正从人员聘用上实现双方的"联合"，所聘用的人员将同时归属于芝加哥大学CEHD和暨南大学IESR，可以根据需要在中国或美国从事科研工作，科研成果将归双方共有。

第四，建立师生双向交流机制。双方将定期派遣教师、学生互访，研究院的教师和学生将有机会到芝加哥大学体验国际一流的经济学教育科研环境，CEHD的教师与学生也将有机会深入了解中国，并参与在中国进行的调查项目。

从长远来看，联合计划将助力IESR发掘和打造属于自己的"精神内核"。作为一个年轻的学院，研究院一直致力于为青年科研工作者创造一个更开放、更活跃和更自由的学术环境。芝加哥大学作为经济学的圣地，曾走出了超过35%的诺贝尔经济学奖得主，它的历史积累和文化精髓将为研究院提供发展的借鉴和指引，帮助研究院打造自己的特色和风格。

参加了联合计划揭牌仪式的Steven Durlauf教授表示："IESR的成长令人瞩目，无论是年轻老师还是学生都很出色，冯院长的眼界也令人赞叹。这次'芝加哥—暨南人类发展研究联合计划'的建立将会是一个全新的契机，期待双方在未来开展更多的实质性合作。"

2018 年 6 月，"芝加哥—暨南人类发展研究联合计划"于暨南大学中惠楼 323 室举行揭牌仪式

2. 与芝加哥大学人力资本与经济机会（HCEO）国际工作组开展长期合作

HCEO 国际工作组成立于 2010 年，由 James J. Heckman 教授担任中心主任，由 500 多名来自世界各地不同知名机构的研究人员、教育工作者和决策者共同组成，致力于研究人力资本开发及其对机会不平等的影响。工作组在研究过程中将生物学、社会学和心理学视角引入传统的经济领域，给不平等和人力资本开发研究带来创新性的思维和方法。

在 James J. Heckman 教授的大力促成下，研究院成为继北京大学国家发展研究院后，亚洲第二所与 HCEO 国际工作组开展合作的研究机构。双方自 2016 年开始，连续六年共同主办 "IESR–HCEO Summer School"，邀请国际著名经济学教授担任授课老师，如康奈尔大学的 Lawrence Blume 教授、多伦多大学的 Loren Brandt 教授、芝加哥大学的 Steven Durlauf 教授、威斯康星大学麦迪逊分校的 Chao Fu 教授、威斯康星大学麦迪逊分校的 Christopher Taber 教授、多伦多大学的 Raji Jayaraman 教授、宾夕法尼亚大学的 Petra Todd 教授、莱斯大学的 Flavio Cunha 教授、芝加哥联邦储备银行（Federal Reserve Bank of Chicago）高级经济学家 Bhash Mazumder 等。

历年的活动面向不同层次的学员，包括青年教师、博士生、硕士生、本科生。例如 2018 年的 Summer School（Faculty Collaborative Seminar 2018）面向的是青年学者，当时 27 名来自美国、德国、伊朗、中国等不同国家的青年教师和博士后研究员参加了培训课程。2019 年的 Summer School 则首次面向本科生，并与优秀大学生暑期夏令营同期进行，来自北京大学、清华大学、中国人民大学、中山大学、武汉大学、厦门大学、香港中文大学、香港科技大学、四川大学、暨南大学等高校的 68 位优秀学生不仅现场聆听了大师课程，还参加了"最佳论文比赛"，在资深教授面前展现学术潜能。研究院已经将 HCEO–IESR Summer School 打造成精品活动之一，这不仅增强了与 HCEO 国际工作组的关系纽带，还提升了研究院在学术界和青年学生中的知名度。

2018 年 6 月，HCEO–IESR Summer School 师生于暨南大学中惠楼前合影

2019 年 7 月，HCEO–IESR Summer School 师生于暨南大学中惠楼前合影

3. 与全球劳动组织（GLO）保持深度合作关系

2017 年 3 月，研究院正式加入全球劳动组织，与中欧劳动研究所（CELSI）、印度劳动经济学家协会（ISLE）、*International Journal of Manpower*、*Journal of Population Economics* 等机构一同成为该组织的支持机构。GLO 是一个聚焦全球劳动力市场、人口变迁和人力资源的国际性学术网络。冯帅章教授受邀成为 GLO 研究员，其他成员还包括 James J. Heckman 教授，世界银行前首席经济学家、康奈尔大学 Kaushik Basu 教授，劳动经济学权威、普林斯顿大学 Orley Ashenfelter 教授等 300 多位各学科领域的专家学者。

2018 年 3 月，GLO 主席 Klaus F. Zimmermann 教授专程来访研究院一周，为研究院的青年教师带来了精彩的职业生涯分享讲座，并就中欧劳动力市场问题与冯帅章教授展开深入对话。在一周的访问时间里，Zimmermann 教授对研究院进行了全面了解。Zimmermann 教授是全球知名的劳动经济学家，1996 年起一直担任 *Journal of Population Economics* 的主编，是劳动研究所（IZA）的创始主任，对于学术机构的管理拥有非常丰富的经验。在接受访问时他表示："我见过非常多的机构，从成立时间很短暂的到历史很悠久的，所以在这一点上我的评价还是非常公平公正的。IESR 给我留下了很深的印象，相信中国乃至国外其他地方都很少有机构能这样迅速地发展起来。我早先就知道冯帅章教授是一位天赋很高的、很出色的研究者，但还是没想到他能在短期内招募到这么多优秀的老师，安排好各种事务，接待像我这样的来客，举办讲座会议，创建良好的学术氛围，这些都需要极强的综合能力。这一周给我的感受是这里的年轻教师都很棒，他们都充满了潜力和活力。但随着学院的不断扩大，学院的研究领域会不断扩展，需要招聘更多的人，希望 IESR 能够一直保持高标准的招聘要求，同时学院也可以招聘更多资深的全职教师，更好地引领年轻学者的发展。当然因为学院成立不久的限制，想要同时做到上述内容还是有难度的，毕竟同一时间不可能同时完成所有的事情，但这可以作为学院长期的目标之一。IESR 现在已经有很多资深学者作为特聘教授进行经常性访问，这对于学术交流是非常有利的。"

Zimmermann 教授对研究院的认可为双方的合作打下良好的基础。在研究院加入 GLO 之后，双方合作举办了一系列学术会议：

2018 年，双方联合举办第一届 IESR–GLO 联合会议：劳动经济学研讨会，以及政策论坛"欧洲移民问题的挑战"。同年，Zimmermann 教授首次来访研究院。

2019 年，双方联合举办第二届 IESR–GLO 联合会议："一带一路"劳动力市场研讨会，Zimmermann 教授第二次来访研究院。

2020 年 5 月，基于前期良好的合作基础，研究院与 GLO 进一步深化合作关系，冯帅章教授担任 GLO 中国负责人，研究院作为 GLO 在中国的联系机构，为 GLO 提供更多支持并组织 GLO 在中国举办的学术活动。

在疫情防控期间，双方的学术活动仍一如既往地坚持举办，分别于 2020 年、2021 年和 2022 年举办了第三届、第四届和第五届联合会议，来自全球各地的专家学者们定期相聚云端，与数百名听众共议新冠疫情之下的劳动力市场与人力资源问题以及全球经济发展对策。虽然受疫情影响无法举行线下会议，但网络会议同样保持了一贯的高水准，先后邀请到麻省理工学院世界著名经济学家 Daron Acemoglu 教授、西北大学 Charles Manski 教授、约翰·霍普金斯大学 Robert Moffitt 教授发表主旨演讲，进一步提升了研究院在国际学术界的知名度。

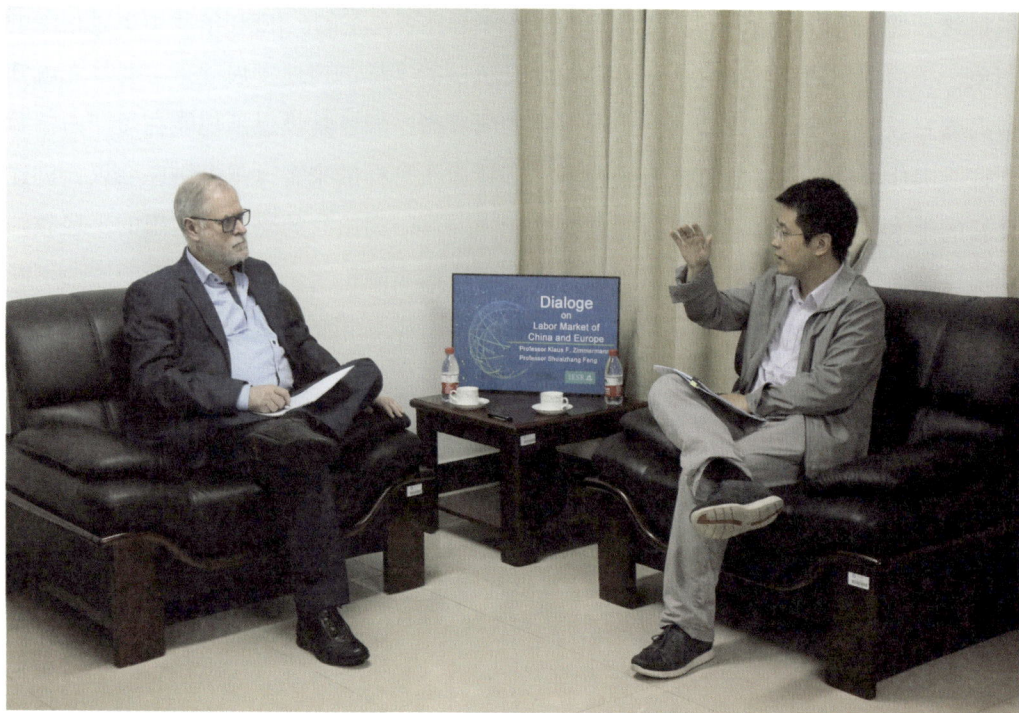

2018 年 3 月，GLO 主席 Klaus F. Zimmermann 教授与冯帅章教授谈论中欧劳动力市场问题

4. 与布鲁金斯学会开展合作

2019 年，研究院与美国最有影响力的智库之一布鲁金斯学会正式开展合作，并于 2019 年 10 月 11 日至 12 日联合举办了首届"布鲁金斯—暨南"中国微观经济学政策论坛。

布鲁金斯学会成立于 1927 年，总部位于美国首都华盛顿，是美国著名的公共政策研究机构，其规模大、历史久远、研究深入，被称为美国"最有影响力的思想库"。其宗旨是开展高质量的独立研究，并据此提出具有创新精神和实用性的政策建议，以高质量的思想产品、全方位的市场营销、政策实业家的卓越领导力被誉为最有影响力、最值得借鉴和最受信任的智库。

自合作以来，双方已经连续于 2019 年、2020 年、2021 年联合举办了三届政策论坛，吸引了来自全球劳动组织、未来资源研究所、康奈尔大学、宾夕法尼亚大学、乔治华盛顿大学、亚利桑那大学、加州大学欧文分校、清华大学、中国人民大学、复旦大学、厦门大学、香港科技大学、香港理工大学等海内外知名高校和研究机构的学者参会，并引起参考消息网等媒体的关注和报道。

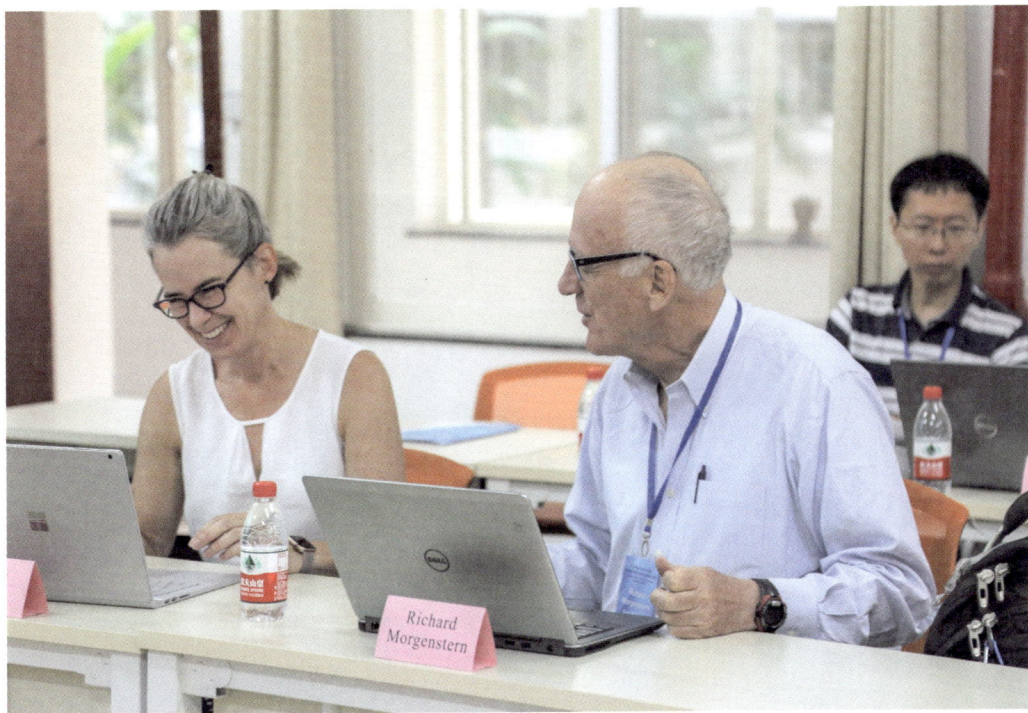

2019 年 10 月，首届"布鲁金斯—暨南"中国微观经济学政策论坛由研究院顺利举办

5. 与多所高校联合举办学术活动

研究院积极与国际知名高校及学术机构建立合作关系，联合举办不同规模的国际学术会议，例如：

自 2017 年起，研究院与香港中文大学、厦门大学轮流主办"现代劳动经济学国际研讨会"；

自 2018 年起，研究院与香港科技大学合办"香港科技大学—暨南大学宏观经济学学术会议"；

2019 年 12 月，研究院与香港浸会大学的商业数据分析与数码经济研究中心（CBADE）及经济学系联合主办"大数据在经济研究中的应用研讨会"；

自 2021 年起，研究院与北京大学光华管理学院以两周一次的举办频率联合举办区域与城市经济学前沿系列讲座。

2018 年 11 月，首届"香港科技大学—暨南大学宏观经济学学术会议"
与会嘉宾于暨南大学中惠楼前合影

（四）打造学术活动品牌

学术活动是科研工作者与同行交流、获得信息和技能提升的重要渠道。高水平研究机构的重要标志之一是能够持续举办高水平的学术活动。研究院自成立以来坚持举办高质量、高频率的学术活动，并按照内容和方向将学术活动划分为不同系列，形成品牌。主要学术活动系列如表 2-1 所示。

表 2-1　研究院历年主要举办的学术活动

系列	名称	特点
学术系列	大师暨南行	学院最高级别讲座，主讲人为经济学各个领域有突出成就的顶级学者，讲座主题为经济学各个领域的学术前沿问题及最新研究成果
	暨南论道	主讲人为资深学者，讲座主题贴近现实，内容深入浅出，面向更广泛的受众群体
	名师讲堂	由资深学者主讲的短期课程，为期一周以内，主要面向学生群体
	Seminar	学院常规学术活动，主要邀请学术界年轻学者报告最新工作论文

（续上表）

系列	名称	特点
学术系列	Brownbag Seminar	内部学术研讨会，暨南大学经济学科教师利用午餐时间分享自己的最新研究进展
智库与实践系列	乡村振兴大讲堂	聚焦研究院的智库研究重点——乡村振兴，主讲人是乡村振兴领域的资深专家学者，受众包括研究者、政策制定者、学生以及各行业中与乡村振兴相关的从业者
	调查方法与应用	聚焦社会调查方法与实践，主讲人为相关研究者和从业者，受众主要是社会调查相关的工作人员和学生
	IESR+	主要由业界人士主讲，分享业界前沿资讯以拓宽学术视野

研究院成立以来，已有来自哈佛大学、剑桥大学、麻省理工学院、芝加哥大学、约翰·霍普金斯大学、多伦多大学、康奈尔大学、威斯康星大学、密歇根大学、伦敦政治经济学院、澳大利亚国立大学、香港科技大学、香港中文大学、北京大学、清华大学、复旦大学等 200 余所院校的 800 余位专家学者到访研究院开展学术交流，Seminar 已累计举办超过 300 期，其他各个系列的讲座累计超过百场（详见附录）。

2019 年 5 月，2010 年诺贝尔经济学奖得主 Christopher Pissarides 教授
于暨南大学礼堂举行公开讲座

通过高频率的学术活动，研究院打造了一个活跃的国际化学术交流平台。通过该平台，研究院的师生乃至整个暨南大学经济学科的师生，可以与海外学者进行直接交流，并与之建立学术联系。交流机会难得，不少教师从中受益匪浅。例如，耶鲁大学的陈希教授曾受邀来访研究院并作 Seminar。研究院的史炜和邱筠两位老师后来在开展有关新冠疫情的研究时，迫切需要一位熟悉卫生经济学领域的合作者，随即与陈希教授取得联系以寻求合作。三人一拍即合，合作发表的文章荣膺 *Journal of Population Economics* 年度最佳论文奖。

除了高频率的常规学术活动外，研究院在成立后的短短几年内，接连成功举办了若干有影响力的大型学术会议。

2018 年 6 月，研究院顺利举办了 2018 年度美国房地产和城市经济学会（American Real Estate and Urban Economics Association，AREUEA）国际年会，这是时隔 17 年后该会议再次在中国召开。会议期间，来自美国、加拿大、新加坡、澳大利亚、英国、新西兰、法国等十几个国家的 160 名学者齐聚暨南园。在举办这场盛大的国际会议时，研究院成立还不到 3 年，为何能取得美国房地产和城市经济学会的信任呢？

这得益于研究院主动搭建国际交流网络，积极提升国际影响力。2017 年 6 月，研究院顺利举办了城市与房地产经济学国际研讨会（2017 Urban and Real Estate Economics International Workshop），城市与房地产经济学顶级期刊 *Journal of Urban Economics*、*Real Estate Economics*、*Regional Science and Urban Economics*、*Journal of Regional Science* 的主编齐聚暨南大学，其中就包括雪城大学 Stuart Rosenthal 教授、芝加哥伊利诺伊大学 Daniel McMillen 教授、新加坡国立大学符育明教授三位 AREUEA 委员会成员。三位资深教授在来访期间对研究院的科研实力和硬件设施条件有深刻印象。

此外，Stuart Rosenthal 教授不仅是 AREUEA 委员会成员，曾任 AREUEA 2015 年度的主席，还是研究院助理教授刘诗濛的导师。在研讨会的会议间隙，Rosenthal 教授与冯帅章院长进行了友好交流。他表示经济与社会研究院的城市经济学研究团队有着雄厚的实力，在顶级期刊上发表了多篇高质量论文，他十分看好研究院的发展。后来在研究院争取 AREUEA 国际会议主办权时，Rosenthal 教授发挥了重要的积极作用。

2017 年 6 月，美国雪城大学 Stuart Rosenthal 教授（右）来访研究院并与冯帅章院长深入交流

　　2019 年 6 月，研究院更进一步，成功举办了世界计量经济学会中国年会（2019 China Meeting of the Econometric Society）。这是 2019 年度中国经济学领域最高级别的国际学术会议之一，11 位国际顶级学术大师带来国际前沿的学术分享，300 余位来自世界各地的学者在 65 场平行会议中进行论文报告。世界计量经济学会常务副主席、货币金融研究中心（CEMFI）Enrique Sentana 教授对本次会议高度评价，"会议组织得非常顺利，参会者得到非常专业的安排，而且会议的受邀报告质量非常高，平行会议参加的人数也很多。我与许多参会者交谈过，他们都非常享受这次的会议"。

　　除了 Sentana 教授之外，很多前来参会的嘉宾也都对研究院举办的会议赞不绝口，例如多伦多大学的 Loren Brandt 教授是研究中国经济问题的专家，经常来访中国，在参加 2017 年"新兴经济体的企业发展"学术研讨会时，他接受了研究院的采访并表示："我来访 IESR 一共四次了，对 IESR 的印象非常好！两次是来为 Summer School 上课，两次是来开会，一场是 Asian Family in Transition，一场是刚刚结束的 Firms in Emerging Economies，两场会议都办得非常好，邀请到了不同领域的著名专家学者，也有很多青年学者，讨论的氛围很热烈！"

2017 年 6 月，多伦多大学 Loren Brandt 教授来访研究院参加"新兴经济体的企业发展"学术研讨会

（五）开辟线上交流平台

2020 年 1 月，新冠疫情突然暴发，打乱了所有人的生活和工作计划。面对这一突如其来的挑战，研究院迅速响应，制订应对方案，并利用寒假时间做好准备，坚持"学术活动不停办、国际交流更深入"。

2020 年 3 月 4 日，新学期首次内部学术活动——Brownbag Seminar 在线上举办，研究院全体教师通过视频线上参会，开启了一场别样的交流。正是在这次 Brownbag Seminar 中，研究院副教授史炜与助理教授邱筠汇报了他们正在合作开展的最新研究"Impacts of Social and Economic Factors on the Transmission of Coronavirus Disease 2019（COVID-19）in China"，紧跟时事，分析了社会经济因素对新冠病毒传播的影响。在一个多小时的线上会议中，很多教师通过语音提出了大量宝贵的意见和建议，他们很快完善了文章并投稿到了 *Journal of Population Economics* 期刊，在投稿一周后就收到了审稿人的肯定意见。4 月初，文章就被顺利接受，并随即被《环球时报》、环球网、新华网、人民网等权威媒体报道。后来该论文还荣获了 *Journal of Population Economics* 2021 年度 Kuznets Prize 最佳论文奖。自研究院成立以来，Brownbag Seminar 一直是研究院科研工作的特色活动，疫情虽然让教师们失去了线下聚在一起边吃午餐边讨论的热闹氛围，但没有阻隔大家交流讨论的热情。

2020 年 3 月 23 日，"社会调查与应用"系列主题讲座在线上举办，这是研究院自疫情以来的首场对外学术活动，邀请到了西南财经大学反贫困政策实验室副主任王军辉，他分享了"激励相容的反贫困政策实验"。讲座吸引到了众多学生听众，大家纷纷表示线上讲座的形式更便利，省去了在校区之间通勤的时间，效果更好。"以前学生和老师之间都是隔着三尺讲台的，现在不用举手就可以问问题，还可以直接截屏 PPT，感觉挺好的。""之前来听海外企业调查的讲座都抢不到座位，这次不用抢座位我就带着同学一起来听一下，挺方便的！"

2020 年 3 月 27 日，研究院顺利举办自疫情以来的首场线上学术 Seminar，近 60 位来自全国各地的师生通过线上视频网络平台参与了研讨。研究院教师表示，首场线上学术 Seminar 的便捷性和包容性得到了校内外参会专家学者的赞赏与认可。一直以来，研究院都会为到访的 Seminar 主讲人安排与学院教师一对一交流的 office hour，线上 Seminar 活动也延续了这一传统。在 Seminar 结束后，研究院多位教师通过线上 office hour 的交流形式与主讲人进行了一对一的沟通。助理教授陈思宇表示："在疫情特殊时期，线上讲座和 office hour 的交流帮助我们克服地理与时间的限制，跟进学术进展。我认为，疫情结束之后也可以继续推进线上活动，灵活地实现全球学术信息共享。"

有了线上 Seminar 的成功经验，研究院开始探索如何更好地拥抱"互联网 +"，充分发掘线上学术活动的优势。冯帅章院长提议对线上学术活动进行"升级"，大胆邀请平时请不来的资深教授、顶级大咖。2020 年 7 月 16 日，"大师暨南行"正式"上线"，哈佛大学教授、全球著名城市经济学家、《城市的胜利》作者 Edward Glaeser 于线上平台进行了题为"Cities and Pandemics"的主题讲座，吸引了国内外近千位观众的参与，可谓引爆网络热潮。

"大师暨南行"在云端的首次亮相取得了巨大成功，让研究院负责学术活动的教师和工作人员充满了信心，很快，第二场"大师暨南行"也上线了。北京时间 2020 年 9 月 7 日，*Journal of Political Economy* 主编、芝加哥大学 Greg Kaplan 教授于线上平台进行了题为"The Great Lockdown and the Big Stimulus: Tracing the Pandemic Possibility Frontier for the U.S."的主题讲座，再次成为学术界瞩目的焦点。2020 年 11 月 23 日和 12 月 17 日，研究院举办了 2020 年度的第三场和第四场"大师暨南行"活动，分别邀请到 *Climatic Change* 主编、普林斯顿大学 Michael Oppenheimer 教授和芝加哥大学谢长泰（Chang-Tai Hsieh）教授在线上开讲，均取得了热烈反响。

面对新冠疫情的冲击，研究院的学术活动和学术会议并未受到很大影响。在 2020 年，研究院共举办线上及线下"大师暨南行"、问政暨南、IESR+、Seminar 等学术讲座

113 场。超过 60% 的学术讲座通过腾讯会议、Zoom 会议等线上会议平台举办。累计邀请了来自哈佛大学、芝加哥大学、康奈尔大学、新加坡国立大学、悉尼大学、神户大学、香港中文大学、香港科技大学、北京大学、上海财经大学、中央财经大学、中国人民大学、复旦大学、厦门大学等 100 余名国内外知名高校及研究机构的专家学者来访研究院或云端开展学术研讨会。此外，研究院共举办 4 场国际学术会议。其中 Third IESR-GLO Joint Conference、第二届计量经济学训练营、"布鲁金斯—暨南"中国微观经济学政策论坛为线上活动，吸引大量海内外学者线上参会。2020 现代劳动经济学国际研讨会采用线上线下结合的形式，其效果受到参会者一致好评。

二、工作机制建设

密集的、高层次人才间的学术活动和学术会议对于会务组织的要求非常高。研究院在各种规格、高密度、高强度、高专业程度的学术活动中，依靠专业化的行政团队和规范化的工作流程，逐步摸索并建设起自己的工作机制，收获了来自全球学者的盛评。以 2018 年 6 月为例，研究院分别于 6 月 12—14 日举办了 2018 年度美国房地产和城市经济学会国际年会，6 月 18—19 日举办了微观计量经济学工作坊，6 月 21—23 日举办了新兴经济体企业研讨会，6 月 25—29 日举办了 HCEO-IESR 教师培训研讨会，四场重量级的国际学术会议。会议的日程非常紧密，兼之参会嘉宾和学员来自全球各地、五湖四海，如何以高标准圆满完成同期各项会议的组织工作，对当时的研究院来说是重大挑战，也是重要磨炼机会。

自 2020 年冯帅章教授开始同时担任经济学院院长以来，两院的合作更为密切。例如，两院合办了 2020 现代劳动经济学国际研讨会、经济波动与增长 2021 春季研讨会和 2022 年春季研讨会等一系列活动。如何以整个暨南大学经济学科为出发点，做好国际学术交流工作，带动经济学院在学术活动的频率、质量和后勤保障等方面提升？研究院在新的考卷上给出了值得参考的答案。

如今归结起来，国际学术交流工作离不开几个关键词：专业化、规范化、个性化和创新性。

（一）常规工作流程

研究院平均每周举办至少一场学术活动，频率密集时可达每周三四场，高频率的学术活动已经成为研究院日常工作的一部分。为了将这一日常工作完成得尽善尽美，研究院组建了一支专业化的行政团队，将整个工作流程规范化，并将学术交流中摸索到的行之有效的方法推广到了校内的经济学院中，履行自身通过制度创新带动暨南大学经济学科的国际化，进而尽到快速提升经济学科整体实力的示范区职责。

1. 专业化的行政团队

研究院的行政管理体系分明，由院长、副院长、院长助理组成的院务会，直接管理学院的行政团队，具体的行政事务则完全由行政团队来执行。行政团队按照工作职责不同进行细分，活动、宣传、财务、科研、接待等都有专门的行政人员负责，避免了常见的"一人身兼数职"的情况，有利于不断提升各部分工作的专业化水平。

从管理风格来说，研究院扁平化的结构让整个团队的沟通更为直接和顺畅，负责不同工作的行政人员直接对院长、副院长或院长助理负责，有利于问题的快速解决，更有利于行政团队充分发挥自主权，推动工作的开展和不断地创新优化。

尽管各司其职，但行政人员并非各自为政。在整个学术活动开展的过程中，从前期的活动通知及筹备，到活动中的分工合作，再到后期的总结复盘，行政团队的不同成员均保持密切的沟通和联系，确保各个环节顺畅推进。

由专业的行政团队来负责学术活动的好处非常明显，一方面极大减轻了教师的工作量，让教师不至于在琐碎的行政事务上浪费大量的时间和精力，例如预订差旅、财务报销、宣传推广等；另一方面也可以保证研究院对外沟通的标准化和专业化，让来访嘉宾感受到研究院行政服务的高效。

暨南大学经济学院常规学术活动包括讲座与 Seminar 两个类别。其中，讲座分为暨南经院名师讲座、国家金融学讲座、中观经济学讲座、行业前沿论坛四个系列；Seminar 分为经济学、金融学、统计学、财贸、区域科学五个方向。讲座系列邀请海内外知名学者、行业专家举办讲座与交流；Seminar 系列主要邀请中青年学者、博士候选人进行学术论文报告与讨论。因此在人员安排方面，经济学院参考研究院调动人员组成学术活动团队，包括总协调人 1 名，方向协调人 5 名，行政人员 3 名。总协调人由负责科研的副院长担任，方向协调人由系所老师兼任。行政人员负责学术活动宣传、报备及后勤保障工作（交通住宿及场地预订等）。

讲座日期前两周，由负责活动的行政人员与嘉宾联系，获取行程安排（机票 / 酒店 / 邀请信等）及讲座预告信息，发送给宣传组作活动预告，同时发内部邮件给全院教师预约 office hour

讲座期间由邀请人作主持人，由负责活动的行政人员维持讲座秩序，由宣传组负责摄影

讲座结束后由行政人员处理嘉宾来访的报销等事宜，由宣传组进行讲座内容整理及报告

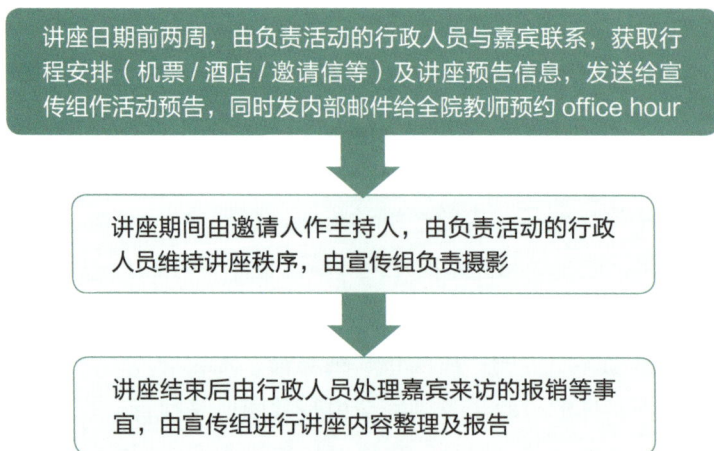

讲座工作流程

2. 规范化的工作流程

以常规性的学术讲座为例，为了确保讲座的高质量以及多样性，研究院将讲座按研究领域分为不同系列。每个学期初，各系列负责人收集该领域拟邀请的嘉宾名单。学术委员会以被邀请人选的研究水平和学术影响力为最重要依据进行审核，最终确定本学期的讲座嘉宾邀请名单。同时，研究院也鼓励教师邀请海外的学者、合作者短期来访。为了鼓励教师邀请嘉宾，研究院提供资金、工作人员、场地等方面的支持。

确定嘉宾邀请名单的同时，行政人员会预先确定嘉宾来访的日期或大致时间段，提前在研究院学期日历中进行登记，避免活动扎堆或某段时间完全空缺的情况出现，也避免与重大会议或活动的时间冲突。在预定讲座日期的前两周，行政人员会与嘉宾联系，确认行程安排（包括机票、酒店等）及讲座预告信息，使用统一的邀请信建立起嘉宾对研究院的第一印象。

宣传团队会根据主讲嘉宾的个人信息和讲座信息制作活动预告，通过海报、公众号、官方网站等多渠道进行宣传或报名预约，科研秘书会通过内部邮件提醒研究院教师讲座信息及预约 office hour 的安排。在嘉宾来访时，研究院会安排一位研究生担任嘉宾来访期间的助理，及时为嘉宾提供包含接机、酒店与校园路线指引等协助，邀请嘉宾来访的研究院教师也会负责陪同和接待。嘉宾将在专门安排的嘉宾室进行准备工作、开展 office hour 等活动。

在讲座结束后，会务和财务人员会尽快收集、整理好报销材料，处理财务事项，并告知嘉宾预计需要的处理时间。宣传组会根据不同情况进行宣传报道。比起常规学术活动，会议类学术活动的工作流程更长，也更为细致，详见下图。

来访前：由专人与嘉宾联系。1.确定来访时间；2.确定行程安排：预订交通、住宿；3.确定讲座、课程、会议、访谈、参观等具体日程安排
注意事项：在严格遵守学校接待相关规定的前提下，研究院尽量为嘉宾提供良好的住宿条件

→

来访时：1.安排一位研究生担任嘉宾来访期间的助理，及时为嘉宾提供包含接机、酒店与校园的路线指引等协助；
2.每项安排在活动开始前一天与嘉宾再次确认、提醒
注意事项：提前询问嘉宾是否有特殊饮食需求

→

来访后：收集报销材料，及时处理本次来访所产生的费用报销，并告知嘉宾所需的处理时间（一般为一个月）

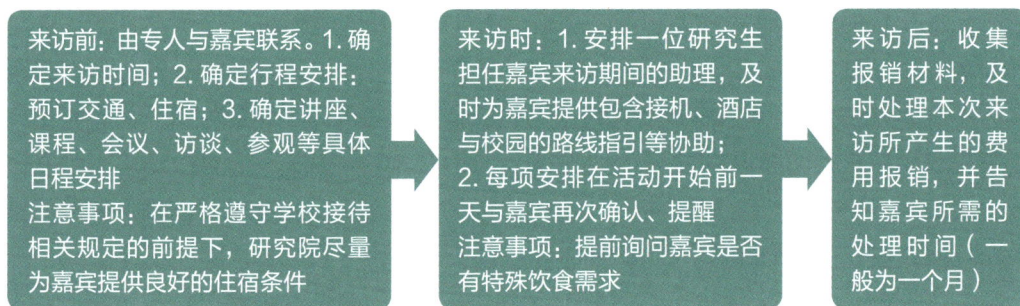

嘉宾接待工作流程

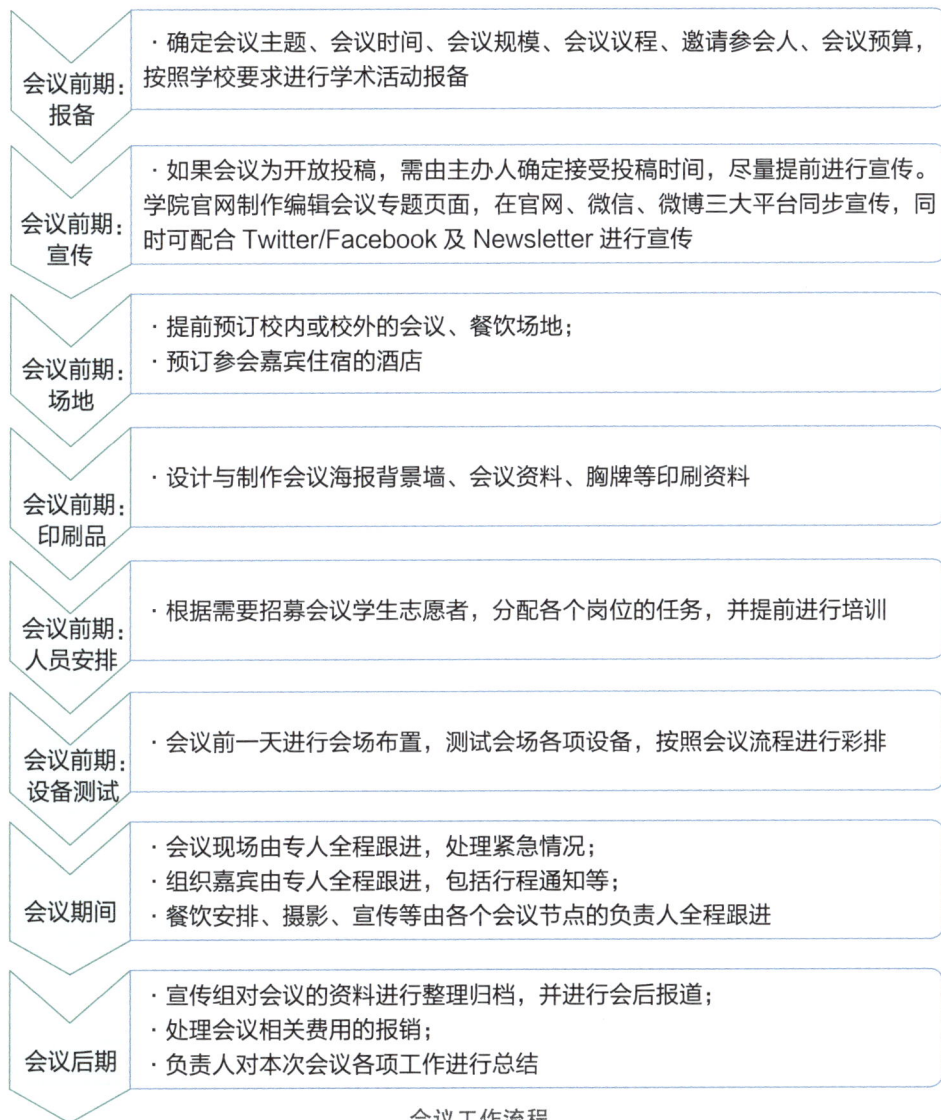

会议前期：报备
· 确定会议主题、会议时间、会议规模、会议议程、邀请参会人、会议预算，按照学校要求进行学术活动报备

会议前期：宣传
· 如果会议为开放投稿，需由主办人确定接受投稿时间，尽量提前进行宣传。学院官网制作编辑会议专题页面，在官网、微信、微博三大平台同步宣传，同时可配合 Twitter/Facebook 及 Newsletter 进行宣传

会议前期：场地
· 提前预订校内或校外的会议、餐饮场地；
· 预订参会嘉宾住宿的酒店

会议前期：印刷品
· 设计与制作会议海报背景墙、会议资料、胸牌等印刷资料

会议前期：人员安排
· 根据需要招募会议学生志愿者，分配各个岗位的任务，并提前进行培训

会议前期：设备测试
· 会议前一天进行会场布置，测试会场各项设备，按照会议流程进行彩排

会议期间
· 会议现场由专人全程跟进，处理紧急情况；
· 组织嘉宾由专人全程跟进，包括行程通知等；
· 餐饮安排、摄影、宣传等由各个会议节点的负责人全程跟进

会议后期
· 宣传组对会议的资料进行整理归档，并进行会后报道；
· 处理会议相关费用的报销；
· 负责人对本次会议各项工作进行总结

会议工作流程

经济学院的学术活动在借鉴研究院相关工作流程及模式后进行了调整。活动的时间与地点由学院统筹安排。讲座系列由协调人直接上报学院，由学院负责与嘉宾确定具体时间并安排行程。Seminar 系列根据报告题目及内容纳入不同的方向。各方向协调人需于每学期第二周提交 Seminar 初步安排计划，包括学者姓名、单位、报告题目、拟安排时间，由学院统一安排 Seminar 日程表。如临时增加 Seminar 活动，需由协调人提前 10 天与科研秘书协商确定学术活动时间。

（二）专业服务保障

专业化的团队和规范化的流程只是办好学术活动的基础，研究院追求的是更高质量的专业服务保障，这就需要个性化的接待服务和创新性的活动形式来提升学术活动的水平。

1. 个性化的接待服务

研究院的大量学术活动和会议都会邀请外国嘉宾，而外国嘉宾来访所面临的最直接问题是语言问题，为此，研究院采取了几项措施：

首先，充分发挥学生志愿者的作用。在每次活动或会议前，教务组会向学生公开来访嘉宾信息，学生可自愿报名作为志愿的随行翻译陪同来访嘉宾，这对学生而言是求之不得的机会。如研究院首届硕士毕业生，现为北京大学在读博士的王慷楷曾担任 2019 年世界计量经济学会中国年会主讲嘉宾、耶鲁大学 Samuel Kortum 教授的随行助理。他表示，与教授的交谈及相处激发了他的研究灵感，让他收获颇丰。研究院首届本科毕业生黄稚雯曾作为学生记者采访过包括 2021 年诺贝尔经济学奖得主、麻省理工学院 Joshua Angrist 教授在内的多位一流学者，"他们不仅在自身的领域颇有建树，还非常博学多识，对事物永远保持着一颗求知心、好奇心"。黄稚雯毕业后前往哥伦比亚大学就读社会科学量化方法硕士。

其次，嘉宾来访环境尽可能实现英文全覆盖。除了邀请信、讲座预告信息、会议手册、海报等采用英文作为主要语言之外，会务组会于学术会议期间，在学校的主要道路、餐厅、会议室等关键地点增加全英指示牌，避免因语言不通造成与会人员的困扰。会议期间使用的笔记本电脑等均设置为英文系统，方便嘉宾进行操作。

最后，在重大活动时聘请同声传译员。"大师暨南行"活动或顶级学术会议的主旨演讲往往会吸引大量的研究者、学生和校外人员参加，为提高与会人员的参会体验，研究院会聘请同传进行现场翻译，这一举措受到了参会者的一致好评。

除了语言之外，饮食也是研究院会务组特别关注的细节。不同国家和地区的人们在饮食习惯上存在较大差异，而且有些嘉宾会有特殊的饮食偏好，这些都要求会务组在安排食物时慎之又慎。在订餐前，会务组会提前告知来访嘉宾及参会人员餐食的具体构成，方便来访嘉宾及参会人员选择。遇到特殊情况，还会特别订餐。例如，2018年6月第二届"新兴经济体的企业发展"研讨会举办期间，有位美国教授对诸多食物过敏，会务组专门为他安排了沙拉餐。

2019年6月，研究院学子担任志愿者，为参与世界计量经济学会中国年会的嘉宾提供指引

2. 创新性的活动形式

举办学术活动的重要目的之一，是为参与者提供充分的交流机会。研究院针对每一场学术活动，都精心设计活动议程，创新活动形式，争取给参会者创造更多展示学术成果、交流研究经验的机会。例如，Seminar是研究院的常规讲座活动，Seminar的

主讲人除了受邀汇报外，还会安排 office hour 及午餐 / 晚餐等面对面交流机会，开放给研究院所有教师预约参与。

针对大型国际会议，除了常规的报告环节外，研究院还会根据具体情况安排自助餐、外出参观、海报展示等环节，尤其是外出参观，对于参会嘉宾来说是非常难忘的体验。

2017 年 6 月，研究院在筹办首届"新兴经济体的企业发展"研讨会时，为了让外国参会者对广东省的企业发展现状有更加直观的认识，特意增加了企业参观环节。会务组经过长时间的联系和准备，最终带领参会嘉宾走访了中国家具商贸之都——顺德乐从镇的罗浮宫国际家具博览中心，并与乐从镇政府和各部门管理人员以及数位企业代表开展了调研座谈会。一行人还走访了美的（Midea）中央空调事业部和迪卡铂国际家居建材有限公司。这一趟旅程让参会学者感到不虚此行，他们纷纷表示实地走访企业为经济学研究提供了现实背景，更有利于发现贴近实际问题的研究想法，也更有利于将学术研究成果转化为政策建议。

2017 年 6 月，首届"新兴经济体的企业发展"研讨会参会嘉宾参观美的（Midea）中央空调事业部

此后，参观企业就成为"新兴经济体的企业发展"研讨会的固定"节目"。2018年的第二届研讨会走访了广州高新技术产业开发区和2018中国（广州）智能装备暨机器人博览会，并参观了小鹏汽车的总部；2019年的第三届研讨会召开时恰逢2019春季中国（广州）国际茶业博览会，参会嘉宾亲临会场感受茶文化，调研了广州火车站附近的流花服装批发市场、红棉国际时装城等地，并参观了广汽丰田汽车有限公司的生产基地。

这些经历让来访嘉宾赞不绝口，2018年的参会嘉宾、科罗拉多大学Wolfgang Keller教授表示："这次会议满足了我所有的期待。在这10余年期间，我来过中国20多次，但这是我第一次来暨南大学。IESR举办的学术活动让国内外学者有更多的交流机会，这些交流为双方的进一步合作打下了坚实基础。"

2019年6月，第三届"新兴经济体的企业发展"研讨会参会嘉宾参观广汽丰田汽车有限公司

2019年，约翰·霍普金斯大学Robert Moffit教授和杨百翰大学Lars J. Lefgren教授在来访期间了解到研究院的社会调查中心正在进行"中国乡城人口流动调查"（RUMiC），对流动人口聚集的城中村非常感兴趣。刚好暨南大学紧邻的便是广州最大、历史最悠久的城中村——石牌村，研究院的几位教师立即决定陪同两位教授前往石牌

村走访参观。见到广州最繁华的天河区中部存在一片非常密集的"握手楼"，两位教授非常兴奋，与研究院的年轻教师们边走边畅谈研究设想。后来，研究院将参观石牌村列入了会议活动的备选项中，在 2019 年 11 月举办的"外来人口市民化"研讨会期间，研究院专门组织了石牌村的实地考察，并参观了村里著名的池氏宗祠。

2019 年 6 月，Robert Moffit 教授（左二）、Lars J. Lefgren 教授（左一）在来访期间参观石牌村

第三章

打造专业调查中心，支撑科学政策研究

随着信息技术日新月异的发展，数据成为日趋重要的生产要素。在这一过程中，社会科学的研究范式也出现了较大的变化，研究重心由过去的定性研究转变为基于大规模长期调查的定量研究。为顺应这一历史潮流，暨南大学经济与社会研究院成立之初就成立了社会调查中心（以下简称"中心"），将"调查"作为四大重要工作之一。为保障暨南大学社会科学的蓬勃发展，中心建设目标主要有以下四点：第一，建立一支稳定、专业的调查团队，既能定期开展大型调查项目，也能根据暨南大学老师的需要不定期地开展小型调查项目。第二，根据自身的专业优势，积极打造一批调查项目，为整个学术界提供公共服务品，提高暨南大学的影响力。第三，基于中心的调查项目以及其他已有数据，建立数据平台，有机整合各数据，为校内外数据使用者提供便利的同时，保障数据安全。第四，提供优质公共服务，在数据搜集、管理、使用方面，建立国内知名的交流平台，根据最新经验，建立合理、规范的制度。虽然中心成立仅短短七年，但目前已取得了非常显著的成果，作为华南唯一、全国前四的调查中心，与北京大学中国社会科学调查中心、中国人民大学调查与数据中心、西南财经大学中国家庭金融调查与研究中心等几所全国高校下设的调查中心一样，在服务发展、服务民生方面发挥重要作用。

七年来，中心从无到有，成立了一支近二十人的专业调查团队，并建立健全了管理制度，架构清晰，分工明确，为随时开展科学调查作出了扎实的保障。目前，中心主要开展的调查项目包括：广东千村调查（Thousand-Village Survey in Guangdong）、四川绵竹儿童认知与非认知能力发展追踪项目（Longitudinal Study of Children's Development in Mianzhu, LSCD in Mianzhu）、中国乡城人口流动调查（Rural–Urban Migration in China, RUMiC）、还曾开展广东省制造业企业全要素生产率调查（Guangdong Manufacturing Firm Survey, GDMFS）、中国家庭就业调查（China Household Employment Survey, CHES）等项目。在这些项目中，中心团队立足国情，深入实地，搜集了翔实的一手信息，用切身行动响应"把研究做在祖国大地上"的号召。同时，中心还利用自身的专业优势，为政府部门提供数据调查、政策评估等工作服务，为公共政策制定发出暨南声音。

在调查过程中，中心也不断提升自身实力。为全面提升调查的数据质量与采集效率，过去七年中，中心基于丰富的调查经验，结合社会调查实际开展场景，自主研发多项计算机软件。目前，中心共获得计算机软件著作权6项——计算机辅助面访系统、电话访问系统、网络问卷系统、计算机辅助混合调查系统、IQL问卷平台、"金币之旅"小游戏平台，技术发明专利1项——IQL问卷编程语言。随着技术水平的提高，中心具有承担多种类型调查的能力，可以有效地应对各种突发情况。例如，面对疫情等受访者无法面访的情况时，中心可以利用计算机辅助混合调查系统，随时将面访切换为电话访问与网络调查。这一系统的建立可以有效抵御各类访问风险。

随着数据搜集、管理经验的增加，基于团队的热情，中心在校内外积极提供和承担了多项公共服务。首先，信息化时代如何既高效又安全地使用数据是一个难题。中心仿照国家统计局、西南财经大学，通过建立远程数据平台的办法，对这一问题进行了探索。为保障数据安全，校内外使用者只能在平台上使用数据，并且经过审核后才能下载结果。同时，中心统一清理数据，定期通告数据更新的信息，为使用者清理数据节约了大量的时间。目前，数据平台已经为校内外 250 余位学者的科研工作提供支持。其次，学术机构的发展在于预测、捕捉前沿发展趋势。为了解数据搜集、管理、使用的最新经验，中心积极建设交流平台，开展数十次学术讲座，多次举办、参加数据相关的学术会议，吸引大量校内外学者参加、讨论。再次，由于社会科学常常以人为研究对象，数据（包括实验）的搜集过程可能会像一把双刃剑，对受访者的发展起到意想不到的作用。在积极交流国际先进实践经验之后，在暨南大学社科处牵头下，中心积极推动建立了道德伦理委员会，规范了社会科学研究中何为"可为"，何为"不可为"。最后，相对于其他学科的发展，数据调查学科发展相对落后，人才不够多。有感于这一点，中心多次在全校范围内开设"调查方法与应用"通选课及调查方法相关培训，促进人才培养。

一　调查团队

一个机构最核心的资产在于人才。中心从成立开始，积极而谨慎地吸收对调查事业富有热情的专业人才。在不断开展招聘、人员流失率较低的情况下，中心优中选优，建立起近 20 人的团队，根据专业分工和擅长领域组成项目执行部、技术部、质控部、数据部这四个业务部门，职能覆盖调查数据采集的全过程，包括：问卷设计、系统开发、实地执行、质量控制、数据分析、报告撰写等。经过多年、多项大型调查项目的历练，中心团队已经成为一支高素质、高水平、经验丰富的调查团队。

（一）主要部门和人员

中心管理主要由中心主任、执行主任、副主任负责和承担，其中执行主任和副主任负责中心日常管理、部门协调和具体业务开展。中心主任由冯帅章教授担任，中心执行主任由美国密歇根大学调查方法学硕士、中级统计师、实验师何李芮担任，中心副主任由暨南大学经济与社会研究院副教授、澳大利亚国立大学经济学博士薛森担任。

根据调查工作的分工，为了便于管理，中心主要包括以下几个部门：

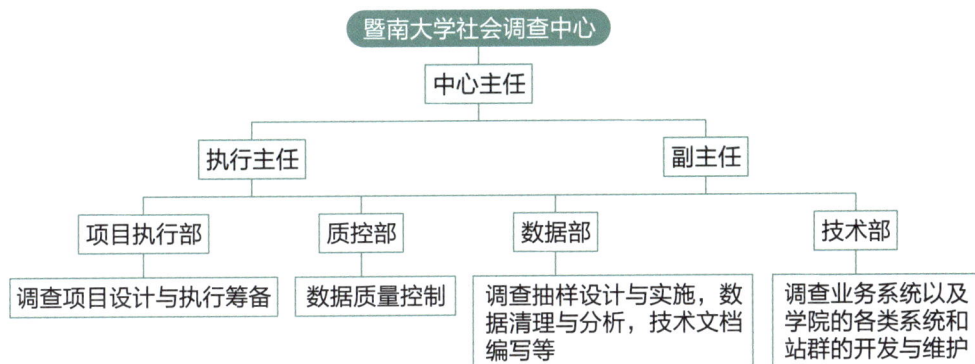

暨南大学社会调查中心组织架构图（2022 年 12 月）

项目执行部：主要负责调查项目设计与执行筹备，包括问卷设计与修改、预调查；调查执行的组织、管理与实施；调查后报告的撰写。项目执行部现有全职人员 7 名，均毕业于知名高校，如香港中文大学、中山大学、中央民族大学、复旦大学等，在调查领域内有着非常丰富的实地调查经验。执行人员在调查项目中，既可以胜任项目督导的职责，也可以作为访问员开展一线调研，是一支执行力强、专业性高的执行团队。

质控部：主要负责数据质量控制，形式包括录音核查、电话核查、数据核查等。质控部现有全职人员 2 名，均取得硕士学位，在数据质量控制、电话调查、核查员组织与管理方面拥有多年的实践经验。同时，该部门负责暨南大学伦理道德委员会办公室的日常业务开展。部门内所有成员均持有伦理道德培训相关证书。

数据部：主要负责调查抽样设计与实施，数据清理与分析，技术文档编写等。数据部现有全职人员 2 名，均获得海外名校硕士学历，积累了丰富的数据处理经验。

技术部：主要负责调查业务系统以及学院的各类系统和站群的开发与维护。现有全职人员 5 名，包括 3 名后端开发人员，1 名前端开发工程师和 1 名 App 端工程师。

（二）日常管理

为了提升团队工作效率，中心参考学校、学院制度和规定，制定了一系列管理机制和制度，使中心管理透明化、有序化、规范化。

行政管理：主要包括中心例会和部门例会制度。中心例会每周一次，由部门负责人在会议上汇报部门工作进展。除此之外，中心还自主研发了时间管理系统，中心每个员工每周在系统上填报当前工作进度及下周的工作计划，有效掌握工作进度，有计划地推进项目及相关工作高效有序开展。

人事管理：日常人事管理主要分为职员管理和人事招募两部分工作。职员管理方面，中心制定了《暨南大学社会调查中心考勤与休假制度》，并通过系统实现员工加班、请假申请、审核全流程电子化。关于员工的绩效考核和晋升晋级，中心制定《暨南大学社会调查中心绩效考核管理办法》《暨南大学社会调查中心员工晋升晋级管理办法》，并根据实际情况多次对其调整修改，每季度进行一次绩效考核，每年进行人员年终考核并根据考核结果制订晋升晋级方案。人事招募方面，分为全职人员招募和兼职人员招募，全职人员招募主要由中心人员主导，中心管理团队和招聘岗位所在部门主管共同参与，兼职人员招募由项目组提出招聘需求，由中心人事统筹。

财务管理：根据学校和学院的财务管理规定，中心制定了《暨南大学社会调查中心财务管理办法》，并在此基础上根据各调查项目的实际情况制定财务实施方式的细则。

二. 调查项目

学术机构赖以生存的基础是其为社会提供的公共产品。中心成立的初衷是为学术界、政府提供优质的数据公共产品，将国情反映于数据之中，汇集各方之力，研究中国式现代化之路。针对这一初衷，中心的核心调查项目均围绕国计民生的热点问题而开展，专注打造最了解华南的调查中心。中心的核心项目具体包括：广东千村调查、四川绵竹儿童认知与非认知能力发展追踪项目、中国乡城人口流动调查、广东省制造业企业全要素生产率调查和中国家庭就业调查等，这些项目关注乡城振兴、儿童发展、人口流动、制造业振兴等重要社会问题，与国家、各级政府的政策需求高度契合。

（一）广东千村调查

习近平总书记于 2017 年 10 月 18 日在党的十九大报告中指出，农业农村农民问题是关系国计民生的根本性问题，必须始终把解决好"三农"问题作为全党工作的重中之重，实施乡村振兴战略。2018 年中央一号文件《关于实施乡村振兴战略的意见》，全面部署实施乡村振兴战略。由于广东省是中国第一经济大省，常住人口居全国首位，非城镇人口比例约为 30.15%[①]，珠三角与粤东西北地区经济发展水平差异较大，因此广东省有着非常好的农村研究环境。结合中心的执行优势，研究院选择以广东省为目标

---

① 广东省统计局 2018 年公布的数据。

开展调查研究。由此，广东千村调查应运而生。

广东千村调查项目是服务于乡村振兴战略实施的全省性调查项目，通过集结心怀乡情的高校学子深入广东乡村开展入户调研，从精准扶贫战略、乡村治理与乡村运行效率、农村生态环境、教育脱贫战略、农村养老与留守儿童、农村金融改革等角度出发，系统收集广东省乡村发展的微观数据和相关信息，利用一手数据研究"三农"问题，实现学术研究与政策研究的有机结合，为广东省乃至全国的乡村振兴建言献策。

广东千村调查项目于 2018 年确立启动并完成基线调查。2019 年，进行第一轮追踪访问和样本扩充，并同步开展农村绘图工作。2020 年至 2021 年，在疫情的影响下，由于面对的是农村群体，面访仍为最优的调查手段，因此中心积极调整执行策略，采取各种手段，如将访问员线下面试和培训全部改为线上、就地招募访问员、就地集合以减少人员流动、增加访问员数量以缩减实地调查时间等，项目如期进行了第二轮和第三轮追踪访问，问卷应时增加多个乡村振兴相关的焦点议题，如疫情对农业生产经营的影响。2019 年至 2021 年，项目每年共采集有效样本 119 个行政村和约 3 600 户农村家庭的数据，行政村层面样本追访率 100%，家户层面追访率稳定在 90% 左右。为了把调查做得更加细致，同时考虑到疫情等其他因素，2022 年仅追访部分受访对象。在采集数据的同时，广东千村调查为超过一千人次在校大学生提供暑期深入广东农村第一线开展社会调查实践的机会，让更多的青年学生真实地看见乡村，加深对乡村的了解。

2018—2022 年，广东千村调查项目参与师生启动仪式合影

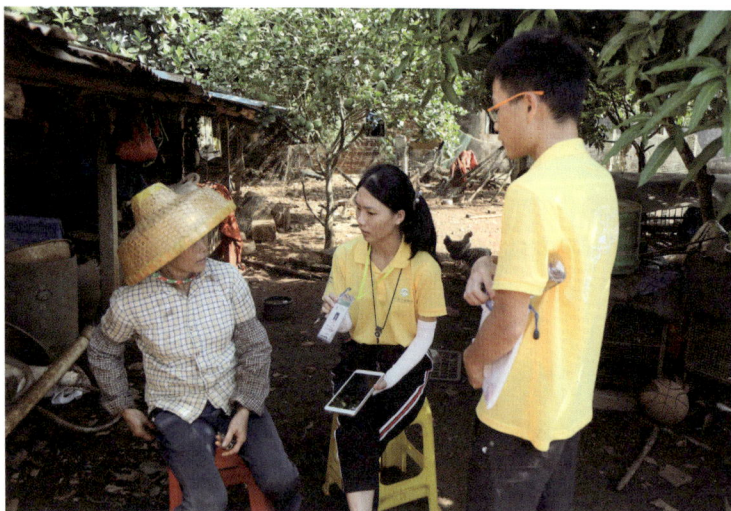

2018 年 7 月，广东千村调查学生访问员到徐闻农户家中开展面对面访问

广东千村调查是现有针对广东省农村家庭的规模最大的追踪调查，从数据的角度翔实地记录了自实施乡村振兴战略以来广东农村的变化。依托经济与社会研究院与广东千村调查的成果，2021 年 3 月，在广东省委、省政府的亲切关怀下，暨南大学成立了暨南大学乡村振兴研究院，更好地支持以广东乃至全国的乡村振兴战略为目的的政策研究。

2021 年 5 月 19 日，时任广东省委常委叶贞琴同志莅临暨南大学，调研社会调查中心

（二）四川绵竹儿童认知与非认知能力发展追踪项目

四川绵竹儿童认知与非认知能力发展追踪项目（以下简称"绵竹项目"）是研究院与四川省绵竹市教育局合作开展的长期性、常态化科研项目。项目旨在追踪儿童认知与非认知能力的发展轨迹，探索儿童认知与非认知能力发展的影响因素，通过调查，建立长期追踪数据库，研究针对留守儿童的干预方法，为有关儿童发展的学术研究以及相关政策的制定提供具有时效性和针对性的数据参考。

绵竹项目由 2000 年诺贝尔经济学奖、2019 年中国政府友谊奖获得者 James J. Heckman 教授担任项目顾问，中美两国研究团队共同设计项目研究课题及问卷内容，调查对象主要包括学生、班主任、监护人及留守儿童在外务工的父母。

中心在绵竹项目中负责具体执行。项目于 2016 年开展预调查，2017 年完成基线调查，首次访问的队列为 2017 年绵竹 16 所小学在读的四、五、六年级队列。此后 2018 年至 2021 年开展四轮追踪调查，同时样本范围也逐步扩大，覆盖越来越多的学校。其中 2018 年新增了当年小学四年级在读队列；2020 年首次在初中开展调查，追踪已经升入初三年级的 2017 年六年级队列；2021 年首次在高中开展调查，继续访问升入高一年级的 2017 年六年级队列。历年访问对象构成如下图所示。至今，绵竹项目访问足迹已遍布绵竹当地多所小学、初中和高中，学生样本量约 6 000 人，年访问量过万人次。

	2017年	2018年	2019年	2020年	2021年
四年级	2017年（四年级）	2018年（四年级）			
五年级	2017年（五年级）	2017年（四年级）	2018年（四年级）		
六年级	2017年（六年级）	2017年（五年级）	2017年（四年级）	2018年（四年级）	
初一					2018年（四年级）
初三				2017年（六年级）	2017年（五年级）
高一					2017年（六年级）

绵竹项目追踪队列示意图

在调查手段上，中心一直坚持不断创新。2017 年基线调查时，针对学生和家长，主要采用纸笔问卷的形式；2019 年，部分问卷应用了答题卡填涂的方式，有效提升了数据录入的效率；随着调查对象年龄的增长，至 2021 年，项目所有问卷实现电子化，可在平板电脑上完成问卷作答，实现了数据即时校验和及时回传，大大提升了数据采集的时效性和质量。

2019 年 11 月，绵竹项目访问员向学生说明学生场次问卷填答规范

2020 年 11 月，绵竹项目访问员于当地学校开展监护人场次问卷调查

（三）中国乡城人口流动调查

为了记录近十年来我国城乡人口流动情况，理解现行制度对流动人口及其家庭的影响，为政府相关部门提供合理、可行的政策建议，澳大利亚国立大学孟昕教授于2006年发起中国乡城人口流动调查（Rural–Urban Migration in China, RUMiC），并于2008年开展了基线调查。RUMiC目标样本为每年5 000户流动人口，其调查问卷重点关注城乡流动人口的基本人口特征、教育、工作、子女（包括不同住子女）、流动人口家庭收入支出、资产、居住及老家信息等在内的诸多模块数据。

RUMiC项目历时十三年，足迹遍布全国流动人口迁入和迁出人数最多的9个省15个城市，是中国目前唯一的大型城乡流动人口追踪调查项目。继与澳大利亚国立大学合作完成RUMiC 2016调查之后，社会调查中心从2017年开始独立开展本项目的后续调查，并对调查手段进行了全面改进，从原来的纸笔调查转为计算机辅助面访（CAPI）系统调查，这也是中心首个采用CAPI系统的项目。访问员手持平板电脑，通过一问一答的方式，将受访者的答案记录在平板电脑中，访问结束后联网上传数据、提交样本。调查的同时，访问App还具有同步录音、实时记录访问所在地理位置信息的功能，为拓展录音核查、地理信息核查等质控手段提供可能。这一调查手段的转变，有效地减少了因为人工数据录入而产生的偏误，同时也大大提高了数据回传的效率。在执行方式上，中心也作了新的尝试。原项目长期采用第三方调查公司开展调查，成本较高，沟通效率相对较低。因此，中心于2017年选取广东省的三个样本城市——广州、深圳、东莞，采用中心全职人员 + 招募学生访问员的方式开展调查，虽然中间经历了部分访问员的流失，但总体完成了所有的访问任务，达到了降低成本、加强管控、有效沟通的初衷。2017年共采集有效样本4 339户，其中追踪样本3 222户，横截面样本1 117户，样本追踪率为63.44%。

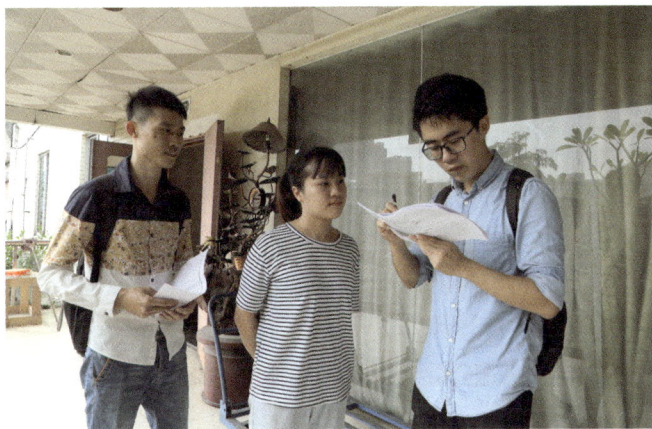

2017年11月，调查中心执行督导于广州开展中国乡城人口流动调查项目

2018 年至 2019 年，项目基于问卷优化，进而采用计算机辅助电话调查（CATI）系统对 2016 年、2017 年原受访者进行电话追踪访问，这也是第一次将中心自主开发的 CATI 系统投入项目中，2018 年、2019 年调查成功追访样本分别约 3 000 户和 2 500 户。

2019 年学生访问员于调查中心电访室参加中国乡城人口流动调查访问工作

目前，基于 RUMiC 数据发表的论文已超过三百篇。截至 2020 年，社会调查中心共拥有 RUMiC 的 4 轮面板调查数据，并已向学界开放 RUMiC 的 2016—2019 年数据，其极高的学术研究价值引起广泛关注。

（四）广东省制造业企业全要素生产率调查

受广东省市场监督管理局委托，为了测度和评价广东省制造业的发展质量，建立契合实际发展需要和用于观察制造业企业发展情况的指标体系，支撑国家绿色制造 2025 的战略要求，暨南大学经济与社会研究院与经济学院联合组织此项调查，由社会调查中心具体负责执行，这是中心第一次开展以企业为主体对象的调查项目。广东省制造业企业全要素生产率调查（Guangdong Manufacturing Firm Survey, GDMFS）于 2017 年正式启动第一轮调查，成功访问企业近 600 家；2018 年完成第二轮调查，成功访问企业 400 余家，样本范围覆盖制造业的 26 个行业。

相对于学术界常使用的工业企业数据库，本调查不仅调查了规模以上企业，还调查了规模以下企业。因此，针对广东的情况，这一调查更具代表性。此外，除了通常企业调查涉及的财务状况、人力资本情况、生产及进出口情况外，该调查还搜集了质量管理、企业营商环境、工业机器人利用情况、信息化和电子商务等方面的信息。这些信息可以较好地反映政企关系与企业现代化水平，为促进广东制造业的发展提供扎实的数据基础。

2017 广东省制造业企业全要素生产率调查访问员、项目组于暨南大学中惠楼前合照

2018 年 7 月，冯帅章带领广东省制造业企业全要素生产率
调查（GDMFS）项目预调查小组前往样本企业开展预调查

（五）中国家庭就业调查

2017 年，中心与西南财经大学、暨南大学、浙江大学、北京师范大学、南京审计大学、内蒙古大学、首都经贸大学等国内多所高校共建调查联盟，以"共同调查""共享数据""共创研究"为宗旨，以高校地域、科研特色为依托，合作开展调查活动。

同年，高校调查联盟共同开展 2017 中国家庭就业调查（CHES）。在问卷设计方面，中心主要负责就业模块的题目设计，这一模块单独称为中国家庭就业调查，调查执行上为中国家庭金融调查（CHFS）的一部分。调查覆盖 29 个省、自治区、直辖市（未调查港澳台、新疆和西藏）约 40 000 户家庭，中心承担了该年中国家庭金融调查中广东、广西、江西和海南四个省份的执行工作。

中国家庭就业调查聚焦于收集劳动年龄人口基本特征、劳动参与、就业（单位类型、行业、职业、工作时间、工资收入）、失业（失业时长、失业登记、失业保险、工作搜寻）等信息，为有关劳动力市场的学术及政策研究提供数据支持。调查所关注的课题包括本地人口与流动人口劳动力市场表现的差异与融合、劳动力市场表现的性别差异等。目前，调查中心拥有 CHES 2011、2013、2015 和 2017 四轮面板调查数据。

2017 中国家庭就业调查访问员于暨南大学富力教学楼前合影

2017 年 8 月，中国家庭就业调查学生访问员于江西南昌开展访问

（六）委托调查项目

多年来，中心与政府部门一直保持密切合作，完成了十余个政府委托项目，通过调查评估等手段，为政府部门提供数据调查、政策评估等工作服务，在合作过程中建立良好的关系，为打造研究院乃至暨南大学社会调查品牌和声誉奠定基础。

中心自 2016 年起连续 5 年受民政部委托参与"农村留守儿童关爱保护工作第三方评估"工作。两次承担由国家卫生健康委员会组织、人口发展与研究中心执行的项目"中国计划生育家庭发展追踪调查"和"全国人口与家庭动态监测调查"中的培训和督导工作。2020—2021 年连续两年与中国共产党广州市委员会政法委员会合作开展广州市扫黑除恶斗争社会调查，其中，由研究院助理教授严子中、副教授卢晶亮、社会调查中心执行主任何李芮领衔，社会调查中心负责具体执行的"广州市 2021 年扫黑除恶斗争社会调查"获得委托方充分肯定和高度评价，所提交的《广州市 2021 年扫黑除恶斗争社会调查报告》被广州市委政法委采用。自 2018 年中心开展广东千村调查以来，中心一直得到中共广东省委农村工作办公室的大力支持，同时也开始与广东省农业农村厅建立深度合作关系，于 2020 年至 2022 年合作开展广东省千村调查（广东省农村固定观察点调查）、广东省农村集体产权制度改革试点工作评估、广东乡村振兴政策调查评估。2021 年，受广东省文化和旅游厅委托，中心开展了广东省 2021 年下半年国内游客花费抽样调查项目，在旅游调查与统计领域进行业务尝试。

在与政府部门合作的同时，中心探索以灵活多样的方式与国内学术机构建立合作关系，如提供调查咨询服务、调查系统使用的技术支持等。2021 年，受云南大学委托，中心以技术支持的方式参与了云南省万人易地扶贫搬迁安置区后续发展综合调查的问卷设计、调查系统技术支持等核心工作。

2016 年 12 月，受民政部留守儿童关爱保护项目委托，
冯帅章院长率领调查中心督导到湖南查阅民政工作台账

2021 年 7 月，广东省农业农村厅农村固定观察点调查开班仪式：时任广东省委农村工作领导
小组办公室专职副主任、省农业农村厅党组成员、省乡村振兴局专职副局长梁健（左二）致辞

三．调查系统

高质量的学术调查数据需要较强的一致性与规范性。过去纸笔调查的一大缺点就是数据质量受制于访问员访问的一致性与规范性。针对这一点，中心从建立初期就致力于建立电子化访问系统，保证访问的一致性与规范性。同时，电子化访问系统也使得访问更有效率，压缩了调查成本。目前，中心技术团队独立研发的六项计算机软件——计算机辅助面访系统、电话访问系统、网络问卷系统、计算机辅助混合调查系统、IQL问卷平台、"金币之旅"小游戏平台已顺利通过著作权申请，获得国家版权局颁发的计算机软件著作权登记证书。其中，2019年12月，IQL问卷编程语言通过国家知识产权局审核，获颁发明专利证书，这也是中心取得的首个专利。除了上述获得的计算机软件著作权登记证书和专利外，中心还设计了电子化的访问员招募与管理系统、绘图系统与质控系统等。

以下结合调查项目的各步骤来介绍各电子化系统的功能。

（一）访问员招募与管理系统

调查正式开始之前，访问员的招募是一个关键步骤。访问员的素质与热情可能会对调查质量产生直接影响。针对这一步骤，中心建立访问员招募与管理系统。在该系统中，访问员的背景信息与报名者的性格特点将被记录，结合面试情况，报名者将被初筛，进一步选拔至培训环节。培训环节之后，中心还会在该系统中对培训参加者进行考核，以考察其对调查规范的了解程度，从而选出最合适的访问员。经过多年的调查，中心已积累了大量报名者和访问员的信息。未来中心将根据过去报名者和访问员的培训、访问表现，进行科学分析，提高访问员招募、培训工作的效率。

（二）绘图系统

为优化样本框建立、保证样本的代表性，绘图是末端抽样必不可少的一步。中心研发的电子绘图系统已实现全面加载调查城市电子地图作为底图，并可以在底图的基础上绘制调查地图，有对建筑物进行电子列表和拍照、标记建筑物类型和地理特征的功能。在底图不够翔实的农村绘图工作中，则可采用手绘辅助电绘的方式开展绘图工作。此外，该系统还具有现场抽样功能，保证抽样的随机性和科学性。采用绘图系统替代原有的纸笔绘图方式，能有效提高绘图的效率和质量，避免人为选择样本所产生的覆盖性误差。

（三）访问系统

在具体调查访问阶段，中心先后建立了计算机辅助面访系统（CAPI 系统）、计算机辅助电话调查系统（CATI 系统）和计算机辅助网络调查系统（CAWI 系统）。在实际访问中，部分被访者一开始接受了面访，但由于各种原因，后续无法再进行面访时，需要转为电话访问或网络调查。针对这一点，中心还建立了可以在面访系统、电话调查系统、网络调查系统中随时切换的计算机辅助混合调查系统。下面具体介绍面访系统、电话调查系统与网络调查系统。

1. 计算机辅助面访系统

计算机辅助面访系统在开展入户、入企面对面访问的调查时，可以代替以往的纸笔问卷填写方式，实现便携化、无纸化和智能化。CAPI 系统一般以 App 的形式出现在调查员的访问设备中，而后台的设计者可以在智能终端按需设计题型和逻辑，并对样本进行信息修改和精准分配。CAPI 系统支持远程监控答题界面，实时回传访问录音、图片和地理位置信息。使用者在终端还可以看到由多种图表展示的样本完成情况、完成状态等，实现批量数据管理。相较于传统的纸笔访问，CAPI 系统在时效性、数据质量与规范和灵活多样性方面具有显著优势。

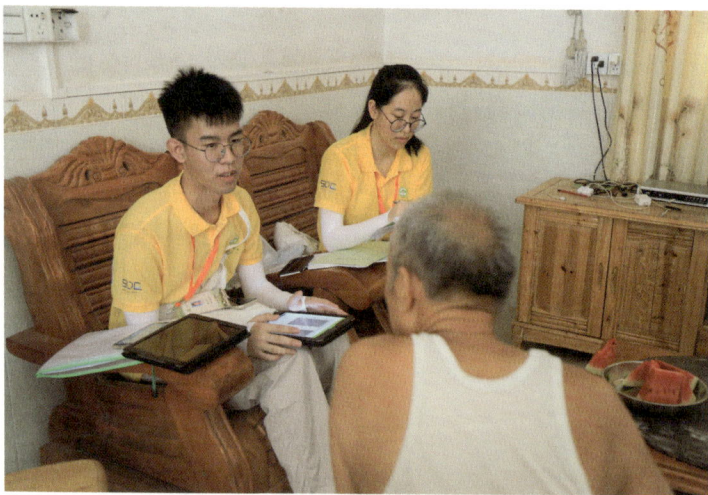

2020 年 7 月，广东千村调查访问员于韶关南雄手持平板电脑开展面对面访问

2. 计算机辅助电话调查系统

计算机辅助电话调查系统代替了传统的人工拨号进行电话访问的方式，通过系统智能拨号的方式进行访问。在 CATI 系统中，访问员读题、受访者回答，访问员将答案录入计算机对应题目。这套系统的优势在于计算机可以实时检查答案的适当性和一致

性，并且提供更高效透明的监控方式，所有的话务监控、通话录音、监听监看都可以在后台完成，极大减少了外界环境对访问过程的干扰。

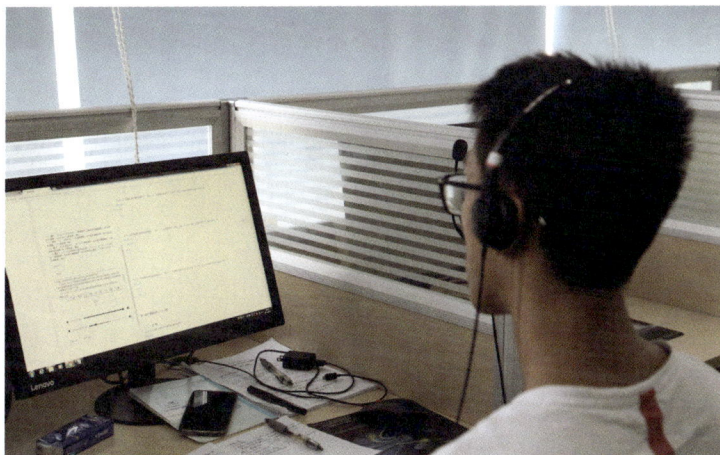

2018 年 7 月，广东千村调查访问员使用 CATI 系统进行电话调查

3. 计算机辅助网络调查系统

中心的计算机辅助网络调查系统已实现了 37 种题型自由组合在线设计，通过链接、网页、邮件等多渠道收集数据，极大地拓展了数据源。该系统还可做到题目逻辑自动校验、跳转和数据实时回传。相较于市场调查常用的问卷星等网络问卷，CAWI 系统可实现更加复杂的逻辑跳转与题型组合，安全存储数据，并且可以结合样本框进行严谨的抽样。

2019 年 11 月，绵竹项目受访者于清道小学采用 CAWI 系统扫码填答问卷

（四）质控系统

质量控制是保障数据质量的重要手段。中心的质控系统主要包括两个功能模块：录音核查系统和电话核查系统。由于使用 CAWI、CAPI 和 CATI 等系统，调查中的访问数据会实时回传到后台，此时质控系统的使用者可以根据需要进行录音核查。录音核查系统会将待核查样本的录音对应的问卷及答案加载到屏幕上，录音核查员边听边判断访问是否规范，填写答案是否精确，对有问题的内容可以及时修正，也可以标记有问题的地方并与访问员联系，及时纠正访问规范和修改答案。电话核查系统则可以根据后台设置将问卷中的重点题目抽取出来，通过后台自动拨号与受访者取得联系，对重点题目再次进行询问，也就是对问过的问题进行回访核实。在录音核查系统和电话核查系统的配合下，中心的质控工作已经可以适应不同的调查项目，基本实现全样本核查，极大保障了调查质量。

经过多年的发展，中心的调查系统已经日趋成熟。相比于市场调查公司的调查系统，中心的系统可以在面访、电话、网络访问之间随时切换，以满足受访者各种需求，同时，中心的系统具有强大的质控功能，可以保证数据的真实性和有效性。虽然中心的系统建立工作起步较晚，但中心的调查系统已经达到国内一流水平，并为兄弟院校的调查工作提供技术支持。2021 年，中心调查系统首次运用到外部学术项目中，为 2021 年云南省万人易地扶贫搬迁安置区后续发展综合调查建立了调查系统，深受对方好评。

四 · 公共服务

（一）数据平台

经过七年的努力，中心已经积累了一批高质量的数据库。在信息化时代，如何既高效，又安全地使用数据库是一个重要问题。仿照国家统计局与西南财经大学的平台，自 2018 年起，中心逐步搭建起数据平台，平台分为虚拟客户端和数据管理平台两个终端，在保证数据安全性的前提下，用户可以实现数据申请、使用、下载、审核全流程在线处理。其中，数据平台的虚拟客户端接入数据云平台，用户在获取平台和数据使用权限后，可通过远程登录虚拟桌面的方式，使用和分析数据。虚拟客户端设置了用户行为管理模块，仅允许用户从外部拷贝文件到虚拟客户端，但限制用户通过任何手段和渠道将客户端内的文件拷贝到外部。如需拷贝文件，需向数据平台管理人员申请，管理人员审核并确认无数据泄露风险后，将文件从后台拷出，上传至数据管理平台，用户自行下载。通过这一方式，实现对数据的有效管控，防止数据外流。数据管理平台由中心自主研发，主要功能包括数据申请、数据介绍、文件下载，平台的建立大大减少了因数据申请和文件下载等事务产生的反复沟通，有效提升数据平台管理效率。

平台主要存储两类数据，一为自主采集数据，二为外部获取的经济、社科、人文相关的数据。截至 2022 年 12 月，平台共存储数据 29 套，其中自主采集数据 6 套，外部数据 23 套。目前，数据平台主要面向校内经济相关学科研究人员开放（主要为经济与社会研究院、经济学院和产业经济研究院的师生），并且向使用人员通知数据清理和更新情况。这一模式有利于整合学术资源，避免数据的重复购买，提高学术产品的使用效率。

经过多轮的设备升级，目前数据平台可接受约 1 000 名数据用户，并容纳 100 人同时在线使用。据统计，到 2022 年 9 月为止数据平台现有注册用户 262 人，平台共服务经济与社会研究院研究人员 242 人次，非经济与社会研究院用户 205 人次，总计 447 人次。其中，对外开放的有 2018—2019 年广东千村调查，以及 2016—2019 年中国乡城人口流动调查数据，这两个数据的外部用户数量分别近 70 人次和 100 人次。

随着调查数据的积累和逐步开放，越来越多的学者和研究人员关注并使用研究院社会调查中心数据平台上的数据，相关的学术成果也在撰写和完善中。同时，中心每年都面向校内经济学科用户开展数据平台用户宣讲会，希望为更多的研究人员服务，始终坚持履行收集一手数据并促进数据转化学术成果的核心职责，以开放协作的精神推动学术的基础性和前沿性研究。

（二）交流平台的建设

1. 学术讲座

为更好地把握前沿技术的发展趋势，获取先进实践经验，从 2019 年底至今，中心定期组织开展"社会调查与应用"系列讲座。这一系列讲座的特点是以调查、数据为核心，以解决实际问题为导向，进行跨学科交流，学习、融合众多学科的先进经验。在两年多时间内通过线上、线下相结合的方式，共计举办讲座 36 期，累计参与人次超过 1 000。主讲嘉宾以高校科研学者和调查行业骨干为主，并包括商业数据公司、知名大型公益组织、顶尖测量师事务所等组织或企业中与调查相关的高水平从业者，主题囊括诸如中小微企业、公共卫生调查的发展、后疫情时代电话调查、留守儿童心理援助、反贫困、农业生产、金融科技等社会热点。中心通过了解其他学科、业界动态来提升自身调查业务素养，并为暨南大学学生拓展调查领域视野，积累学术基础。

2. 学术会议

自 2017 年起，中心与多个学术调查机构联合发起并组织社会抽样调查理论与实务研讨会。中心成员积极参加各次会议，并向中心汇报在调查、数据方面的最新成果。2021 年 11 月，中心承办了"第五届社会抽样调查理论与实践研讨会"，与近 300 位高校专家学者和调查行业同仁围绕后疫情时代特点，深入探讨和交流一线调查形成的新经验、新做法和新成果。除此以外，中心还多次受邀参加北京大学、中国人民大学、中山大学、中国人口学会、国家卫健委组织的调查、数据方面的学术交流活动。中心团队在会上积极介绍中心项目情况和研究发现，与学界同仁交流调查方法、调查内容相关问题，推广中心的调查数据，提升暨南大学的知名度和影响力。

2021 年 11 月，中心主任冯帅章教授于暨南大学曾宪梓科学馆为第五届社会抽样调查理论与实践研讨会致辞

（三）伦理道德委员会（IRB）的建立

社会科学与自然科学最大的区别是社会科学以人为研究对象。在社会科学的数据采集过程中，难免会涉及被访者的隐私，并且部分数据采集过程，如干预性实验，可能会在一定程度上对人产生负面影响。为防止社会科学的研究产生负面影响，国外高

校通常由伦理道德委员会来检查研究的可行性。

　　为助力暨南大学社会科学的规范发展，中心团队查阅大量资料，学习国内外伦理道德审核的标准和文件，协助制定了暨南大学社会科学伦理道德审查的流程与规范。在学校社科处的大力支持下，学校于 2020 年 12 月 2 日正式成立了社会科学伦理道德委员会（以下简称"委员会"），由冯帅章院长担任委员会主席，多名社科学科所在学院的院长、副院长担任委员，并由中心主要负责委员会办公室的日常事务。委员会的建立补足了当前暨南大学社会科学相关项目无处进行伦理道德审核的空白。为了方便全校师生进行伦理道德审查的申请，中心还开发了暨南大学社会科学伦理道德委员会的申请、审核网站。网站于 2021 年 6 月上线使用，并根据用户反馈不断地优化升级，相关链接已接入暨大 OA 系统和社科处网站。

　　截至 2022 年底，委员会已召开全体会议 2 次，接收申请 14 份，中心协助审核通过申请 7 份，并为校内老师答疑 30 余次。随着学术界对于伦理道德审核的重视程度不断加强，委员会预计在将来会有更大的业务需求，中心也将在这个过程中主动发挥更积极的作用。

（四）人才培养

　　虽然社会科学的发展已逐渐由定性分析转变为以调查数据为基础的定量分析，但在人才培养方面，各学科通常着重培训学生基于现有数据的实证分析能力，而较少地培养学生进行大规模科学调查、搜集数据的能力。近二十年中，中国社会环境的变化日新月异，催生出大量的社会调查需求。为了培养专业化社会调查领域后继人才，中心在全校范围内开设公选课——调查方法与应用。该课程从抽样设计、问卷设计、实证分析、报告撰写等方面，系统培训学生调查研究的理论知识。截至 2022 年，该课程已成功开课 5 次，课程效果受到学生的好评。

　　作为专业的学术调查机构，中心还多次受暨南大学经济学院、新闻与传播学院、公共管理学院 / 应急管理学院、校团委、学生处等单位邀请，作问卷设计、调查流程规划、数据质量控制及乡村调研等内容的经验分享，以提高学生的调研能力，协助兄弟学院夯实科研基础。同时，中心与校团委连续多年合作开展调研大赛，确定大赛选题，并多次担任调研大赛、挑战杯等活动的评委，指导、评价学生作品，让更多的学生在实践中学习调查研究方法，为学科学习和未来学术深造奠定基础。

第四章

以人为本关注民生，扎根乡土服务国家

当今世界正在经历百年未有之大变局，中国实现中华民族伟大复兴正处于关键时期。中国的发展日新月异，新的机遇、新的挑战不断涌现。智库作为咨询机构，可在把握国情脉络、总结经验，乃至发展创新传统理论上为实现民族复兴和共同富裕提供智力支持。研究院所在的广东省作为"改革开放排头兵、先行地、实验区"，面对的问题更为复杂，对高水平智库的需求更为迫切。

经济学本身内含经世济民的现实意义，肩负服务国家社会的学科使命。同时，现代经济学理论框架和计量分析方法使得经济学在现实问题的研究上得以精确化和科学化，在识别经济变量间的因果关系、揭示经济系统的运行规律上有其独特的优势。作为高校经济学研究机构，研究院在智库建设上具有学科和人才的先天优势。纵观全球，高水平智库是许多世界一流大学的有机组成部分，是大学服务国家发展的重要方式。

为更好地服务广东省乃至国家的经济社会发展，创建伊始，研究院便将"智库研究"列为四大工作重心之一。为整合暨南大学优质资源，研究院实化智库机构和人员管理，将智库发展列入研究院的长远规划。通过建立和完善机制，充分发挥人才队伍优势，使政策研究工作实现专业化和常态化。依据学术专长和民生关怀，智库建立之初确立了"以人为本，关注民生"的研究导向。面向国家及广东省的重大发展需要，研究院将学术研究与政策研究紧密结合，做到真正的"顶天立地"。政策研究依靠独立运行的社会调查中心收集一手数据和微观数据库，采用科学严谨的现代经济学研究和分析方法，以产出高质量的智库产品。经过七年的探索和努力，研究院智库不断成长，形成了以微观调查数据和严谨的经济学学术研究为基础、共同富裕为主题、乡村振兴和民生发展为重点领域的特色经济学智库。

研究院的智库工作在综合改革示范区的制度红利推进下持续发力、审慎推进，受到了学术界、政府部门、企业、社会媒体的充分肯定。2017年，研究院荣登中国社会科学院《中国智库综合评价 AMI 研究报告（2017）》核心智库榜单，成为全国 16 家"高校智库 A 类——211 高校经济领域"的入选智库之一；2018年，名列上海社会科学院《2018 中国智库报告——影响力排名与政策建议》社会类智库专业影响力排名榜前十；2019 年 5 月，成为民政部政策理论研究基地，系华南地区唯一一家政策理论研究基地；2019 年底，正式入选《光明日报》、南京大学"中国智库索引（CTTI）"来源智库；2020 年，冯帅章教授领衔的研究团队完成的政策报告《广东省婚俗文化及婚姻改革研究》荣获民政政策理论研究一等奖；2021 年 3 月，基于前期大量工作受到了各界关注和肯定，在广东省委省政府的大力支持下，暨南大学乡村振兴研究院成立，挂靠经济与社会研究院，智库工作转向以乡村振兴为重点的新发展时期。

2016年	开端	将智库工作列为四大重点工作之一，目标是建立新型独立的专业智库
2017年	成立政策研究中心	确立了"以人为本，关注民生"的智库发展观
	重点领域	乡村振兴、劳动就业、流动人口子女教育、留守儿童、住房政策等多领域社会民生重大问题
	创立自媒体	开通智库专门公众号"黄埔大道西"，发布专业原创观点
	获得评价机构肯定	成为全国16家"高校智库A类——211高校经济领域"的入选智库之一
2018年	乡村振兴	发起"广东千村调查"，完成《广东千村调查2018年研究报告》，3份政策专报获省委办公厅采纳和批示
	再获智库评价机构肯定	入选上海社会科学院智库研究中心核心智库榜单，排名进入全国社会类智库专业影响力前十
2019年	政策理论研究基地	入选民政部政策理论研究基地，系民政部在华南地区唯一一家政策理论研究基地
2020年	防疫研究成果获关注	关于我国抗疫成果的研究得到央视、《环球时报》、环球网、新华网、人民网等权威媒体报道，被外交部引用作为事实以回击涉华人权问题的各种谬论
	广东千村调查获关注	广东电视台对"广东千村调查"进行专题报道，此外，人民网、新华网、《经济日报》等国内权威媒体都曾报道广东千村调查
2021年	成立乡村振兴研究院	基于广东千村调查等前期研究基础，在广东省委省政府的大力支持下，乡村振兴研究院成立
	打造高水平研究团队	著名"三农"问题专家温铁军教授受聘乡村振兴研究院学术委员会主席、首席研究员；国内10位顶尖"三农"专家担任咨询委员会委员
	举办高端论坛	成功举办首届广东乡村振兴高端论坛，邀请省委多位领导出席并发言，邀请了国内多名顶尖"三农"专家出席
2022年	校企合作	与碧桂园集团、广东省建行开展合作，共同助力乡村振兴

研究院智库建设 2016—2022 年重要事件时间轴

目前，智库设有政策研究中心和乡村振兴研究院两个交叉研究单元。智库工作已在人才梯队建设和制度体系建设工作中取得成效，聚焦于民生发展和乡村振兴两大核心领域，产出了备受认可的建言咨政产品。现在研究院的智库发展思路更加清晰，施力点更加明确，接下来将坚持经世致用的初心，优化整合，继续汇智聚力，增强智库的智力支撑功能和作用，将智库的人才团队做大做强，提升智库研究实力，实现"顶天立地"的使命目标。

一 智库基础平台建设

智库建设是一个长远过程，其专业化发展和生命的长久赓续，需要通过合理的制度对资源进行配置和整合，充分激发研究人才的创新活力和提升政策研究的质量来实现。在大学中如何推进专业化智库的建设，尤其具有挑战性。2017年，研究院为了探索智库建设和发展道路，积极与美国智库Mathematica Policy Research、中国社会科学院人口与劳动经济研究所、清华大学经济管理学院、复旦大学中国经济研究中心、上海社会科学院智库研究中心、上海交通大学中国发展研究院、上海金融与法律研究院、广东省社会科学院等国内外决策研究机构、学术机构和知名智库进行交流，吸取建设经验，进而规划发展方案。研究院从组织架构、研究开展流程到问政平台打造、人才培养与激励机制，开展全链条和全过程的制度建设。

（一）组织架构

强有力的组织能力支持是组织战略实施的基础。为充分利用人力、物力、财力、信息等资源，智库在成立之初就实化了内部管理机构，并在发展过程中不断改进和强化。研究院智库设有政策研究中心和乡村振兴研究院两个交叉研究单元，统筹协调经济与社会研究院、经济学院和校外的相关研究资源、队伍和平台，探索建立持续推行政策研究的机制。

经过七年发展，智库队伍逐步形成了分工明确、合力专攻的人才体系，囊括了管理型、辅助型和研究型三类人才。智库由领军人才冯帅章院长领衔，1名副院长负责智库运行管理，3名秘书负责智库行政、宣传、对外联络工作。同时，针对学院的主要服务对象，包括民政部、广东省农业农村厅和外部合作单位，均配备1名专职成员担任执行联络人，定时与相关单位对接人进行良性互动，在选题策划、交流研讨、调查研究、信息共享、专报投递等方面进行全方位的有效沟通，增强智库产品的问题针对性，实现"政策研究"与"政策制定者"的零距离沟通。

2021 年 5 月，时任广东省委常委叶贞琴调研暨南大学乡村振兴研究院

　　建设中国特色新型高校智库最核心的是专业的研究人才队伍。目前，学院智库建立专门的政策研究轨科研队伍，并采取"全职研究员 + 全职研究助理 + 兼职研究员 + 咨询委员"的模式进行政策研究。其中，智库的主力研究队伍由 5 名政策研究轨的全职教师和 4~5 名全职研究助理组成。目前，全职研究员中包括长聘副教授 1 人，副教授（非长聘）3 人，助理教授 1 人，均在国内知名高校取得博士学位，研究领域涵盖乡村振兴、人口流动、劳动就业、区域发展、教育、乡村治理等多个方面。全职研究助理均为国内外顶尖高校的经济学、社会学专业硕士毕业生，主要承担了智库研究中资料搜集整合、数据清理、数据初步分析以及报告撰写等基础性工作，一方面减轻研究人员的科研负担，有效提升研究成果产出率，研究人员得以将更多时间精力投入政策研究成果质量提升和学术理论研究；另一方面锻炼了助理自身的学术研究能力，积累了研究经验，夯实其学术功底。此外，学院 30 余位毕业于海外知名高校的高水平科研人员同时担任兼职研究员，根据项目研究需要参与，充实政策研究实力。他们受过良好的学术训练，具备国际视野，同时关注中国问题，积极投身学院的智库工作，为政策研究提供扎实的智力支持。研究院多位研究员担任了政府部门的咨询专家。

　　政策研究涉及面广、需求复杂、专业化高，研究院除了构筑"内脑"，还借力"外脑"，持续聘请了一批资深且有长期积累的领域专家担任特聘研究员，切实发挥"内脑 + 外脑"在人才培养、政策研究、声誉传播等方面深打磨、强牵引的力量和作用。随着暨南大学乡村振兴研究院的成立，智库团队明确以乡村振兴为重点的研究领域，逐渐吸引和组建了包含首席研究员、咨询委员会委员、特聘研究员在内的研究队伍。2021年，知名"三农"问题专家温铁军教授受邀担任乡村振兴研究院学术委员会主席、首席研究员。咨询委员会由黄季焜、汪三贵等10位来自北京大学、中国人民大学、同济大学、浙江大学、江西财经大学、华南农业大学的"三农"领域顶尖专家组成。为了拓宽政策视野，增强对乡村振兴综合性、复杂性研究问题的破题和驾驭能力，研究院还邀请校内外诸多同领域跨学科的专家担任兼职研究员，助推智库研究产出更多优秀成果，帮助年轻研究员快速成长。例如，北京市社会科学院研究员韩嘉玲自担任研究院兼职研究员以来，带领智库团队开展了一系列农村儿童教育、流动人口等方面的研究，产出了一系列优质成果。再如，广东省政协委员、暨南大学经济学院教授杨森平自担任兼职研究员以来，大大提高和扩大了研究院把握研究问题的站位和视野，也更加充实了研究成果，他以乡村振兴研究院名义提供的多个提案，获得了相关部门的答复和关注。

（二）研究开展流程

研究院智库主要服务功能是咨政建言，服务对象类型主要为政府机构和企业组织，服务范围辐射全社会。但智库建设同时需要研究员主动探索的前瞻性研究，这决定了智库主要的研究产出既包括独立研究也包括订单式研究，研究方式既包括个体研究也包括集体研究。为了保障智库高效运转和产出成果，研究院在智库建设和发展过程中总结项目开展经验、自身调研实践特色和量化分析的学术优势，逐步梳理和规范了集体研究流程。政策研究工作主要经历三个环节：选题确立、研究开展和成果形成。不同于学术研究，智库的研究一定要有政策相关性，因此某种意义上，研究什么比怎么样研究更重要。研究院智库的选题主要源于服务对象。除了服务对象委托项目产生的选题外，研究院也会组织定期讨论，从社会热点问题和需要中挖掘选题，关注的是政府和公众已聚焦或未察觉的现象和问题。

确定选题后，以"项目制"管理研究课题，根据研究需要选定负责人并组建项目队伍。研究团队根据需求讨论，确定研究方案，制订研究计划，包括研究方法和工具及成果呈现形式。研究开展中，协助涉及数据和调研的研究，将由研究院统筹协调社会调查中心参与协助，具体调研将由研究队伍和调查中心执行督导等协助人员一同开展。研究助理根据需求协调安排，推进研究基础工作顺利开展。成果形成过程中，由负责项目的研究员把握进度和方向，主持成果的最终形成，而研究助理根据分工安排，承担并完成数据分析和报告的初步拟写等工作。针对服务对象需求和研究难度，智库将会在调研中期和报告撰写中期组织安排汇报和交流。为了确保内容准确性和条理性，研究助理需要对参考和佐证的信息源流及时、全面、动态地确认，而所有智库研究成果均需经过多轮正式的校对审核。在规模较大的课题研究中，为了确保内容针对性和政策相关性，项目积极聘请校外专家作为兼职研究员，并组织项目研讨会对项目成果进行把关和提升。

在后勤保障上，研究所需的外出调研、投入资料、出行申报、财务预算及报销由研究院行政团队和智库专职秘书共同完成。另外，智库工作的落实还需要从全局角度把控，将研究项目清单化，开展月度汇报、季度分析和年度总结，同时根据各个研究项目的进度进行合理的资源调度，尽可能保障智库研究流程完备开展，从制度上保障政策研究的前期积累和质量时效。

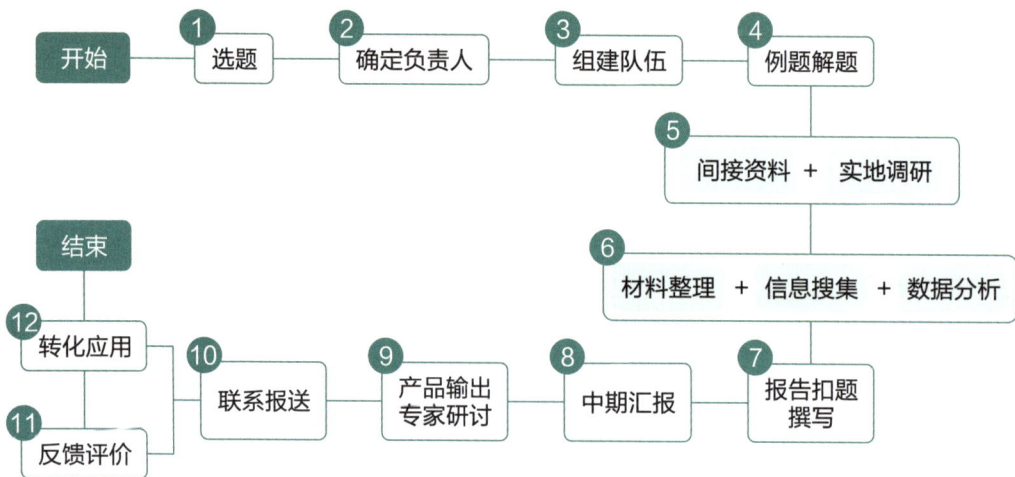

研究院智库研究工作流程图

作为智库研究的最后一环，成果转化应用需要通过联系报送来实现，主要由专职秘书负责落实推进。不同类型的智库研究成果需要根据其特点选定适宜的方式和渠道报送。目前，研究院智库成果主要通过以下方式和渠道送达和发布。

（1）区域民生政策研究成果将会定期收集、整理，通过智库与当地政府决策机构的常态化联络渠道进行集中报送，并跟进后续反馈。暨南大学乡村振兴研究院目前实行的是定向征集、集中报送的工作机制，一般以两周一次的频率，向决策机构进行汇报。

（2）涉及国际国内重大热点问题，研究院将积极联合国内外高水平科研机构和智库，通过合办高端论坛，集中发布前沿研究成果，并联动媒体，借助媒体声势扩大研究成果的影响力和智库公信力，积累政府和公众信任。

2021 年 12 月，研究院于暨南大学主办 2021 广东乡村振兴高端论坛

（3）对于长期性产出、体量较小，或与民生紧密相关的研究成果，研究院则与媒体合作，策划系列报道或专栏专访，或采用自媒体自制作品等公共传播的形式发表。如研究员李承政就农村人居环境问题持续在自媒体公众号"黄埔大道西观点"上发表多篇文章，包括"垃圾分类""厕所革命"等全民关注度高、社会影响力大的话题，结合自身的研究基础，以通俗的语言发表科学、理性的观点，引发民众的关注和共鸣。乡村振兴研究院关于乡村振兴风貌带的调研成果直观反映农村风貌，有一定时效性和观赏性，因此选择制作短视频的形式通过研究院认证视频号进行发表。

成果联系报送的过程中，研究院制定了规范化的发布流程，严格把好成果发布的审核流程，实施多轮审核最终发布。所有经由媒体传播渠道发表的智库研究成果也均需经过多轮审核。研究院还会在成果报送后统计报送通道数量与质量，以及成果认可率，从而不断调整研究问题、方向以及思路，反哺智库建设，以供智库未来发展规划参考。

（三）问政平台打造

为推动政策沟通、促进务实合作，研究院智库积极参与和主动搭建智库交流平台，促进智库、政府、企业和政策相关一线工作人员交流，共同推进现实问题的解决和方法的改进。自成立以来，智库围绕交流平台工作进行努力探索，在提升政策研究、助力政策沟通、传播合作理念等方面取得了积极进展。

智库积极与政府和企业进行访问交流活动，强化联合研究。如 2018 年，智库研究团队受邀参加中国民生银行（广州）主持的粤港澳大湾区发展规划座谈会，围绕城市经济建设和企业社会责任等方面内容开展讨论交流。2019 年，智库团队与广东省政策研究室、广东省人大财政经济委员会、广东省教育厅、广州市流动人口计划生育管理办公室等政策决策相关单位开展访问交流活动。

智库通过举办小、中、大型的会议，搭建区域性乃至全球性的政策交流平台（见表 4-1）。常规性的学术讲座如"问政暨南""暨南论道""乡村振兴大讲堂"等目前已开设数十场。根据主题、主讲人，面向不同的政策需求人群。除此以外，还举办了多个中、大型的政策研讨会和高端论坛，邀请学术界、政策研究领域、业界的资深人士来访交流，就社会热点问题开展讨论。例如，2022 年 1 月 9 日，暨南大学经济与社会研究院成功举办了"决定中国社会救助改革方向"学术研讨会。此次学术研讨会旨在推动社会救助制度改革研究的深入发展，加强政府部门与学术机构之间的交流与合作。研讨会成功邀请到了来自学界、政界的多位嘉宾，就我国社会救助制度改革中的问题和方向进行了热烈交流和探讨。在研讨会上，各地领导、奋战在社会救助第一线的工作人员以及各位专家、学者都积极参与了主题讨论，就中国社会救助的经验和改革方向进行了充分交流。2022 年 8 月 29 日至 30 日，暨南大学经济与社会研究院与全球劳动组织通过线上平台顺利共同组织了联合会议。会议上，近 60 位来自墨尔本大学、特拉维夫大学、南安普顿大学、北京大学、浙江大学、中山大学、暨南大学等海内外高校和研究机构的专家学者相聚云端，围绕人口流动、社会政策、家庭收入不平等、社会保障制度、老龄化等劳动经济问题进行了深入的学术交流。智库连续 5 年举办"流动人口子女学术研讨会暨政策论坛"，集合国内外知名高校和研究机构的专家学者、政府及相关机构工作人员、一线教育工作者的力量，从学术角度探讨和交流相关政策，推动流动儿童和留守儿童教育向更加公平、均衡、优质的方向发展。

表 4-1　研究院各类智库活动数量统计

序号	类别	数量
1	问政暨南	20
2	乡村振兴大讲堂	21
3	广东乡村振兴高端论坛	1
4	流动人口子女学术研讨会暨政策论坛	6
5	广东千村调查研究报告发布会	2
6	"布鲁金斯—暨南"中国微观经济政策论坛	3
7	其他	5

自乡村振兴研究院成立以来，作为乡村振兴工作的重要组成部分，智库平台发展加速。2021 年 12 月，乡村振兴研究院在广东省委农办、省农业农村厅、省乡村振兴局的指导和支持下成功举办了"2021 广东乡村振兴高端论坛"。论坛邀请政府和学术界代表、企业界代表，共同讨论脱贫攻坚成果与乡村振兴如何有效衔接、如何发展特色农业、如何实现共同富裕等重要议题。论坛上，广东省农业农村厅督查专员方伟喜致辞，全国政协委员、原广东省委常委、省纪委书记黄先耀出席论坛，广东省数十位助镇帮镇扶村一线干部出席会议。在交流平台中，政府与学界、学者与实践之间紧密互动，决策部门能了解智库研究的专长，智库及时了解决策需求，形成智库研究成果使用的便捷通道，实现智库研究与政府决策的有效对接。

2019 年 4 月，四川省社会科学院一行来访，交流智库建设经验

（四）人才培养与激励机制

高质量的智库成果需要高质量的智库人才。作为具有大学属性的高校智库，人才培养是智库工作的重要一环。为了建立相对稳定、持续成长的智库人才骨干队伍，打造可持续的智库人才供应链，研究院通过"外引"和"内培"的方式进行人才梯队建设。通过了解先进智库的建设经验和人才培养机制，研究院持续完善智库人才培养和考核标准。2019 年研究院与布鲁金斯学会合作召开"布鲁金斯—暨南"中国微观经济政策论坛，会上中美政策研究学者分享了公众政策研究经验，促进政学人才交流。此外，多所国内智库评价机构如中国社会科学评价研究院、四川省社会科学院等也多次与研究院互访，交流先进的智库建设经验，对研究院优秀的人才培养做法进行总结和

传播。

智库内部多方位培养全职研究员和新一代政策研究人才，形成了较为成熟的培养和激活人才活力的机制。针对目前在职的研究员，研究院给予稳定聘期，适度安排教学和科研指标。在考核和激励方面，研究院不以学术发表为单一量化考核标准，会重点考察全职研究员智库研究成果的成效性和影响力。在职称评定、科研考核中增加对智库成果的认可和激励。为了更好地激励老师从事政策研究，研究院还明确了更加具体的激励方案，如政策简报的稿费、被批示之后的奖励金额、申请各类项目给予经费和人员的支持等机制落实事项。此外，智库根据研究需求制定智库人才清单，持续外引高水平政策研究人才作为咨询委员和兼职研究员。资深高水平智库人才的加入，如乡村振兴研究院的特聘研究员队伍，不仅可以使智库产出诸多优秀的研究成果，还有利于形成良性的合作和竞争氛围，通过"传帮带"形式促进智库研究队伍成长和政策研究做深、做精、做透。对于兼职研究员，智库也通过服务、激励、资助等方式支持与智库领域相关的研究。作为乡村振兴研究院兼职研究员，暨南大学公共管理学院副教授朱火云申报的课题"农村养老问题研究"被评为2022年度中央农办、农业农村部乡村振兴专家咨询委员会软科学课题。

此外，学院通过合理有序的人才流动提升智库队伍人才能力，优化人才格局，保持研究活力。研究院智库团队人才流动类型主要有三种：一是到政府部门挂职，熟悉决策研究及制定实施流程，保持智库和决策部门的顺畅沟通和联系，并积累实践经验。在乡村振兴研究院承接某政府部门的调研和研究项目期间，研究院曾安排人员到相关部门挂职，以保障项目紧密高效开展，并协助研究员及时校准研究方向。二是通过访问学者计划外出交流。研究员作为访问学者到境外科研机构和智库进行交流，更新知识储备的同时，作为延伸，为智库吸引更多人才，并作为连接点，缔结更广泛的合作研究网络。三是通过构建高质量的交流平台，研究院帮助智库人才迅速成长和锻炼，让他们有与国内外政策研究方面的顶尖人才面对面交流的机会，一方面提高自身的研究能力，另一方面促进研究院的智库建设并提升影响力。

多措并举的人才培养方案实施过程中，研究院智库的队伍逐渐壮大，研究实力稳步增强。在智库研究项目的千锤百炼下，一批研究人才在智库平台上成长起来，成为智库研究的骨干。例如，全职研究员李承政自2016年加入研究院以来，长期扎根农村研究，在农村人居环境、土地流转制度等方面成果显著。在研究院智库的培养下，他将学术与政策串联，成长为资深的政策研究人才，不仅能将政策实践凝练为学术理论，而且可以将调研和学术成果落地转化为政策，服务决策。他的政策简报多次得到省委部门批示，被广东电视台等媒体报道和宣传。2022年作为"兴农人"代表，李承政在

《南方农村报》的主动邀请下接受专访。同时，智库注重对研究助理的培养，提供多领域的政策项目因才培养，使其在政策实践中发掘兴趣、提升能力。研究助理余家庆、研究院 2020 届硕士生梁俊杰在兼职研究员韩嘉玲指导下参与了《流动儿童蓝皮书：中国流动儿童教育发展报告（2019—2020）》的部分编写，并在报告发布会上汇报研究成果。研究院还积极鼓励人才继续深造，协助优秀的研究助理准备申请材料、提供推荐信。学院聘请的研究助理中有 80% 成功申请到国内外一流大学的博士项目。

2020 年，李承政接受广东广播电视台财经新闻栏目采访

另外，得益于办学实力和优势，研究院将自身的智库资源、调查资源与本科生、研究生教学结合，开放多个调查项目和政策研究项目供学生参与。这不仅可以让学生在协助研究中锻炼实践能力、提升科研素养，还可以激发学生投身智库研究的兴趣，为智库储备创新力量和新生力量，以及实现人才资源的充分利用。目前，研究院已有两名毕业生在学期间积极参与智库助研工作，在毕业后选择加入研究院智库，成为智库队伍中的研究助理。

二、智库特色

（一）研究主题：关注民生发展和乡村振兴

研究院智库聚焦于民生发展和乡村振兴领域，坚持"民生关怀"的初心和立学报国的使命。根据中国智库索引（CTTI），2018 年，我国高校智库数量为 441 家，所从事的十大政策研究领域中，研究产业政策、金融政策领域的高校智库数量较多，而研究社会建设与社会政策的高校智库数量相对较少，仅占所有高校智库的 8%。在"以人为本、关注民生"的主要价值观指引下，研究院智库研究力求扎根土地，贴近大众，去记录农村的转变，去关注普通人的生活和弱势群体的需求。结合研究院劳动经济学、区域经济学、发展经济学、环境经济学等优势研究领域，智库长期关注乡村振兴战略、社会保障政策、流动人口随迁子女教育、留守儿童、住房政策等多领域社会民生重大问题，并从中积极挖掘研究切入点，形成了鲜明的智库产品特色。

七年以来，研究院积极与各级政府部门开展合作并提供政策咨询服务，其中包括民政部、国家统计局、卫健委，广东省委省政府、民政厅、乡村振兴局、省委农业农村办公室、农业农村厅、发展和改革委员会等部门。合作的形式包括委托调查调研、咨询课题、政策咨询服务等。以民生发展领域为例，智库依托民政部政策理论研究基地平台，与民政部门密切合作，在民政领域的研究方面持续发力。目前，研究院已承接民政部门研究项目 5 项，投递政策报告 8 篇。

（1）2016—2019 年连续四年受民政部委托进行留守儿童关爱保护和困境儿童保障工作第三方评估。评估组由学院骨干全职教师与政策研究中心全职研究人员组成。评估组实地调研了八省多个区县，通过听取汇报、查阅资料、检查系统、抽查访谈、实地走访、入户访谈等方式，评估当地留守儿童关爱保护和困境儿童保障工作的开展情况，并从政策制定、机制建立和运行、工作保障、基层儿童工作队伍建设及信息录入、动态管理、宣传引导、社会参与 7 方面进行针对性考核，最终完成评估报告。

（2）针对低收入群体的救助和帮扶。研究院在 2019 年受民政部社会救助司委托进行了"将低收入群体纳入低保的可行性研究"，并完成《将低保边缘的低收入群体纳入社会救助的可行性研究》报告。2021 年，暨南大学在民政部社会救助司的委托下，承接亚洲开发银行"决定中国社会救助改革方向"国别技援项目。该项目立足当前的基本经济和社会条件，基于对我国社会救助政策的全面梳理和实证研究，定量分析社会救助在经济社会发展中发挥的作用，并在调研和比较分析国内国际情况的基础上，回答中国社会救助的最优水平问题。目前，该项目仍在推进过程中。

（二）基于一手数据的定性和定量研究有机结合

在百年未有之大变局下，我国经济社会正在经历巨大转型，未来经济社会发展的决策制定面临挑战。作为国家治理的智力支撑，智库需要不断提高自身的决策咨询服务能力，持续深入在经济社会发展的主战场开展深度调查研究。高质量的政策研究离不开对及时、准确的一手数据进行科学有效的分析，只有这样才能得出客观真实的结论。在成立之初，智库便确立了以一手调研和调查数据为基础，采用科学的定性和经济学定量有机结合的研究方法，来发现问题症结，以识变之智开应变之方。

调查研究是谋事之基、成事之道。研究院将建设高质量的微观数据库作为智库建设的长远规划，这使得研究院智库成为国内少数几家拥有持续追踪能力的开展一手大规模调查的社会政策智库。智库建立之初正逢乡村振兴国家战略提出的第一个五年计划的开始，研究院对国家重大战略快速反应，积极调动智库团队和调查团队协作启动"广东千村调查"项目，对广东省 100 个行政村中 3 000 余农户进行连续五年的追踪。依托研究院社会调查中心的计算机辅助访问系统、数据核查系统等新技术手段，智库队伍可以相对节省数据处理的时间，能更加及时地掌握更丰富、精准的信息，提升研究效率。大规模的农村调研数据为智库开展乡村振兴相关政策研究工作打好了地基。为了产出更有针对性、可行性乃至前瞻性的研究成果，除使用调查数据进行分析外，研究院坚持需求导向，鼓励和组织智库队伍下乡调研，到现场去掌握乡村真实发展情况。仅乡村振兴研究院成立的第一年，除广东千村调查以外，智库团队在 2021 年就已开展了广东乡村振兴示范带调研，广东农村固定观察点项目调研，福建、浙江、江西、湖南四省乡村振兴调研，以及广东、广西、四川三省多地的农村低保情况调研。2022年，虽疫情反复，但智库团队在广东省内的清远、佛山、阳江等地开展农业产业、乡贤振兴乡村和乡村振兴政策评估等主题的调研。基于实地走访、问卷调查、访谈等方式，智库年均报送乡村振兴主题的智库专报和政策简报约 20 篇。

2021 年 9 月，沿着习近平总书记的足迹，研究院团队跟随
原省纪委书记黄先耀到福建宁德下党乡调研乡村振兴

目前，我国关于社会政策的智库研究主要以定性为主，许多研究缺乏严谨性，难以满足国家及各级政府制定政策、评估成效的需求。研究院智库通过更多地使用科学严谨的现代经济学研究和分析方法来加以改进。例如，2020 年智库受广东省民政厅委托进行的"广东省婚俗改革研究"项目。在查阅大量资料后，研究团队发现以往针对婚俗改革的研究往往以定性研究为主，难以对全国整体情况和时间趋势加以把握，对问题背后的复杂因素同样缺乏足够的资料。在研究过程中，研究团队使用量化方法对国内大规模调查数据和千村调查相关数据进行深入分析，结合定性分析对广东省婚俗文化变迁过程与特点进行深描，为广东省婚俗改革提供政策建议。最终产出了高质量的研究报告，获得民政部政策理论研究一等奖。

（三）学术研究和政策研究紧密结合

高质量的智库离不开学术研究和政策研究的良性互动关系。学术研究和政策研究之间虽然具有天然的紧密联系，二者之间相互依存、相互肯定，但学术研究关注的问题通常与政策研究不同，即使是对同一问题，学术研究和政策研究的角度仍很有可能不一致。从高校研究者有限的资源和时间来看，二者仍然存在矛盾。研究院智库对于如何统一学术研究和政策研究二者的矛盾进行了积极的探索，推进了智库的发展。

首先，以高质量的学术研究支撑政策研究，以政策研究助推学术研究，引导教师从社会现实需要中拓宽自己的学术研究边界。从知识创新的客观规律来看，高质量的智库研究成果必须建立在深厚的学术研究基础之上。政策研究如同医者问诊治病，需要判断和明确特定现象和情景的成因和逻辑，结合实践开出解决的良方。因此，高质量的学术研究有助于对现有的经济和政治制度进行深刻理解，对经济社会的日常问题进行科学建构，得出明晰而有力的政策成果。研究院注重发挥科研能力和人才优势，鼓励学院教师在进行政策研究时，积极发现、提炼政策研究中的学术问题。

其次，积极推动学术成果转化为政策成果。学术研究成果的形式与政策研究成果不同。学术研究的成果展现更注重于得到研究结果的过程，即方法的严谨性。而政策研究成果需要使用简明的语言，让政策决策者和大众清晰全面地认知现状和政策的效果，了解应该采取的

中央电视台中文国际频道引用研究院全职教师邱筠、
史炜等的合作论文报道我国疫情防控措施的有效性

措施。因此，当学术研究得到有政策价值的研究发现或结论时，需要重新包装再进行传播。研究院通过多种方式，鼓励和帮助教师将学术研究成果转化为简洁易懂的面向政府和大众的政策产品。

例如，2020 年疫情防控期间，研究院全职教师邱筠、史炜与耶鲁大学副教授陈希关于我国抗疫成果的合作论文 "Impacts of Social and Economic Factors on the Transmission of Coronavirus Disease 2019（COVID-19）in China"，获得了 *Journal of Population Economics* 2021 年度 Kuznets Prize 最佳论文奖。该论文使用严谨的经济学量化分析方法，将新冠病毒的流行病学过程从政府与人民的应对措施中分离出来，研究了我国的防控政策如何遏

制了由人口流动产生的疫情扩散，对其他国家应对当前疫情具有极大的借鉴意义。文章不仅具有较高的学术水准，其研究结论还具有极强的时效性和深刻的政策含义。该论文不仅被央视、《环球时报》、环球网、新华网、人民网等权威媒体报道，更被外交部引用作为事实以回击涉华人权问题的各种谬论。

（四）面向大众

秉承经世济民的初心，研究院智库在成立之初就确定既要为党和政府科学决策服务，又要为社会公众服务。2014 年 2 月教育部发布了《中国特色新型高校智库建设推进计划》，该计划提出高校智库的功能定位为："高校智库应当发挥战略研究、政策建言、人才培养、舆论引导、公共外交的重要功能。"其中，国内许多智库仅以政府为主要服务对象，与大众的沟通则较少，很多智库的网站极少更新，忽略了高校智库"舆论引导"的功能。研究院既要注重智库研究的政策效应，又要积极发挥其社会效应。一方面，现代社会政策繁杂，普通民众对于高校智库成果有较大的需求，并且对专家意见有较高的信任度；另一方面，智库成果需要发声，提高其社会影响力。在智库和大众的双向需求驱动下，研究院构建面向大众的知识产品分享体系，充分利用网络等新媒体的力量提高社会影响力。

积极打造自有知识传播平台。发挥高校学术优势，鼓励教师针对公众关心的社会热点问题撰写有深度但易懂的媒体科普文章，并在智库自有网站、官方公众号上及时更新。透过现象看本质，积极释疑解惑。研究院在 2017 年开通了智库公众号"黄埔大道西观点"，为公众提供更加专业、丰富、客观的社会经济问题解读视野。公众号坚持国际视野、实证基础和政策导向，持续发布优质原创内容（公众号过往发表的智库文章详见附录）。

除了在研究院的自媒体平台发布观点文章，研究院积极与权威媒体联动，打造更广泛影响力。研究院主动对接媒体，推荐发表优质的受大众关注的政策文章，主动联系权威媒体宣传学院重大事件。目前，研究院教师撰写的数十篇文章在澎湃新闻、南方+、财新博客等媒体发表，引起广泛关注和转发。例如，在历年广东千村调查的启动、执行以及成果发布的各个阶段，研究院主动对接媒体进行报道，《人民日报》、《光明日报》、《经济日报》、广东电视台、《南方日报》、《南方农村报》等权威媒体，都曾以不同形式对广东千村调查进行报道。权威媒体的报道让更多的政府部门、人民群众了解到：广东千村调查致力于收集农村客观真实的微观数据，助力乡村振兴。通过与媒体的联结，研究院已经将广东千村调查打造为一个思政育人的实践平台、乡村振兴的数据高地、政府施政的重要参考。

　　同时，智库积极与媒体和政府协同合作，积极对舆论进行引导，纠正网络上广泛存在的一些对政策、事实的误读。在一些话题中，高校智库有时可能比官方更具优势，因为此时智库更为中立和客观，相对超脱。这使得智库可以起到信息中间传输或协商的作用，对观点进行辨伪存真。例如，2020 年上半年，"深圳离婚潮"和"深圳离婚排号"等话题，冲上热搜。受广东省民政厅邀请，冯帅章院长和研究员唐高洁通过分析近年来的婚姻登记数据，厘清离婚率的基本概念和事实，在南方 + 发表了《深圳真的发生"离婚潮"了吗？》文章，对这一问题进行澄清，取得了较好的效果。此后，针对网络上对离婚率的普遍误解，两位老师针对中国离婚率持续发声，《离婚的学问》（唐高洁）、《离婚率不断攀升的原因及呵护婚姻的政策建议》（冯帅章、唐高洁），在澎湃新闻、澎湃研究所公众号和财新网等媒体发布，并被多次转载。

三. 智库成果

　　智库成果以战略问题和公共政策为主要研究对象，其成果不止于学术论文、著作和数据，还包括咨政建言、舆论引导、社会服务等丰富多元的内容和形式。具备了完善的人才队伍，打造了高水平的政策交流平台后，研究院的智库工作厚积薄发，七年间坚持以客观调研数据为基础和前提，产出科学、有效、高质量的观点和成果。

（一）学术论文和著作

　　智库全职研究员队伍产出的主要政策研究成果都是基于研究院的调研资源和数据平台而形成的，如社会调查中心发起的 2018—2022 年广东千村调查、四川绵竹儿童认知与非认知能力发展追踪项目。以广东千村调查为例，智库于 2018—2022 年期间产生了 4 份大型的调查报告，4 本调查实录，并衍生出近 50 篇政策简报和数十篇媒体报道（详见附录和表 4-2）。

表 4-2　研究院 2018—2022 年期间智库成果数量统计

序号	类型	研究院智库成果数量
1	调查报告	9
2	政策简报	48
3	书籍	3

（二）咨政建言

七年以来，研究院积极为政府部门、企事业单位提供政策咨询服务，承担委托课题研究。例如，民政部、国家统计局、卫健委等部门委托下，研究院开展人口、养老、居民收入等有关课题研究；广东省委省政府、民政厅、乡村振兴局、省委农业农村办公室、农业农村厅、发展和改革委员会等部门委托下，研究院开展有关广东人口发展、乡村振兴等方面的课题、调查。2019 年 4 月，研究院挂牌民政部政策理论研究基地，成为民政部在华南地区唯一一家政策理论研究基地。经济与社会研究院院长冯帅章教授作为暨南大学基地负责人，组织研究院在社会福利、社会救助等方面开展了一系列政策理论研究工作（见表 4-3），并逐步探索建立一套完善、高效的政策理论研究机制，精准对接民政事业的理论需求。

表 4-3　研究院智库部分承担项目和政策报告

序号	项目名称	委托单位
1	广东省婚俗改革研究项目	广东省民政厅
2	2016—2019 农村留守儿童关爱保护和困难儿童保障评估工作	民政部
3	2019 年"托底性民生保障政策支持系统建设"	民政部
4	将低收入群体纳入低保的可行性研究	民政部
5	农村留守儿童关爱保护和困难儿童保障评估工作	民政部
6	《农村留守儿童状况报告》课题研究	民政部
7	中国城市流动人口子女教育评估研究	国家卫健委
8	就业质量动态监测专题研究	国家统计局
9	广东农村固定观察点项目	广东省委农办
10	广东人口资源趋势与融合发展机制研究	广东省委改革办
11	当前房地产市场发展趋势与广州应对策略研究	广州市政府
12	决定中国社会救助改革方向	民政部，亚洲开发银行

　　在广东千村调查开展的 5 年中，研究院智库在两轮调查之间完成数据分析和政策报告撰写等研究工作，年均报送乡村振兴主题的智库专报和政策简报约 20 篇。有关于乡村教育、厕所革命、精准扶贫的政策简报受到了广东省委办公厅的采纳和批示。同时，《南粤炊烟——2018 广东千村调查实录》于 2019 年 6 月出版，受到了广东省委农业农村办公室的高度肯定。

　　随着诸多成果的产出，研究院的智库工作获得了政府、企业等相关部门的关注。而随着合作的深入，研究院多位专家担任了多个政府部门的咨询专家。例如，冯帅章教授担任民政部专家咨询委员会委员，为留守儿童、流动儿童保护等工作提供政策咨询建议。2021 年，冯帅章教授因长期关注和研究我国的人口流动问题，持续参与对在人口流动大背景下产生的流动儿童、留守儿童等特殊群体的关爱与保护工作，在研究和实践等多方面尽力为全国农村留守儿童的关爱保护及困境儿童保障工作献计献策，被评为"全国农村留守儿童关爱保护和困境儿童保障工作先进个人"。

2017 年 11 月，受民政部农村留守儿童关爱保护工作委托，
冯帅章带领研究院团队前往云南当地社区进行走访

2021 年 9 月，冯帅章获评"全国农村留守儿童关爱保护和困境儿童保障工作先进个人"

（三）舆论引导

研究院在 2017 年开通了智库公众号"黄埔大道西观点"，希望能够为公众提供更加专业、丰富、客观的社会经济问题解读视野。公众号坚持国际视野、实证基础和政策导向，持续发布优质原创内容。截至 2022 年 12 月，"黄埔大道西观点"公众号共发布 415 条内容，累计阅读量 4 万余次。

截至 2022 年 12 月，研究院在媒体发表文章共 130 余篇，接受媒体采访 60 余次。新华社、《经济》杂志、参考消息网、光明网等中央级媒体共报道研究院以及学者（见表 4-4）达 10 余篇 / 次。

表 4-4　中央级媒体报道统计

序号	媒体名称	报道对象
1	人民日报 / 人民网	广东千村调查
2	中央电视台 / 央视网	重要学术成果、广东千村调查
3	新华社 / 新华网	重要学术成果、学者观点、广东千村调查
4	经济日报	广东千村调查、学者观点
5	光明网	广东千村调查、学者观点
6	国是咨询	学术成果

（四）社会服务

研究院智库提供社会服务对象及内容较多（见表 4-5）。2021 年，研究院与中国建设银行广东省分行开展合作，共建"暨南—建行乡村振兴学院"，提供学术资源共享、乡村金融专题调研、政策专报咨询等服务。2022 年，研究院又与碧桂园集团国强公益基金会开展合作，为碧桂园集团从事乡村振兴一线工作的员工提供专题培训，调研留守儿童、现代农业产业园等项目，并提供专家咨询服务。

表 4-5　研究院智库提供社会服务对象及内容

序号	社会服务	服务对象
1	房企健康指数报告	南方日报
2	暨南大学—广东省建行共建乡村振兴学院	中国建设银行广东省分行
3	灵活就业项目	智联招聘
4	暨南大学乡村振兴建设项目	碧桂园集团国强公益基金会

在房地产研究领域，研究院智库团队积极对房地产市场最新政策变化进行及时解读，探讨住房公积金制度改革，研究住房金融政策发展，用房地产真实交易数据构造同质住房指数以研究房价波动，并研究房地产市场的价格波动和住房制度变迁对社会经济及个体行为的影响。结合人口城镇化，研究团队还研究推进农民工和农民进城购房安居的相关政策。2017 年，研究院受省委委托参与经济社会发展座谈会，住房政策发言被刊录在《广东省情内参》"调研思考"第 6 期。同时，张思思副院长的政策专报"建立租购并举住房制度的政策建议"受到省部级领导批示。同年 7 月，张思思受邀参加广州市公积金中心"我国住宅政策性金融体制改革研讨会"，对课题"公积金改革目标、路径和运营方式"提出建议，并作为广东住房公积金专家委员会成员作"美国房地产金融政策对我国的借鉴及启示"专题发言。智库团队关于住房政策的研究获得国家及广东省多项课题资助。特别是疫情以来，研究院智库对于房地产行业的分析更是获得了媒体的高度关注。

研究院智库研究成果展示

以领军人才为标杆，以骨干人才为中坚，研究成果的不断产出和质量提升，将会扩大智库在政策研究领域的号召力和信服力，促进更多资源聚合，转化为物质、人才等各类基础条件，以支撑智库优化发展。

第五章

荟萃名师团队资源，共育未来栋梁英才

　　经济与社会研究院秉承"利用优秀师资培养优秀人才"的教学理念，于 2016 年开始招收本科生与硕士研究生，于 2018 年开始招收博士研究生，目前已经形成了包括本科生、硕士研究生、博士研究生在内的完整的人才培养体系。研究院人才培养立足于中国大地，着力培养既具有国际视野，掌握经济学系统知识，又熟悉现实国情，能运用现代经济学分析方法解决实际经济问题的优秀人才。以"111 计划"引智基地（"人口流动与劳动经济学科创新引智基地"）、"芝加哥—暨南人类发展研究联合计划"、首批新文科研究与改革实践项目等为培养平台，研究院致力于发展专业领域高质量的课堂教学，开拓务实的学生社会实践，大力鼓励学生参与各项专业竞赛，并提供高水平的经济学术讲座，有效地促进教育质量和办学水平的持续提高。研究院还认真总结长期教学实践经验，参考国家教学指导委员会制定的专业人才培养规范或本科专业类教学质量标准，在对经济学专业的社会需求状况、学科支撑情况等现实条件进行深入调研和论证的基础上，针对学生多样化的学习特点和学业需求，构建出多元化、差异化和个性化的培养方案，并形成以国际化交流平台、小班教学、全英教学、精英培养、学术氛围浓厚、创新实践活动多样化及隐性课堂为特色的人才培养模式。

2019 年 12 月，研究院全体师生于暨南大学石牌校区大合影

截至 2022 年底，研究院已有三届本科生、三届硕士研究生和一届博士研究生顺利毕业。本科项目国际化创新班学生已有毕业生 91 人，有 66 人选择继续深造，继续深造比例达 72.5%。硕士研究生已有毕业生 25 人，有 12 人继续深造，继续深造比例达到 48%。博士研究生已有毕业生 1 人，毕业后在兰州大学担任专业教师。此外，利用国际化师资及国际化交流平台，研究院积极与海外名校搭建合作平台，开拓海外硕士招生项目，目前已有 8 所合作院校，共输送了 40 余名学生。

本科生教育

（一）培养目标科研导向

践行教育部提出的"以本为本"的本科教学理念，经济学科的发展需要从本科学生培养入手，让本科生学习和掌握与国际学术界接轨和对话的研究方法、研究范式和写作方法。经济学（国际化创新班，下文简称"创新班"）就是这样的试验田。在成立之初，冯帅章院长就提出打造经济学教育"黄埔军校"的办学定位。2016 年，研究院通过转专业的方式开始了首届本科生的招生，通过报名、预培养以及考试考核等流程，最终有 20 名来自校内其他学院的优秀学子于 2017 年 9 月正式加入研究院。自此以后，研究院每年从高考招收 20 名来自不同省份的学生，并在次年招收 15~18 名转专业学生进入大二阶段的学习，这种独特的学生来源构成使得研究院的本科生质量稳步提高，且呈现出了多样化的通识培养背景。

2017 年 3 月，冯帅章院长在接受采访时说："培养既有国际学术视野，又熟悉我国国情，有扎实学术功底的同时还能运用现代经济学分析方法解决实际问题的学生，这就是 IESR 的人才培养目标。"创新班是为了培养经济类精英人才而设立的本科专业。自成立之初就设置了清晰、明确的人才培养目标，旨在培养既具有国际视野，又熟悉现实国情，掌握经济学系统知识，能运用现代经济学分析方法解决实际经济问题的高级专门人才。

冯帅章院长在招生宣讲会、创新班历年开学典礼、新生第一课中反复向历届学生们详细解读这一人才培养目标——"熟悉中国国情""具有国际视野""科研导向"。创新班在招生之初就明确了人才培养目标的科研导向，较大程度上区别于传统经济学专业的人才培养目标。创新班为自己画出了一幅自画像，并以一种近乎理想化的方式期待着能够寻找乃至吸引那些认可创新班人才培养目标的学生们，给他们一个目标明确、特色鲜明的专业选择。

以科研为导向的人才培养并不是强行要求所有学生毕业后都从事科研工作，而是通过在本科阶段完整的学术训练，培养学生的创造性思维和思辨能力。在 2018 年的师生交流会上，冯帅章院长表示"基于这一培养模式的未来发展趋向并不单一固定在做学术"，"无论从事什么行业，都需要学生现阶段打下非常好的学术基础，而学术基础并不限于知识，更重要的是创造性思维。做研究需要自己寻找研究课题，通过自己的研究得出研究成果，并要向其他学者阐述该课题的学术意义，得到学术界的认可，这整个过程就需要研究者有创造性思维。IESR 的教学就是对大家进行这种思辨能力的培养"。

科研导向的人才培养目标也很大程度上反映在创新班提交的毕业生答卷上。创新班至 2022 年底已有毕业生 91 人，有 66 人选择继续深造，继续深造比例达 72.5%，包括国内考（保）研、境（国）外留学。深造学校包括芝加哥大学、哥伦比亚大学、杜克大学、密歇根大学、新加坡国立大学、北京大学、中国人民大学、上海财经大学、香港中文大学（深圳）、香港科技大学等。其中值得一提的是，由于本科培养质量高，有 4 名本科生直接获得了世界名校直博录取资格，包括新加坡国立大学商学院房地产系、新加坡国立大学金融学、美国密歇根州立大学农业经济学、英国格拉斯哥大学经济学博士项目。

在 2022 年 12 月举办的校友线上交流会上，研究院共邀请了 15 位校友就硕士深造、博士深造以及就业三个专题开展三场校友论坛，这些校友涵盖了国内考研、保研、读博、工作以及在美国与欧洲分别读研、读博、工作等不同方向和不同行业，为一众学弟学妹提供了丰富有用的经验分享。这些校友代表的多样化职业与学术发展路径也深深体现了研究院坚持科研导向的培养理念所带来的成果。毕业生们在未来的工作岗位中能够充分利用所学知识与技能，借助经济学的分析框架与方法，发挥出各自的智慧与潜能。

（二）全英课程接轨国际

1. 师资团队国际化

2015 年，国务院《统筹推进世界一流大学和一流学科建设总体方案》提出到 2020 年，中国若干所大学和一批学科进入世界一流行列。"何为一流？一流的学生、一流的师资肯定是建设一流大学的关键。""一流的师资，一流的学术成果，一流的人才培养又该如何联动呢？""一流的学术研究成果若不能回到课堂，反哺教学，那这些成果的价值将大打折扣。"针对这一系列问题，冯帅章院长认为"将一流的师资最大程度地运用在培养一流的学生上"，而这也成为创新班一直践行的师资理念。

创新班的师资团队具有国际视野，熟悉世界一流经济系的培养模式，为学生专业知识的学习提供高标准、国际化的教学。此外，研究院邀请到美国麻省理工学院 Joshua Angrist 教授、Whitney Newey 教授，加州大学伯克利分校 Bryan Graham 教授，约翰·霍普金斯大学胡颖尧教授等国际一流学术大师莅临暨南园开设高质量的短期课程，为学生打下扎实的专业基础能力。创新班的学生曾经笑称：在 IESR，见到了教科书中出现的人。在 2017 年的师生交流会上，冯帅章院长说："无论是我们自己的老师，还是特聘教授，我们就是想精雕细琢地为你们上基础课。"全职青年教师和特聘教师组成的国际化的师资团队是创新班学生在本科阶段完成扎实、全面的现代经济学学术训练的基础。

研究院高频率、高质量的学术活动为学生们提供了大量与顶级学术大师和知名教授面对面交流的机会，2016 级本科生、现为新加坡国立大学博士在读生的韩亚婕曾有机会作为六个幸运儿之一，与 2000 年诺贝尔经济学奖获得者 James J. Heckman 教授交流讨论了机器学习与传统计量经济学的关系，学习和了解诺奖大师的治学之道。她表示，在那场让人激动且极具启发意义的交谈中，Heckman 教授向她讲述的三个盲目解释因果关系的例子令她认识到了机器学习的局限，同时也了解到计量经济学在处理非参数问题上有不可替代的作用。"整场交流下来，他的谆谆教导给予了我很多学术研究上的灵感！"

2018 年 9 月，韩亚婕（左二）参加"诺奖大师面对面"，
与 James J. Heckman 教授（左五）当面交流

2016 级本科生、现为新加坡国立大学博士在读生的鄢瑜曾在美国约翰·霍普金斯大学 Robert Moffitt 教授来访研究院时举行的学生 workshop 上汇报自己的论文《工业机器人应用对劳动力就业的影响——基于中国微观企业数据的实证研究》，并得到了 Moffitt 教授对论文的现场点评。

2019 年 6 月，美国约翰·霍普金斯大学 Robert Moffitt 教授听本科生现场汇报论文

2. 全英授课对标国际

冯帅章院长在课程设计时说道："英文授课正是国际化的基础，能保证学生与国外主流学术界的交流没有障碍。"创新班所有课程坚持英文授课，并使用国际一流经济学项目通用的英文原版教材。针对本科生教育的国外教材更不仅仅是学习理论和习题巩固，还侧重于培养学生的经济学直觉，将经济学探索寓于日常生活。采用英文原版教材一方面可以弥补国内教材在这方面的不足，另一方面可以帮助学生熟悉经济学的英文表述，对学生出国深造和直接工作都大有裨益。虽然阅读全英教材提升了课程难度，但不少同学反馈：只要持之以恒地看，半年就会发现自己的英文阅读能力大幅提升。

创新班的学生们走出暨南大学，走向更高学府深造时，他们毫不吝惜赞美之词地表达出对创新班课程设置的认同感，表示全英授课让自己可以无缝衔接，毫无压力地深造学习。

2017 级本科生曾旭游表示，"基于自己在 IESR 所学过的内容，可以较为轻松地应对国外学校的学术课程。比如 IESR 在大二开设的初级计量经济学，所学内容可以基本覆盖伯明翰大学开设的中级难度的计量经济学，并且还涵盖了 DID、RD、IV 等知识，无缝衔接国外的课程"。"现在回过头来，我发现其实 IESR 最大的优势在于它能够提供系统化的经济学学术训练，这对于任何希望将来从事经济学研究的学生来说是一个非常好的机会。"2016 级本科生黄稚雯也表示，"得益于 IESR 的国际化培养模式，初到哥伦比亚大学交流学习时，我在课程适应上并没有花太长的时间，很快就适应了他们的教学模式"。

创新班的培养对于学生的英语基础要求较高，为帮助学生们尽快提高英语水平，研究院与外国语学院开展合作，利用"国际组织人才培养创新实践基地项目"平台，在每年大一新生中设立国际精英班，精英班的培养方案分为知识模块、素养模块、拓展模块三大模块，以第二课堂为辅助，通过英美影视文化赏析与配音、中外英语报刊阅读与比较等方式来提升学生英语能力，对学生的口语、听力、写作、阅读等进行全方位训练，学生每学期中和学期末会进行汇报演出，取得了良好效果。同学们表示，通过国际精英班教师们经验丰富的教学和多元的课堂学习，他们得以锻炼口语能力，汲取表达技巧，了解英语文化，培养国际视野，增强自身信心。

2021 年 6 月，研究院学生进行国际精英班英美影视配音课堂展示

3. 营造良好学术氛围

冯帅章院长在师生交流活动中说："我最近在读清华大学钱颖一教授的书，有一点很有感触，杰出人才可能不是培养出来的，而是从有利的环境中'冒'出来的，创造环境，远比培养更重要。""IESR 对学生的培养始终坚持因材施教，绝不拔苗助长。我们通过各种途径培养学生的兴趣，帮助他们建立起信心。尤其对本科生的培养，IESR

一直试图创造一个良好的学术环境，为他们搭建平台，使其主动学习。"

营造良好的学术环境是研究院自始至终努力践行的方向。课程之外，研究院为每门本科课程设置了助教和 office hour 制度，同学们学习中有疑问都可以在 office hour 寻求老师和助教的帮助。此外，冯帅章院长还不遗余力地创新非正式师生互动，通过邀请学生共进午餐的方式，鼓励该学期积极提问的学生，为学生营造一个有问有答、有疑有解、主动思考、主动提问的学习氛围。2016 级本科生黄稚雯表示："对于我在学习中遇到的一些疑惑或者不解的地方，授课老师和助教都会非常耐心地指导。平时，他们也会利用 office hour 为我们讲解作业的错题，或者补充一些与课程相关的练习。这些对我掌握每门课程的知识要点都有很大的帮助！"

超高师生比、全英授课、学业压力大、课程难、"大神"、"卷"是被学生们提及最多的词汇。但是学生们在被"虐"之余依然对创新班的课程设置给予了高度评价，特别是在他们继续在学术上深造后，能够毫无压力、无缝对接新的教学模式的时候。2017 级本科生、后来前往伦敦政治经济学院就读的曾旭游表示，"在每门专业课的 assignment、quiz、presentation、office hour，期中期末考的压力下，学习负担比原专业增大不少，与之俱来的是扎实的基础和将来出国深造的较强适应性。正如一个正在哥伦比亚大学交换的学姐所说，哥大的课程负担并没有比 IESR 相差很多。此外，频繁的 Seminar 等各类学术活动也是 IESR 的特色所在。与之对应的是，IESR 的竞争更加激烈，大神更多，需要更加努力才能取得好成绩"。

2022 年 7 月，冯帅章院长邀请学生校内共进午餐，以鼓励该学期积极提问的学生

（三）全方位保障教学质量

卡尔·雅思贝尔斯在《大学之理念》一书中提到："大学在多大程度上将理念转化成了具体实在的制度，这决定了它的品质。"研究院能够将创新班的教学理念落地执行，得益于研究院"专业人员负责专业工作"的组织建设思路。研究院于 2017 年成立教学指导委员会，全权负责研究院的教学工作，教学指导委员会在课程设计、教学管理、课程评价等方面发挥了专业指导作用，并通过将教师互评、学生反馈、中期考评制度化的做法，有力地保障了教学质量的高水准。

（1）注重教师听课互评。年轻的研究院教师大多第一次在国内授课，如何让学生更快更好地吸收课堂内容，他们也在学习中。在开学初的第 1~3 周，研究院教学指导委员会会组织研究院专业教师实地去课堂互听互评，具体方式是：每门专业课组织 2~3 位教师旁听，课后听课教师填写《经济与社会研究院听课记录表》，并将听课意见及时反馈给授课教师，共同讨论如何提高该门课程的教学质量。

（2）广集学生反馈。除了组织听课教师反馈意见外，研究院同样重视来自学生的声音。教务秘书不仅会参与课程旁听，了解学生的情况，还会定期通过问卷、个别谈话、学生干部反馈等形式了解学生对课程授课进度、教学方式、教学效果等方面的意见以及学生对课程难度、进度的感受，并将其反馈给授课教师，以此帮助教师调整授课方式和进度。有同学感慨："我们现在和老师的交流甚至比上高中时和老师的交流还要多！"正是这种和教师之间顺畅、真诚的沟通，学生的问题能够及时被反映，学习与教学没有流于形式，学生与教师能够教学相长、共同进步。

（3）中期及时考评。研究院每年定期召开学期中期任课教师会议。参会人员包括：教学指导委员会成员、本学期所有任课教师、教务秘书。会上，任课教师逐一反馈本门课程的上课进度、学生学习情况以及目前存在的问题等。对于授课教师来说，及时了解课程中出现的问题并通过与其他教师讨论，寻求更好的改进方法，能更好地达到授课效果。对于教学指导委员会来说，及时了解教师和学生的具体情况，能够更好地指导研究院教学活动，并对下半学期的教学活动及时调整、优化。

由于很多专业课程是前后衔接或者有交叉关系的，中期考评给了大家集体解决课程中遇到问题的机会，让不同年级的任课教师根据其他年级任课教师反馈的学生知识和技能的短板、弱项及时调整自己的授课内容；也让有关联性的任课教师具体了解授课内容是否重复、难易程度和课程任务是否能够让学生接受，从而帮助教师从全局出发，通盘考虑，及时调整和优化授课方式。

（4）经验分享，助力教师成长。研究院教务组充分利用院内举办活动的机会，邀请研究院内在任课与学生工作方面表现优秀的教师代表分享经验，调动大家对教学与学生工作的积极性。除了正式的经验分享会外，研究院的教师们还会在定期举办的生日会、下午茶活动中交流教学心得。在轻松的氛围中，教师们畅所欲言，通过交流和分享，时常能擦出意想不到的火花。另外，研究院还邀请各高校的教学名师，如上海财经大学的周亚虹老师，分享教学经验，助力新教师成长。

（四）调查实践熟悉国情

"大学从来不是高高在上的象牙塔。""无论是及时把握国情脉络，还是系统总结中国经验，乃至对传统理论进行创新，都离不开细致艰苦的数据收集工作。""数据、研究、智库、学生。研究院这四个方面的工作是紧密相关的。数据收集是基础，学术研究和智库建设相辅相成。学生培养建立在前三者的基础之上，又为这三者服务。"冯帅章院长在鼓励学生们加入社会调查时如是说道。

社会调查中心、乡村振兴研究院为学生提供了直接参与广东千村调查（见表5-1）、四川绵竹儿童认知与非认知能力发展追踪项目等大型社会调查项目的机会。学生能在本科阶段接触微观数据的收集，加深对中国现实情况的了解，并能在老师的指导下撰写调查手记、政策报告、学术论文等，既能了解中国现实国情，又能将所学的专业研究方法用于解决现实问题。真正做到用双脚丈量中国，用经济模型描述世界。多名学生在社会调查的过程中确定了自己未来的研究方向，在广东千村调查项目中找到了自己感兴趣的研究课题，并在暨南大学"挑战杯"竞赛等学生课外学术科技创新创业竞赛、广东省大学生科技创新培育专项资金（"攀登计划"专项资金）、大学生创新创业训练计划项目等比赛中屡创佳绩。

2018年7月，研究院学生参加2018年广东千村调查，到东莞横沥进行入户调查

表 5-1　2018 年以来暨南大学学生参加"广东千村调查"情况

	总访员人数	暨南大学学生人数	占比	IESR 学生人数
2018 年	161	69	42.86%	11
2019 年	180	75	41.67%	8
2020 年	238	54	22.69%	5
2021 年	235	81	34.47%	17
2022 年	128	55	42.97%	2

对于 2016 级本科生黄稚雯来说，参加研究院社会调查中心组织开展的广东千村调查是她大学期间印象最深刻的一次科研体验。她回忆道，在跟随调查中心的老师前往广州市花都区的一个村做预调查的过程中，从小在城市长大的她因调查村庄简陋的生活条件以及不理想的教育情况而深感震惊与担忧。"之前我对贫困农村的教育情况并不了解，通过那次实地调查，我感到震惊之余，更希望在未来能够为社会作出点贡献。"正是那次实地调查的经历，在黄稚雯心中种下了"用所学知识回报社会"的种子。

影响 2017 级本科生杨世宁最大的项目是四川绵竹儿童认知与非认知能力发展追踪项目，杨世宁参与了 2019 年度该项目的实验游戏讨论与设计，整段经历让她更加确立了自己研究教育不平等议题的方向。"我觉得这个话题目前在中国来说没有得到完全的解决，所以它还有很多可以研究的空间，在未来，我可能会从这一块入手，选一个新的切入点。"

（五）导师护航精英培养

本科生导师制并非创新班首创，创新班却将本科生导师制的导师护航作用真正惠及学生成长的全过程。创新班学生在大二上学期可以根据双向选择原则确定一名导师。学生可以在课程学习、生活、科研、实践探索、留学申请等各个方面得到导师充分指导。导师的保驾护航让学生们在专业技能探索、科研立项、论文发表等方面成绩斐然。

2017 级本科生曾旭游表示，"较高的师生比显著增加了与老师的交流和接触。这体现在导师制、班级规模较小和担任研究助理机会多等。在完成'挑战杯'项目立项工作时，我们团队先后请教了五位老师，老师们都高度负责，手把手教我们立项书的写法和结构，甚至会亲自帮我们的立项书修改字词"。正是导师们细致入微的指导，让创新班学子在全国"挑战杯"竞赛、国家级大学生创新创业训练计划项目、广东省大学生科技创新培育专项资金（"攀登计划"专项资金）项目、广东省"挑战杯"竞赛、暨南大学大学生创新创业训练计划项目、暨南大学"挑战杯"竞赛等学术竞赛与研究活动中屡获佳绩。截至 2022 年，共有 37 项项目在"挑战杯"竞赛中获得立项或奖励。其中，2016 级学生鄢瑜、龙绪坤、邹淑源参赛项目"工业机器人应用对就业的影响——基于中国企业数据的实证研究"获得第十六届"挑战杯"国赛二等奖（更多获奖信息详见附录）。

　　学生除了有机会参与老师的项目外，也有机会在导师的指导下与导师合作发表论文。2022 年 8 月，我院本科生廖浩业、助理教授马森的合作论文"Does School Shutdown Increase Inequality in Academic Performance? Evidence from COVID-19 Pandemic in China"（合作者：Hao Xue）被国际权威期刊 *China Economic Review* 接受并发表。另外，师生亦会共同完成技术探索，如 2017 级、2018 级的林炳锟、詹子旖和沈诗悦三位学生利用课余时间，与任课教师严子中合作编写了 Python 和 Stata 的软件包，并发布在用户社区上，供相关用户下载使用，大大提升了自身的专业技能。

　　创新班还为每个年级设置班主任。班主任在导师之外，不仅经常召开班会关心学生学习、生活情况，在学生进入毕业季、找工作、考研或者出国留学时，还会经常为学生答疑解惑，与学生一对一面聊，了解学生的规划，并为他们提供实际的建议。例如 2019 级本科班主任张毅老师，在留学申请材料 DIY 方面具有丰富的经验，除了每年定期开设讲座讲解留学材料 DIY 外，还定点、一对一地了解学生的规划、存在的困难等，为学生就业提前做好规划。

2019 年 10 月，研究院张毅老师开展留学材料 DIY 讲座

通过建立研究院本科生教学指导委员会、班主任、本科生导师、任课教师的畅通沟通渠道与管理体系，研究院的本科教育工作得以有效开展，其优秀师资力量得以投入教学与学生工作中，并建立一套具有管理科学性与全方位覆盖性的教学监督制度。这一制度在 2020—2022 年的新冠疫情期间的教学工作中显得尤为重要，由于疫情原因，部分学生未能返校，而研究院的本科生导师制度起到了很好的"人盯人"作用，每位同学都能够得到专业教师的及时关心与帮助，针对一些课程教学上出现的个别学生的情况，任课教师也能够及时向其导师反映，而教学指导委员会也能够通过收集班主任、本科生导师、任课教师的反馈适时调整教学安排与政策，形成一套良好的互动体系。

二．研究生教育

当年的"钱学森之问"让众多高等教育工作者陷入深思，也引领着研究院在高等教育改革之路上砥砺前行。研究院作为由国家创办的华侨高等学府的综合改革示范区，又将如何培养杰出的经济学人才？研究院的培养特色在哪里？冯帅章院长带着这些疑问和思考，开启了研究院的研究生培养之路。研究院秉承"利用优秀师资培养优秀人才"的教学理念，旨在培养应用经济学领域的复合型研究人才，具备扎实的经济学理论基础、数理功底，熟练掌握实证研究方法，具备进一步接受国际一流学术训练的潜力，培养兼具国际视野且立足本国现实国情，能运用现代经济学分析方法解决实际问题的杰出人才。

（一）学生选拔精准定位

2016 年，由主管学生工作的副院长牵头组织，本研究院老师团队在全国各个高校宣传招生，吸引真正对经济学感兴趣且有志从事经济学研究的优秀大学生参加研究院举办的"全国优秀大学生经济学暑期夏令营"活动。首期夏令营活动，吸引了 500 多位来自全国高校优秀的学子报名，经过层层筛选，最后只有近 10% 的学生获得了入营资格。夏令营开展期间，研究院打破传统单一的笔试、面试考查方式，通过材料审核、短期课程、讲座、笔试、面试等方式，结合学生在外出实践参观、师生晚宴、联欢会等活动的表现，以丰富多样的正式与非正式的考查形式，全方位观察和遴选真正适合研究院培养特色的学生。经过双向充分的了解及综合选拔，最终录取了 8 名学生入读研究院第一批硕士研究生项目，真正做到了百里挑一。

在整个夏令营活动期间，研究院秉承精准定位、宁缺毋滥的原则，一方面，帮助学生充分了解本研究院的人才培养目标及培养特色；另一方面，将正式与非正式的考察形式相结合，全方位了解学生综合素质、学术素养、未来志向等，选拔真正适合本研究院特色的优秀学子，实现"双向奔赴"。在 2016 年的一周年院庆活动上，五大长江学者齐聚暨南大学，余淼杰教授对 IESR 的学生培养工作表示了肯定，"在老师都没有完全到位的情况下，IESR 首期硕士研究生项目就能吸引 500 多人报名，并成功举办了夏令营，还坚持精挑细选、宁缺毋滥，说明学生是非常肯定你们的高水平教学模式的"。

2016 年 7 月，第一届"全国优秀大学生经济学暑期夏令营"营员于广东省博物馆前合影

（二）课程培养夯实基础

研究院参照国际一流经济系的模式，强调基本经济理论和实证研究方法的严格训练。研究院十分重视对学生基础知识和经济学研究技能的培养，结合中国国情，为硕士研究生提供高水平的经济学系列课程，其中包括高级微观经济学、高级宏观经济学、高级计量经济学、劳动经济学、城市经济学、数量经济学、宏观经济学、产业组织专题研究等课程。在硕士研究生一年级，还设置了英语、数学、计算机等辅助性课程，以系统培养学生的综合能力，帮助学生夯实经济学系统知识，熟练掌握经济学研究的基本技能和方法。并同步拓展经济学研究相关软件和编程的学习，为学生在经济学领域继续深造或就业搭建扎实的基础。

2018 级的吴凯同学在来到研究院读硕士研究生之前对研究所需的数据分析软件应

用、编程等知之甚少，凭借硕士研究生一年级扎实的经济学基础知识与实践技能的培养，并在读硕士研究生期间积极帮老师做助研、助教等工作，触类旁通，学以致用，很好地培养了独立学习和研究的能力。申请博士研究生期间，他在众多顶尖学府的优秀学子中脱颖而出，获得得克萨斯大学奥斯汀分校经济学全额奖学金博士的 offer。吴凯在接受采访时提到："学院非常贴心地在研一时期开设了计量软件课，这为我打开了系统学习的大门，也调动起了我学习的积极性。"

（三）搭建国际交流平台

除了夯实学生基础知识以外，研究院也致力于培养具有国际视野的学生，搭建国际一流的学习交流平台和学术资源网，研究院相继成立了微观计量经济学中心、国际贸易与企业发展研究中心、房地产与区域经济学研究中心、劳动经济学研究中心等研究中心，并聘请了国际一流学府的著名经济学者担任海外中心主任，以各大研究中心为学术重镇，联合海内外中心主任积极打造一流的国际化师资队伍，并积极调动各研究中心的学术资源，举办高质量、高频率的学术讲座、论坛、会议，致力于打造国际一流的学习交流平台，培养学生的国际视野，立足本国，放眼世界。

研究院劳动经济学研究中心与美国芝加哥大学人类发展经济学研究中心共同创建了"芝加哥—暨南人类发展研究联合计划"，由冯帅章教授与 2000 年诺贝尔经济学奖得主、美国芝加哥大学 James J. Heckman 教授共同担任负责人，双方在学术交流、科学研究、人才培养等方面开展全方位合作，进一步拔高了研究院学生的研究素养，同时为学生们搭建了国际化的学习交流平台。2017 级吕佳玮于硕士研究生二年级上学期作为"芝加哥—暨南人类发展研究联合计划"的首位访问学生，开始了她在芝加哥大学的交换学习。在交换期间，她充分利用了芝加哥大学的学习资源，参加其经济系的 workshop 和高质量的课程等。吕佳玮同学曾回忆：单单是经济学系，就有大大小小听不完的各式 workshop，而且无论去哪一个 workshop 都会发现听众众多，举手提问更是应接不暇。质疑和批判性思考无疑是创新的源泉，也感受到了这里会成为诺奖摇篮的魅力所在。

值得一提的是，吕佳玮在美国芝加哥大学学习期间，有幸成为诺贝尔经济学奖得主 James J. Heckman 教授的助研，参与四川绵竹儿童认知与非认知能力发展追踪项目，协助 IESR 研究团队、暨南大学调查中心和 James J. Heckman 教授的问卷设计和沟通工作。凭借出色的助研工作表现，在申请博士期间，她获得了 James J. Heckman 教授的推荐信，并成功获得了匹兹堡大学经济学全额奖学金博士研究生的录取通知书。

此外，研究院鼓励学生积极参与出国交换项目。研究院已搭建了与美国芝加哥大学、美国威斯康星大学麦迪逊分校、新加坡管理大学等交流学习的平台，合作举办 2+1 硕士双学位项目。学生在研究院学习期间，可以申请短期出国交换学习或者就读研究院合作的双硕士项目，毕业时可获得暨南大学及合作学校的硕士学位，提升自身就业竞争力。

2018 年 10 月，2017 级硕士研究生吕佳玮在芝加哥大学交流学习

（四）学术资源丰富多样

研究院举办高质量、高密度的学术活动，如每周 Seminar、IESR+、暨南论道，每年还举办多个高质量、高规格的国际学术会议、短期课程等。从研究院丰富多彩的学术活动中，学生们不仅可以旁听自己感兴趣的学术活动，汲取养分，丰富自己，还可以组织者的身份参与其中深入学习，真正接轨国际学术资源，学习经济学前沿知识。如研究院非常鼓励学生以外事秘书、学生记者、外宾接待者等志愿者身份积极参与会议的筹备和举办过程，既可以培养学生的组织协调、沟通合作的能力，也为学生提供了更多接触国内外一流经济学大师的机会，开拓国际视野。

2019 年 6 月，诺贝尔经济学奖得主 Joshua Angrist 教授于暨南大学开讲短期课程

2019 年 12 月，麻省理工学院 Whitney Newey 教授于暨南大学进行计量经济学高阶训练营授课

2017 级硕士研究生、约翰·霍普金斯大学在读博士陈宇健认为："IESR 邀请的专家学者们为推进我的研究提供了很大的帮助。这些经历不仅让我的论文水平不断提高，还锻炼了我在学术上交流和表达的能力。"

2018 级硕士研究生丘卓瑜在硕士就读期间，作为学生助理参加了很多学术研讨会议，以学生记者的身份采访了哈佛大学 Edward Glaeser 教授和伦敦大学学院 Christian Dustmann 教授等世界一流学者，这锻炼了她良好扎实的英文水平和临场反应力。在丘卓瑜眼里，这都是很宝贵的经历，是研究院给予的机会，也是对自己的挑战，能够有这样的平台与前辈们交流是一件非常有意义的事情，不仅能够从与他们的交流中获得专业前沿知识，而且在一定程度上满足了她一直以来对于采访和做记者的兴趣。这样更具专业性的交流，正是她想要的。2021 年因疫情等大环境的影响，申博竞争十分激烈，但丘卓瑜同学凭借出色的综合能力，获得了加州大学河滨分校、弗吉尼亚理工大学、纽约州立大学奥尔巴尼分校等 12 所美国高校的博士研究生录取资格，并最终决定前往加州大学河滨分校攻读博士。

2019 年 6 月，丘卓瑜（前排左三）参加诺贝尔经济学奖得主 Joshua Angrist 教授的短期课程

　　除此之外，研究院导师队伍为学生建立了国际化的助研网，帮助学生提前适应海外院校的博士培养模式，部分学生通过帮海外教授做助研，开展项目研究，凭借出色的工作表现和扎实的基础训练，获得了海外教授高质量的推荐信，这提升了学生申请海外院校博士研究生项目的成功率。研究院还通过提供助研、助教等机会，帮助学生学以致用，反复打磨学术功底，真正做到训练有素、思维开阔，能运用现代经济学分析方法去扎扎实实做研究、解决实际问题。

（五）实践学术双管齐下

　　研究院积极整合校内外资源，培养学生的实践能力，鼓励学生参加研究院社会调查中心、政策研究中心以及乡村振兴研究院的项目，深入学习问卷设计、数据收集、实地调研、政策报告撰写等工作，实践与理论双管齐下，全方位培养学生发现问题、解决问题的能力。在参与广东千村调查、四川绵竹儿童认知与非认知能力发展追踪项目等大型社会调查项目的过程中，学生通过接触微观数据收集，加深对现实经济运行的了解；在政策研究中心担任研究助理时，学生可以在老师指导下撰写政策报告，提升以经济学思维回答现实问题的能力，培养学生成为能运用现代经济学分析方法解决实际问题的优秀人才。

2018 级硕士生赵毅（左）参加 2018 年四川绵竹儿童认知与非认知能力发展追踪项目

研究院除了在日常教学中不断加强学生们的家国情怀和无私奉献的精神，也在实践调研中培养学生的社会责任感和使命感。2017 级硕士研究生王慷楷在就读期间，严格执行自身制定的"每年至少参加一次调研活动"的目标，充分利用了研究院社会调查中心、政策研究中心的实践调研机会开展研究。王慷楷说道："每一份调查问卷就是一个故事。"在与流动人口的一次次交流中，王慷楷不仅对流动人口现状有了更全面的感知和认识，还激发了他对户口制度对劳动力空间分布的影响等劳动力配置方面的一系列研究想法。他的硕士论文就是在此背景下提出的，他希望运用自己的知识推动社会发展与进步。

研究院社会调查中心所提供的高质量的微观数据库为学生提供了强大的数据支撑。目前，研究院自行开展的各大调研项目及所收集的涉及不同领域、与中国问题密切相关的多个优质微观数据库均对研究生开放，为他们的研究提供了很大的便利。王慷楷回忆道："在过去三年中，通过学院数据共享平台，我得到了很多调查中心提供的数据支持，这让我能够顺利地进行学术研究。"正是在 IESR 浓厚的学术氛围熏陶下，他对学术研究的喜爱逐渐加深，这也让他更加坚定不移地走上这条漫漫学术之路，并在硕士研究生毕业后成功被北京大学光华管理学院经济学全额奖学金博士研究生项目录取。

此外，研究院会定期组织学生参加不同领域的读书小组、午餐会等隐性课堂，鼓励学生向公众汇报。一方面，通过多样化的学术活动，推进学生的研究进展；另一方面，可以培养学生公众演讲的能力和表达能力，进一步加强师生之间的交流，帮助学生在以后的就业市场中脱颖而出。

（六）促进导师与学生开展合作研究

研究院目前的全职科研老师均为国内外一流高校的经济学博士毕业，研究方向包括劳动经济学、城市与区域经济学、计量经济学、环境经济学、国际贸易等。研究院基于学生的研究兴趣为其配备导师团队，导师团队将共同指导学生，并与学生进行科研合作，鼓励教师带领学生学以致用，在世界平台上讲好中国故事。如研究院薄诗雨、刘丛两位老师指导其硕士研究生周彦在国际顶级期刊 *Journal of Development Economics* 发表论文 "Military Investment and the Rise of Industrial Clusters: Evidence from China's Self-strengthening Movement"。研究院史炜老师指导其硕士研究生魏婧冉在知名期刊 *China Economic Review* 发表论文 "In the Crossfire: Multinational Companies and Consumer Boycotts" 等。

（七）研究生培养初见成效

研究院自 2017 年开始培养硕士研究生，经过 5 年的摸索和资源配置，前两届已毕业的硕士研究生取得了良好的成果。其中近 50% 的学生获得了境内外知名高校经济学全额奖学金博士的录取通知书，并在博士研究生学习阶段脱颖而出。首届硕士研究生共 8 名学生（见表 5-2），其中 5 名拿到了境内外知名高校的经济学全额奖学金博士录取通知书。

表 5-2　首届硕士研究生毕业去向统计表

序号	学生	毕业去向
1	吕同学	匹兹堡大学　经济学全额奖学金博士项目
2	陈同学	约翰·霍普金斯大学　经济学全额奖学金博士项目
3	王同学	北京大学光华管理学院　经济学全额奖学金博士项目
4	王同学	暨南大学经济与社会研究院　经济学全额奖学金博士项目
5	周同学	香港大学　经济学全额奖学金博士项目
6	何同学	国家互联网应急中心广东分中心
7	梁同学	腾讯
8	刘同学	联合国开发计划署合作项目（泰国）

第二届硕士研究生共 9 名学生，其中 6 名拿到了境内外知名高校经济学全额奖学金博士录取通知书（见表 5-3）。

表 5-3　第二届硕士研究生继续深造去向统计表

序号	学生	毕业去向
1	于同学	美国莱斯大学　经济学全额奖学金博士项目
2	王同学	瑞士日内瓦高级国际及发展研究院全额奖学金博士项目
3	赵同学	清华大学　经济学全额奖学金博士项目
4	张同学	新加坡国立大学　经济学全额奖学金博士项目
5	吴同学	得克萨斯大学奥斯汀分校　经济学全额奖学金博士项目
6	丘同学	加州大学河滨分校　经济学全额奖学金博士

三. 海外硕士预科项目

在国际化师资、国际化交流平台基础上，研究院与美国威斯康星大学麦迪逊分校、美国西北大学、新加坡管理大学、美国得克萨斯农工大学、美国纽约城市大学、美国亚利桑那大学等建立海外硕士合作项目。自 2017 年招生以来，四十余名学生通过本研究院顺利申请了合作院校的经济学、金融学等硕士项目，基于在研究院扎实的经济学基础知识培养、全英文小班授课、丰富的助研助教等实践经历，预科班学员在海外名校就读硕士研究生期间很快脱颖而出，赢得了境内外专家学者的高度认可。

2018 年 6 月，首届海外硕士项目学员结营

研究院正积极开拓与热门留学目的地的高水平院校进行合作。在合作专业上，除经济学外，还积极拓展其他专业，例如会计学、金融学等。除项目解疑、文书准备、申请指导等全程保驾护航外，每年研究院会开设留学材料 DIY 讲座，由具有丰富留学材料准备经验的老师主讲，为部分学生免费修改材料，进行一对一辅导。

2019 年 11 月，研究院的留学材料 DIY 讲座现场座无虚席

自设置海外硕士项目以来，学生录取率高达 100%。交流中心成立招生小组，严格审核学生材料、组织面试、开展预科班学习、指导学生递交申请，帮助学生顺利拿到心仪学校的录取通知书。另外，还面向所有预科班学员开放助研、助教等科研机会，结合社会调查中心、乡村振兴研究院、政策研究中心的实践机会，真正做到理论与实践相结合，全方位为学生服务，也为招生工作奠定了极好的声誉。

四　扩大优质教育资源辐射

（一）开放联动："新文科经济学拔尖人才计划"

学科是科学研究的平台，也是教书育人的平台。随着院系壁垒逐渐弱化，经济学科融合发展的理念登上历史的舞台。以学科为载体进行更深入的开放和联动，暨南人口耳相传之中，"经济学科"被提及的频率也越来越高。随之而来的是，越来越多的学生享受到了这一发展红利——"新文科经济学拔尖人才计划"（以下简称"拔尖人才计划"）。

　　"拔尖人才计划"启动于 2022 年春季学期，该计划依托暨南大学经济学科高水平、国际化的师资团队和精英化的培养平台，选拔经济学院、经济与社会研究院有志于科研深造的优秀本科生进行集中培养。其目标是通过两年的集中授课学习和一对一指导下的科研实践，培养一批具有扎实经济学理论基础、具备经济学创新思维、能熟练运用实证研究方法分析与解决中国经济社会问题的优秀本科毕业生。

　　"拔尖人才计划"选拔遵循优中选优的原则。学生递交报名材料后，导师根据成绩和综合水平材料进行筛选，并通过笔试和面试考查学生的经济学基本素养、英语水平和数学能力。经过层层选拔，有 22 位学生入选首期"拔尖人才计划"，其中经济学院 14 人，经济与社会研究院 8 人。

　　"拔尖人才计划"培养共分为三期。在前两期培养中，通过周末授课，学生得以掌握文献阅读和论文写作的基本原则，并开始熟悉常用的实证分析方法（课表见表 5-4）。同时，学生通过完成作业和撰写 research proposal 等方式对授课内容进行应用与消化。在完成授课后，学生进入一对一科研实践（即第三期培养），在导师指导下将学到的方法应用于实际科研中。

表 5-4　"拔尖人才计划"课程安排（部分）

第一期课程	
主题	主讲老师
计量基础	谢斌
微观计量方法	刘诗濛
计量软件	朱宏佳
中国数据、理论与实证的结合	薄诗雨
第二期课程	
主题	主讲老师
实证资产定价简介	朱东明
劳动经济学专题	冯帅章
学生汇报 research proposal	马森、刘丛
抽样方法	薛森
经济学实证研究的思想方法	朱东明
如何做学术研究？——基于经济学实证研究的讲解	朱东明
城市与区域经济学	薄诗雨

（续上表）

第二期课程	
主题	主讲老师
信息经济学：理论	杨仁煜
信息经济学：实证	邹航
发展经济学	马森
空间计量方法	史炜
环境经济学	崔潇濛

2022 年 4 月，"拔尖人才计划"师生进行讨论

　　参加了"拔尖人才计划"的同学对项目赞不绝口："这个班囊括了经济学各个细分研究领域的老师，给予了我们足够的选择机会与探索空间去触碰不同的经济学分支。""老师们十分熟悉各领域最前沿的研究在做些什么，授课时会把最经典以及最新的文献加以引用和讲述。而我们只有了解最前沿的研究后，才可以有针对性地去打磨技能、汲取知识。""这学期我有幸认识到十多名优秀的老师。老师们不仅学术经验丰富，且讲课极具特色，带有个人独特魅力。""这里最大的教学特色是师生间有较强的互动性。在本科课堂中，咨询老师问题的角度仅局限在该学科的知识点上。而通过参与'拔尖人才计划'，我在下课或者午餐会时，可以自由地向老师探讨各式各样的问题。比如海外读研和国内读研的区别，以及讨论导师当初求学时是如何寻找导师，如何进行科研工作等，颇感受益良多。"

除了专业的课程体系外，午餐会和茶话会是"拔尖人才计划"特别设置的环节。这一制度源于"拔尖人才计划"的班主任冯帅章院长对师生交流的重视。冯帅章院长认为要达到"拔尖人才计划"的预期目标，除了精心安排授课内容外，打破师生间的隔阂也十分重要。午餐会和茶话会有别于传统授课，师生们坐在一起自由讨论、畅所欲言，导师们有机会分享自己的学术理念、学习方法和科研经历，学生也可以了解每一位导师的性格特点及研究方向。学生们表示："我最大的收获是和同学老师们产生思维的碰撞。午餐会同学们侃侃而谈，讲述自己感兴趣的研究观点，让人眼前一亮；而老师们耐心地解答，他们独到的见解引人思考。这种轻松聊天的形式也是一个知识外溢的过程，能学习到很多东西。"

（二）资源互通：精英教师助力校内课程

研究院人才培养模式特色鲜明，成效显著，随着第一届毕业生交出出色的答卷，研究院课程和培养模式开始走出院系，走向暨南园同样特色鲜明的各类人才培养平台，开启了强强联合、优势互补、多元协同创新育人的新尝试。

回应新时代对复合型人才的需求，研究院结合自身优势，开设将经济学与其他学科融合的跨学科课程，如连续五年开设本科核心课程——社会调查实践，选课人数超150人，获得学生一致好评。在此基础上，研究院面向全校本科学生开设调查专题的公共选修课，借助大型调查项目案例为学生深入讲解调查方法，将调查项目中搜集到的数据向全省高校师生开放申请，并借助研究院优质师资对其中的优秀学子进行科研指导，培养学生利用数据解答国计民生热点问题的能力。

研究院与暨南大学社会调查中心联合建设的"暨南大学社会调查实践教学基地"已取得较好的成效。该基地已获暨南大学推荐，参评2022年度广东省本科高校教学质量与教学改革工程项目，为暨南大学该类的唯一参评项目。实践教学基地共开展囊括乡村振兴、儿童早期发展、城乡发展、流动人口等主题的近10项大型调查项目，为超过2 000人次来自广东乃至全国的大学生提供社会调查实践的机会。基于专业的教师调查指导与社会实践调查经验和数据，学生科研成果丰硕，例如1篇论文以第一作者身份发表于SSCI一区期刊、1项"挑战杯"全国二等奖、2项"挑战杯"广东省一等奖、8项国家级大学生创新创业训练计划项目立项、3项广东省大学生科技创新培育专项资金重点资助等。

在研究生培养方面，研究院在课程设计和人才培养方面逐渐加强与经济学科其他院系的联动，融合程度不断加深。自2021年秋季学期开始，研究院与经济学院、产业经济研究院组成课程组，联合开设面向暨南大学经济学科博士研究生的"三高"课程，即高级微观经济学、高级宏观经济学和高级计量经济学。这三门课是核心基础课程，是后续课程和研究的基石，很大程度上决定了研究生培养的质量。"三高"课程组参照国际一流经济学科的标准进行课程设计，发挥研究院教师熟悉世界一流经济学科培养方式的优势和暨南大学经济学科的深厚实力，充分整合优势资源。以联合课程组为工作单元，研究院和经济学院将在课程设计、示范性课程打造、教材编撰等方面进行深度融合。当前，研究院由严子中老师主编，徐吉良老师、张毅老师参编的《计量经济学编程——以 Python 语言为工具》，已获校级青年教师课程教材立项。

在"三高"课程的基础上，研究生培养各环节的资源互通也取得了很大进展。自2021 年秋季学期开始，研究院开设的研究生专业和选修课程同步开放给经济学院的学生选修，举办的学术讲座也同步通知经济学院的师生。两院还联合组织博士生资格考试，以统一的标准保证人才培养的质量；联合开设"博士生学术沙龙"，以每周一期的频率，邀请经济学科的教师对学生的研究进行点评与指导，有效提高了学生工作论文（working paper）的质量。研究院与经济学院连续两年联合承办暨南大学研究生创新论坛的分论坛，鼓励学生开展具有创新性的卓越研究，让学生在热烈的交流中感受学术研究的意义与价值。

同时，研究院进一步探索与经济学院、暨南大学伯明翰大学联合学院以经济学科为载体的"三平台三课堂"融合贯通的育人模式。其成果"铸根塑魂，融合贯通：经济学人才培养三平台三课堂创建与实践"荣获第十届广东省教育教学成果奖特等奖。

（三）共谋发展：百花齐放角逐教学竞赛

本科不牢，地动山摇。"共同淘汰内容陈旧、轻松易过的'水课'，打造有深度、有挑战的'金课'"是研究院与经济学院共同的发展目标。自 2020 年开始，以经济学科为载体举办教师教学大赛已经成为研究院与经济学院的常规性工作。

经济学院的教师们教学经验丰富，面对的学生情况更加复杂多样，在课堂摸爬滚打多年，对课堂的把控游刃有余；而研究院的教师们大多初入课堂，理念国际化，教学方式新颖。因此，两院合办教学竞赛就是创造平台，营造良好的沟通和竞争氛围，让新老教师、两院青年教师得以进行教学交流，互通经验和理念，加强新老教师在教学领域互相学习。参赛教师之间互相切磋之余，能够取长补短，去芜存菁，共同进步。比赛的资深评委从教学设计、教学展现、课堂布置等各个角度，对青年教师进行全方位、多层次、深路径的指导和培训，通过中肯的点评达到以老带新、以新促优、以评促教、以赛促教的目标。

剑磨始成器，在两院合力推进经济学科教育高质量发展的过程中，教师培育领域渐结硕果。2022 年，研究院陈思宇老师在两院教学竞赛选拔赛中拔得头筹，被推荐进入校内选拔赛，并顺利获得广东省第六届高校青年教师教学大赛省赛的推荐参赛名额。参赛期间，两院教师团队积极交流教学经验，发挥团队优势，支持和协助陈思宇积极备战省赛，最终陈思宇获得广东省第六届高校（本科）青年教师教学大赛一等奖的佳绩。同年，研究院与暨南大学经济学院以"献礼党的二十大，培根铸魂育新人"为主题，

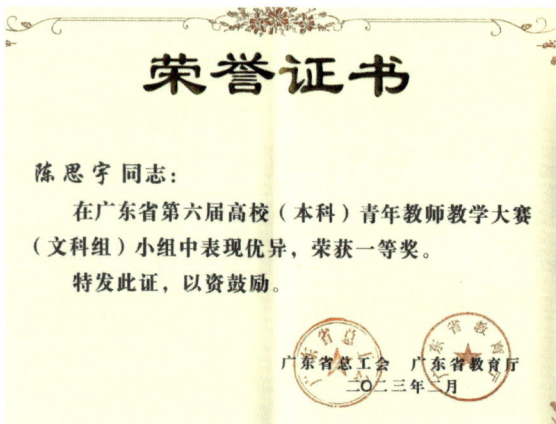

2022 年，陈思宇老师获得广东省第六届高校（本科）青年教师教学大赛一等奖

成功举办了 2022 年度教师本科教学竞赛暨课程思政大赛。最终，研究院副教授刘丛、薛森获本科课程教学竞赛二等奖，副教授王曦获新任教师教学竞赛二等奖，助理教授李绍腾、郑立荣获新任教师教学竞赛三等奖，李绍腾获课程思政大赛优秀奖。这些成绩佐证了两院资源互通、合力培优是促进教学高质量发展的可行之路，良好的沟通和竞争氛围可以有效调动教师们的积极性和协调性，让其在交流与竞争中百花齐放，踊跃提升自我，创造教学佳绩。

第六章

全媒联动强劲声势，擦亮商科金字招牌

研究院是暨南大学为建设高水平大学、推行经济学教育科研国际化而设立的教学科研机构，致力于打造国内一流的应用经济学学科，开展大型社会调查项目，进行国际水准的学术研究，提供高质量本科生及研究生教育，建设高水平智库。作为暨南大学综合改革示范区，研究院在科研、教学、调查、智库等方面开展了诸多具有极强创新性的举措与尝试，这些探索一方面需要研究院不断去梳理、复盘与总结；另一方面也应该为海内外广大师生与同行所了解。基于此，研究院自建院伊始便高度重视宣传领域的各项工作，确立了以教学和科研为中心的宣传工作目标，建立具有明确功能定位的宣传队伍，确立宣传规范，实现对内、对外两手抓，以鲜明、多样、有针对性的优质内容培育广泛、深刻、高价值的暨南商科教研品牌认知。

宣传战略制定上，研究院坚持正确的政治方向、舆论导向和价值取向，在了解受众的基础上，营造良好、正面的思想氛围，做好师生思想的动态引导，发掘研究院教学和科研的亮点，讲好研究院立德树人的故事，传播好暨南声音，展示真实、立体、生机勃勃的研究院形象。

传播媒介选择上，研究院在学院官方网站的基础上着力打造了微信公众号、微博等新媒体传播矩阵，应用文字、图片、视频等多样化传播手段和产品，向广大师生、社会各界展示研究院的各项发展成就。近两年，紧随互联网内容传播风向与渠道偏向的新变化，研究院积极开拓短视频媒体传播领域，先后开通视频号和哔哩哔哩网站账号，以更生动直观的形式展示研究院在学术交流、调研实践等方面的动态与成果。

研究院积极利用全媒体矩阵优势，联动校内校外媒体，聚焦研究院"顶天立地"品牌形象，策划成体系、专题化的系列报道，及时、高质量宣传研究院学术研究、人才培养的工作动态、阶段成效和亮点特色，树立了研究院"用一流师资培养一流学生""做国际一流水准的中国问题研究""用数据说话对接政策需求"等形象，极大提升研究院乃至暨南大学的社会影响力。

此外，研究院借助中央、省市主流媒体，以及各类门户网站、聚合类平台、社交媒体，对各项工作的突出表现和优异成绩进行了社会报道，以文字、图片、音频、视频等多种形式形塑研究院形象。如在研究院宣传工作推动下，央视、《环球时报》、环球网、新华网、人民网等权威媒体报道研究院教师邱笋、史炜与美国学者联合完成的抗疫研究成果，充分展现了研究院基于学术研究的政策支撑、舆论引导等作用。又如研究院多年深耕留守儿童研究，持续在四川省绵竹市开展调查项目，研究院关于流动儿童与教育的研究获国务院内参《国是咨询》杂志"聚焦新刚需"栏目刊发专题报道：《公办还是民办？流动儿童义务教育阶段的选择》《新时代流动儿童教育问题的新挑战》。从相关数据看，报道持续展示研究院在各项工作中的特色、经验与成效，有效提升了研究院及暨南大学的媒体声誉和社会影响力。

在研究院成立三周年之际，《南方日报》曾以"暨南大学经济与社会研究院成立 3 年助推学校经济学科跻身全国前列——在南粤大地打造国际一流的应用经济学科"为标题整版专题报道了研究院在人才培养、师资建设、学科发展、社会调查、政策智库方面的成果和突破，涵盖专题报道、人物专访、数读等多样化的报道形式，立体丰富地展现了研究院在各方面的示范建设成效。

结合研究院的国际化特色，为配合丰富的国际交流活动，研究院高度重视外文网站、脸书（Facebook）和推特（Twitter）等对外平台的开发与维护，安排专人负责内容的更新和互动，极大地加强了研究院与海外学术机构和专家学者的联系。相关外文平台的时效性、互动性、专业性经常受到海外学者的好评和点赞，成为研究院向世界讲好中国故事的一扇窗口。

研究院能够在短短几年时间内得到海内外专家、同行的高度认可并快速实现学界与社会影响力双提升，离不开宣传团队在品牌塑造方面所作出的努力。在过去几年中，研究院的宣传工作制度流程逐渐完善，产品策划不断增多，传播手段越发丰富，已经打造出一套相对成熟的宣传体系。这些积累既是研究院重要的无形资产，同时也可以为兄弟院系结合自身特点进一步开拓宣传工作提供借鉴。

制度保障

自建院伊始，研究院便十分重视宣传团队的组建，根据研究院教师教学、科研实力、学术交流、调查实践、智库研究、学生深造等工作模块，逐步明确团队分工和流程规范。依托研究院各方面的成长，考虑年轻师生的信息需求，宣传团队深挖各项工作中的典型和细节，创造诸如推送、H5、短视频、表情包等传播品，并通过新媒体传播矩阵和海外社交媒体形成广泛传播，提升研究院的知名度和美誉度，促进研究院各项工作的对外交流和提升。研究院宣传工作成绩已成为研究院的一张闪亮名片，这与研究院组建了高素质宣传团队、制定了规范的工作流程密不可分。

（一）组建专业宣传团队

研究院成立时即招聘专职宣传秘书负责宣传工作。随着研究院各项工作快速推进，多个调查项目、学术会议接踵而至，宣传工作的任务更加艰巨，对宣传工作的质量要求也随之提高，研究院逐步扩充了宣传团队。目前，研究院形成了以宣传工作秘书、外事工作秘书、设计专员、视频专员等为成员的专业宣传团队，由院长助理具体领导宣传工作，并建立常态化的宣传工作联席会议制度，共同讨论研究院近期宣传规划，部署工作安排。

目前，研究院所有的线下纸质宣传物料、线上数字宣传资料、宣传视频已基本实现由研究院宣传团队自主构思设计概念并完成制作。由熟悉研究院情况的宣传团队不断磨合、创新，一方面可以大大节省对外沟通成本及制作成本，另一方面可以制作出更适用于研究院不同项目的宣传传播产品。宣传团队积累了大量的设计素材和视觉设计经验，现已构建适用于研究院宣传工作的视觉设计基础素材库，为日后宣传工作提供了便利和更多的选择，大大提高了对外传播工作的效率和质量。

（二）制定规范工作流程

在发展过程中，研究院在宣传工作上更加重视流程的规范化和专业化，并加强了对各项宣传工作的总结和提升。宣传团队参照各大专业媒体编辑部的操作守则，进一步制定了学术活动策划流程模板、重大活动合影拍照规范、图片处理规范、人名头衔使用规范、消息源引用规范、各种对外传播品设计规范、内容编排规范、微信微博内容栏目设置、智库内容生产机制、审核流程、存档规范等。

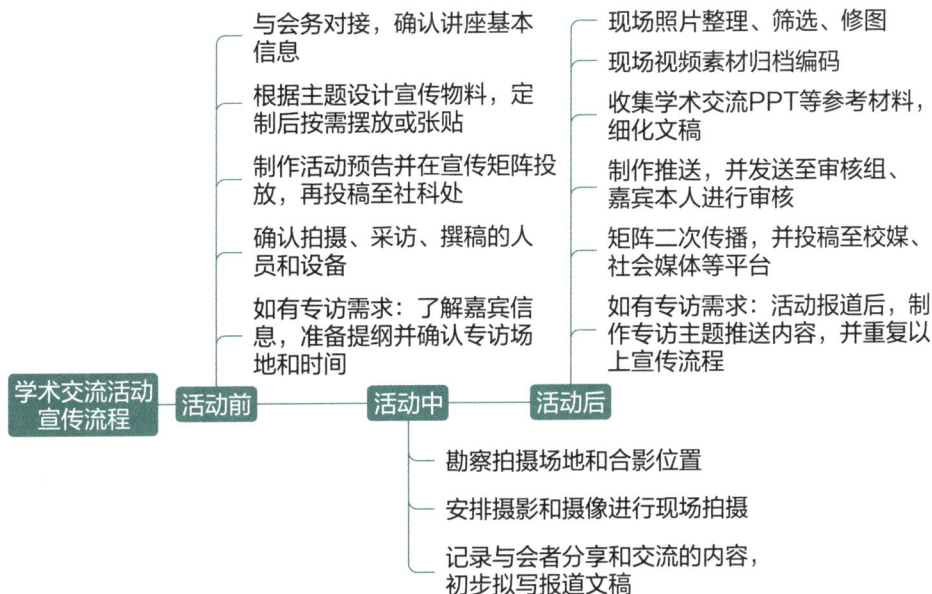

研究院学术交流活动宣传流程图

此外，宣传团队针对调查项目的开展还制定了一套相应的宣传规则。一个完整的项目大致会经历筹备期、预调查、实地执行、质控与录入等阶段，每个阶段的宣传对象和宣传要求都不同，针对项目的特色和需求，宣传团队会制订项目宣传计划，其中包括需求分析、推送排版规范与发布的计划、素材整理规范、摄影的注意事项、样本信息保护、通用选题（如拒访、收获、沟通技巧等），做到在收集素材、组稿、配图、排版、审核等工作过程中有规可循。广东千村调查宣传工作流程如表 6-1 所示。

表 6-1　广东千村调查宣传工作流程

筹备期 （4—6 月）	1. 确认项目宣传节点和需求，确定项目宣传风格和口号
	2. 策划预热活动，配合项目招募制作宣传内容（2021 年口号征集、2022 年方言征题答题）
	3. 宣传物料设计，与商家沟通定制需求（包括活动开班仪式和入村访问所用物资）
	4. 多轮预调查跟访拍摄和报道，整理素材
	5. 物料设计与制作外包（技术难度较大，需跟进沟通与反馈），如调查实录排版印刷、App UI 界面优化
	6. 拍摄记录、协助项目物资分装、开班筹备等环节工作
	7. 招募宣传实习生并进行宣传技能培训
	8. 整理相关材料，申报各级三下乡或乡村振兴活动团队
培训期 （7 月上旬）	1. 草拟开班仪式领导致辞
	2. 调试直播、拍摄设备，布置活动场地
	3. 拍摄培训活动、截图直播（含师生大合影拍摄），整理、筛选、处理图像素材
	4. 针对访问员作宣传征稿说明
	5. 挑选学生进行出发前采访，拍摄视频素材
执行期 （7 月中旬—8 月中旬）	1. 收集、整理学生投稿，筛选合适素材，并记录投稿数据
	2. 实地跟访拍摄、采访
	3. 根据素材整合编辑专题稿件，指导学生拟写调查手记
	4. 核查员专场采访，并拍摄核查工作图像素材
	5. 监测舆论渠道（微信公众号、哔哩哔哩、知乎、微博等），审核访问员自制传播图文、视频作品
	6. 调查队伍交接采访，拍摄素材并整理文字内容
	7. 根据素材剪辑短视频并投放

（续上表）

收尾期 **（8月中旬—9月中旬）**	1. 评选宣传积极获奖队伍
	2. 整理素材，剪辑项目开展回顾影片
	3. 协助筹备表彰大会，准备物料、直播设备、致辞稿等
	4. 拍摄表彰活动，拟写制作推送报道
	5. 整理分类项目全部素材，整理调查实录图书材料和更新项目宣传片内容

同时，随着研究院微信视频号、哔哩哔哩等平台开通，宣传团队也制定了短视频传播的标准化流程。视频制作包括：前期制片策划、中期拍摄制作，后期宣传运营三大版块。其中前期制片策划包括：对接制片需求；开发创意策划案；撰写分镜头脚本；拟订拍摄计划，包括联系拍摄对象和确定拍摄场地。中期拍摄制作包括：影片拍摄；按照原国家广播电影电视总局《影片素材档案管理办法》的要求对素材进行整理编码归档；剪辑视频。后期宣传运营包括：宣传发行，包括线上发行和线下发行两部分，线上发行主要为新媒体平台，包括微信视频号、微信公众号、哔哩哔哩和学习强国，线下发行主要是在学术活动上播放等。

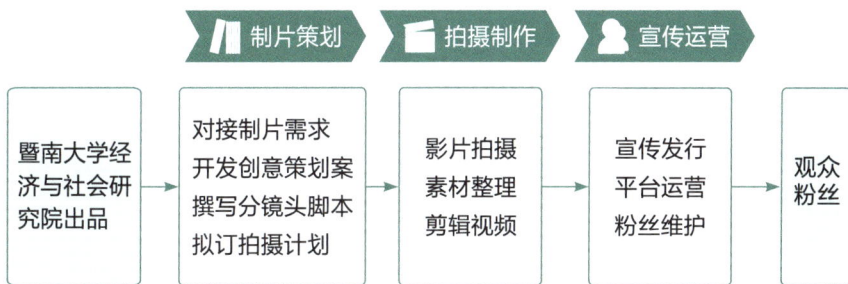

研究院宣传团队视频制作流程图

二 特色亮点

（一）打造媒体传播矩阵

随着全媒体时代的到来，媒体格局、传播方式都发生了深刻变化，研究院整合官方网站、微信公众号、微博、视频号、海外社交媒体等新媒体资源，打造新媒体传播矩阵。随着研究院对外传播范围的不断扩大，对外影响力与日俱增，研究院传播品的种类也在不断地推陈出新。从线下的纸质宣传材料、线上的电子海报、虚拟背景到专题活动、会议宣传品，宣传团队针对研究院元素制作了一系列用于对外传播的视觉设计产品。

1. 微信公众号平台

研究院目前有五大微信公众号（见表 6-2），均有专职运营人员，每篇推文均经过研究院领导班子审核，公众号针对不同用户群体，发布精准有效的资讯内容。

表 6-2　研究院五大微信公众号基本情况

序号	名称	开通时间	平台定位	发布内容	粉丝数	总阅读量
1	暨南大学经济与社会研究院	2016.4	研究院官方微信公众号	研究院科研成果、招生招聘、学生活动、学术活动、对外交流	1.3 万 +	100 万 +
2	暨南大学社会调查中心	2018.4	调查中心官方公众号	调查项目访问员招聘、项目执行情况、特色讲座	6 000+	40 万 +
3	黄埔大道西观点	2017.3	研究院智库官方公众号	研究院老师的思想、观察、调查手记	3 400+	20 万 +
4	暨南大学乡村振兴研究院	2021.3	乡村振兴研究院官方微信公众号	乡村振兴研究院最新动态、研究成果、调研调查、学术活动	3 200+	6 万 +
5	暨大 IESR 发展与交流中心	2017.3	发展与交流中心官方公众号	留学项目、培训项目资讯	600+	1 万 +

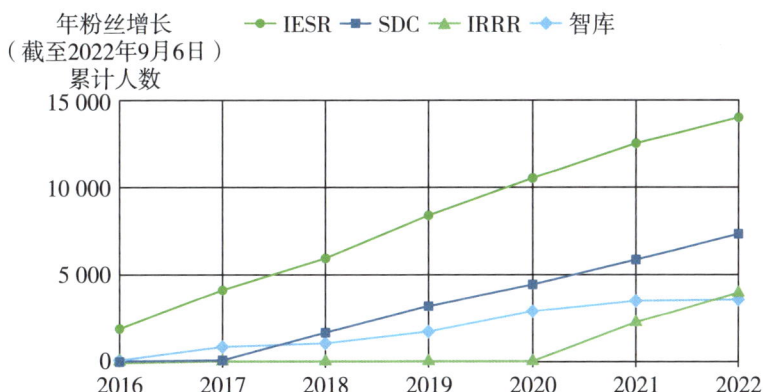

研究院各公众号 2016—2022 年粉丝增长趋势

其中研究院官方微信公众号"暨南大学经济与社会研究院"是研究院对外传播学术资讯、提升学术形象最集中的窗口，也是研究院新媒体矩阵的中心。该公众号共推送 1 200 余篇推文，累计阅读量突破百万次，平均每篇推文阅读量近 800，更新频率为日更。暨南大学经济与社会研究院官方微信公众号 2022 年 4—10 月在暨南大学 200 余个登记备案的微信公众号中排名前 5%，尤其在 5—7 月表现亮眼，连续 3 个月进入暨南大学校园新媒体排行榜前十，在暨南大学新媒体联盟第一次理事会会议上被点名表扬。

研究院公众号在暨南大学校园新媒体排行榜中连续 3 个月荣登榜单十强
（图为 2022 年 5—7 月排名情况）

2. 研究院官方网站

研究院官方网站（网址：https: //iesr.jnu.edu.cn/）由宣传专职人员负责运营更新，同步更新各微信公众号发布的图文消息。自成立以来几经改版，目前官方网站栏目齐全，内容丰富，发布及时，作为对外门户，在宣传传播工作中扮演重要角色。研究院成立以来所有的要闻、科研成果、项目课题、学术会议、学术讲座、短期课程、学生活动、人物采访等都被官网收录。尤其在教师招聘期间，在国外的申请人员主要通过官方网站了解研究院。

同时，研究院三大职能中心与五大研究中心分别建立了各自的子网站，子网站统一通过官网链接进入，官方网站体现了整体性，几大子网站则增加了内容的深度和专业性。尤其是研究院社会调查中心官网除了推进日常更新、运营和维护常态化工作之外，还调整网站结构，新增数据建设模块，逐步将中心的微观数据库推广和开放使用，并规范网站管理，切实做到去冗余、专业化和高效运转。

研究院中文版官方网站首页

研究院英文版官方网站则在与中文版官方网站内容、栏目相契合的基础上，又凸显了学院对外国际化传播的目标，参考了哈佛大学、芝加哥大学、麻省理工学院等顶级名校经济学院的栏目设置与风格搭配，针对国外受众进行了设计与内容编排的更新。

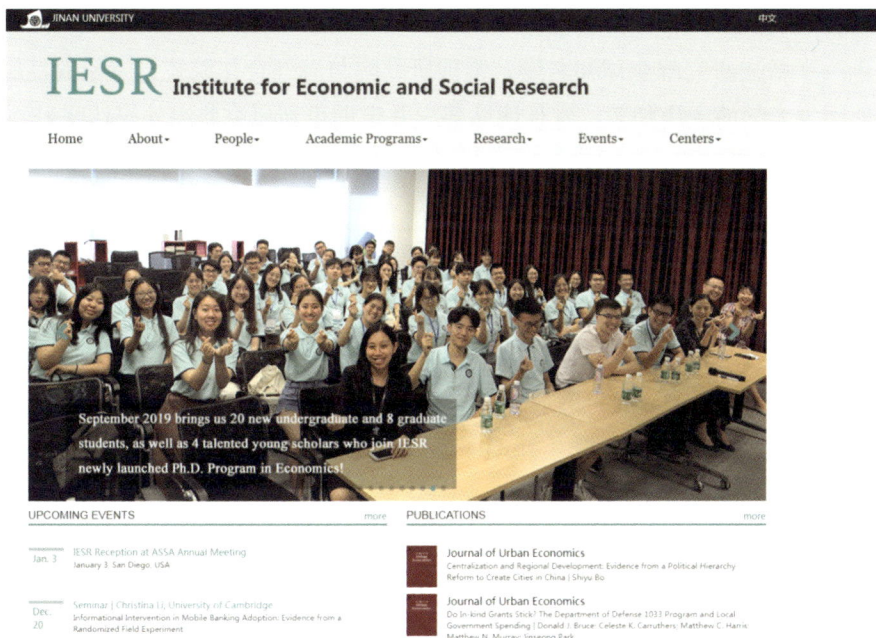

研究院英文版官方网站首页

3. 研究院官方微博

研究院于 2016 年 4 月申请开通官方微博账号"暨南大学经济与社会研究院"，并通过"加 V"认证，官方微博正式成为研究院在微博上的宣传平台。结合近年来微博的生态与整体活跃度，研究院未将官方微博定位为主要宣传平台，官方微博在功能上以发布学术活动预告、学术研究成果、招生招聘信息为主，对微信公众号与官方网站起辅助传播的作用。截至 2022 年，官方微博粉丝数超千人，发布近 900 条微博，平均阅读量超 2 000 次。

研究院官方微博

4. 海外社交媒体

为进一步增强研究院全球知名度，维护研究院与海外合作院校、专家的良好关系，吸引海外顶尖大学博士生加盟，宣传团队建立并定期更新研究院海外媒体账号。

（1）脸书（Facebook）、推特（Twitter）两个对外平台主要强调互动性、时效性与生活性。除了同步发布在官网的相关信息，平台还会与拥有相应平台账号的海外学者积极互动。例如，海外学者受邀参与研究院讲座或学术活动，研究院账号会在活动前、活动中、活动后的推文中提及相应嘉宾。不少嘉宾也因此转发研究院的推文，从而增强与合作专家的联系，同时通过海外专家的转发、点赞增加曝光度，达到提高知名度的效果。此外，两类账号还会加强图文信息的发布，不限于严肃类学术内容，同时增加研究院多样化教职工活动、学生活动、学院景色等推文。一方面，发布视觉元素有利于引流并加大关注度；另一方面，多样化的推文内容有助于打造研究院积极向上、注重工作生活平衡的形象，进而吸引潜在求职者与合作者。

（2）领英（LinkedIn）主要强调人脉网搭建与求职信息发布。研究院建立了领英官方主页，及时更新动态，并邀请研究院教师、校友关注，从而建立研究院全球网络，增加归属感。领英平台的建立也将成为研究院未来校友工作的一个有力抓手。此外，研究院每次在招聘行政工作者与教师时，也会通过领英发布相应招聘启事，扩大宣传渠道，吸引更多人才加盟。

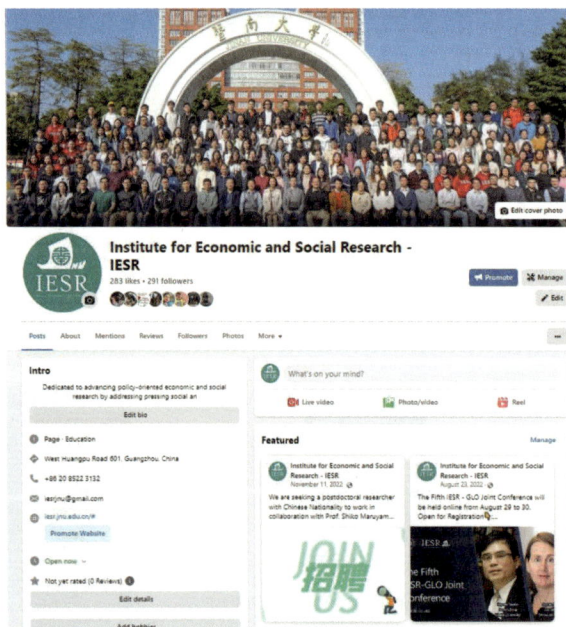

研究院 Facebook 官方主页

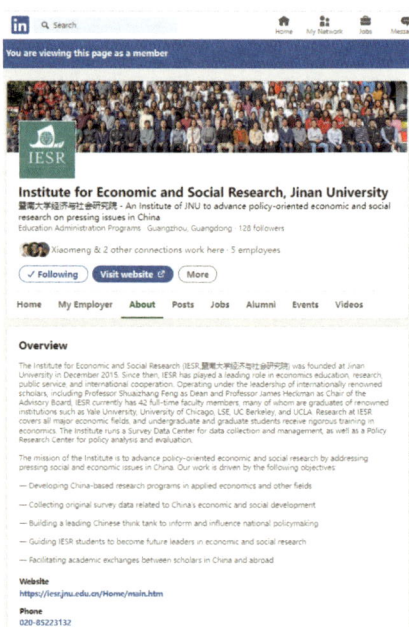

研究院 LinkedIn 主页

5. 短视频平台

文字、图片、视频这三种形式中，视频对人的视觉和大脑感官冲击力是最大的。不同于传统学院以文字、图片为主的宣传模式，研究院积极制作各类宣传视频，助力打造研究院品牌形象。近年来，微信视频号、抖音、哔哩哔哩等短视频迅猛发展，并在短期内获得了大流量。顺应新的传播需求和新的传播媒介，研究院也创新探索视频传播领域，开辟如短视频平台等以动态形式传播研究成果的新路径。

目前，研究院主要运营维护微信视频号"暨南—乡村振兴"和哔哩哔哩账号"暨南大学 IESR"两个平台，包括申请平台官方认证、上传视频、了解平台运营规则、参与平台活动等。研究院共产出了六大类视频，包括智库访谈节目、宣传片、专题片、新媒体纪录片、新闻资讯短片、剧情短片。其中，智库访谈节目包括 10 期《暨南乡村谈》，聚焦乡村振兴话题，进行深入浅出的解读和阐述，致力于让更多人了解乡村振兴，讲好中国乡村振兴故事。

研究院各类视频产品

（二）创新多样传播产品

1. 研究院中英文宣传册

研究院成立七年以来，宣传册不断记录和梳理研究院的重大工作和研究成果，成为研究院提升对外形象的桥梁，在对外重大活动举办时输出研究院的学术成果与影响力。除了制作中文宣传册，研究院为了适应大量国际交流需要、吸引国外优秀人才，每年设计制作英文宣传册，在举办国际会议、海外招聘时使用。

2. 研究院季度刊物、每月通讯（Newsletter）

自 2017 年起，研究院每 3 个月即出版一期季度刊物，季刊本着内容翔实、分类清晰、角度全面的原则，完整记录研究院学术活动、科研成果、学生培养、对外交流、社会调查、智库成果等。季刊制作完成后，将通过邮寄方式寄送给学校领导及与研究院联系密切的国内官方机构负责人。每月通讯（Newsletter）则是关于研究院的英文月度资讯电子报刊，通过电子邮件发送给来访或参加过研究院学术活动的国外专家学者。此外，研究院也会在节日来临之际通过电子邮件给专家学者发送节日问候等，以维持良好联系。

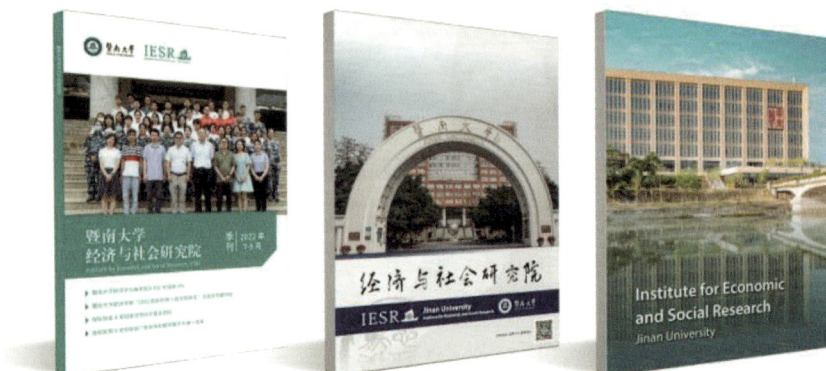

研究院各类宣传刊物

3. 本硕博项目招生宣传材料

在本科经济学（国际化创新班）宣传工作中，研究院设计制作了招生专题宣传册，详细介绍了创新班的师资水平、课程设置、招生简章等内容。每逢新生入学，研究院还会有针对性地设计制作学生以及家长手册，内容涵盖了大学学习与生活的方方面面，让新生提前了解大学生活和研究院，帮助学生快速适应新的大学生活。在研究院进行硕士、优秀博士招生项目时，也设计制作了项目专题宣传册，便于项目申请者更好地了解研究院的项目特色。

研究院招生宣传册

4. 研究院各下设机构宣传材料

随着研究院下设三大职能中心、五大研究中心的运作日渐成熟，每个机构都需要能凸显职能和特点、有针对性的对外传播品，为此，宣传团队不断更新并完善各中心宣传资料的架构和文字内容，并进行了专业的视觉设计和制作。

研究院各下设机构宣传材料

5. 学术活动宣传物料

自成立以来，研究院举办了 300 余场学术活动，宣传团队对活动中所使用到的大型背景主视觉画面、活动海报、会议手册、胸牌等内容进行设计制作，扩大研究院影响力，让来访嘉宾感受全方位的研究院元素。

研究院电子宣传素材

6. 研究院文化品、办公辅助材料

宣传团队设计制作研究院文化产品，如研究院运动会服装、研究院 Logo 文创产品、研究院移动端主视觉画面等，同时还有一系列办公辅助材料，如研究院名片、会议演讲模板、入职手册、门牌、邀请函、信纸、证书等。不断完善统一研究院视觉识别系统，丰富研究院文化载体。

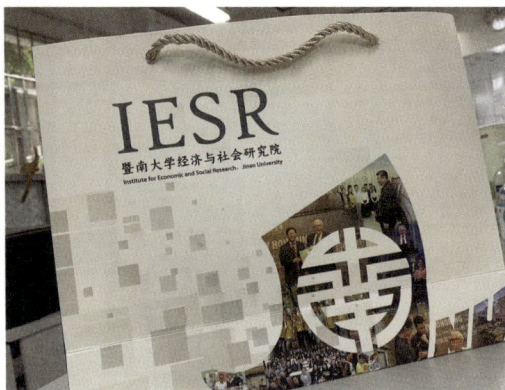

研究院手提袋

7. IP 形象设计

宣传团队深入挖掘广东千村调查 IP 形象"小村村"的传播价值，通过设计动态表情包、定制印有项目 IP 形象的调查物资和礼品，维护项目组与访问员和受访者样本的关系，并借由生动活泼的代表形象迅速获得学生和受访者的信任和认可，助推项目顺利执行，并扩大了调查项目的传播度和知名度。

2022 年 7 月，学生核查员与研究院广东千村调查项目 IP 形象"小村村"合影

（三）注重策划专题报道

宣传团队十分注重策划和包装研究院的各类活动，每逢重大活动、重要事件、关键时间节点，宣传团队都会事先进行策划，撰写策划流程。以下为研究院宣传团队曾经策划的较为成功且影响力较大的具体案例。

1. 针对诺贝尔奖大师的追踪式全景式报道

诺贝尔奖大师来暨大，这对于暨大师生来说是一场知识的盛宴。2000 年诺贝尔经济学奖得主 James J. Heckman 教授自 2016 年担任研究院顾问委员会主席以来，曾先后 5 次来访暨南大学进行学术交流，并与研究院师生合作开展调查项目。他的到来对提升研究院知名度、打造品牌形象发挥了关键的作用，而且"诺贝尔经济学奖得主"这一要素本身就具有极大的新闻价值，因此，宣传团队对 Heckman 教授的每一次来访都进行了详细的策划，最大化利用这一新闻资源。除了报道公开讲座内容和消息外，研究院策划多次"与诺奖大师面对面"活动，号召暨大学生以在微信公众号后台向 Heckman 教授留言的形式，获得面对面向他提问并进行交流的机会。此举既能增加微信公众号的粉丝量、阅读量，又能将高大上的学术活动与学生"接地气"地连接起来。据统计，研究院公众号所发布的与诺贝尔奖大师 Heckman 教授相关的报道和推送共达 190 余条。

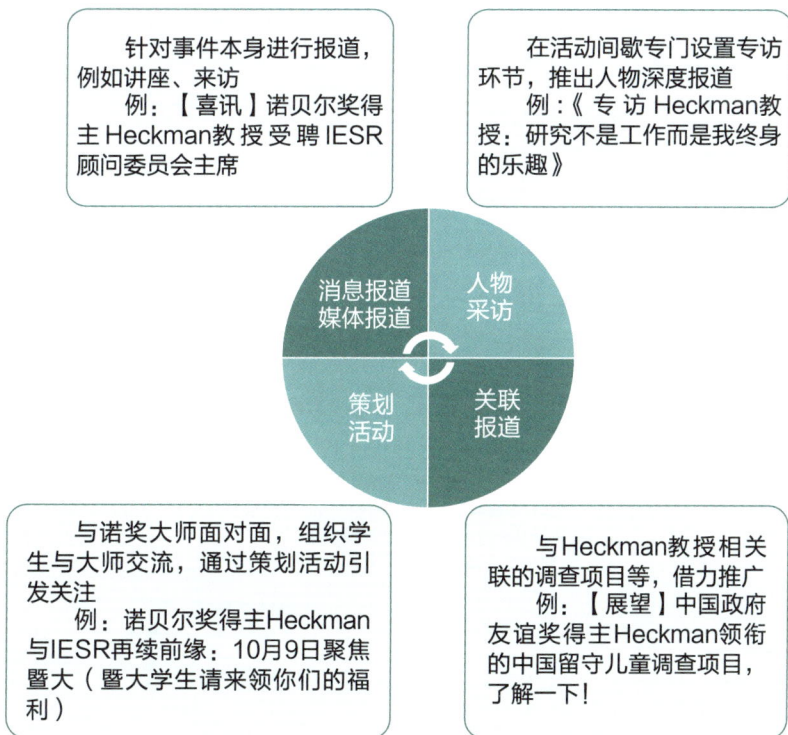

针对诺贝尔奖大师来访策划的全景式报道模式

2016 年 10 月，在 James J. Heckman 教授敦聘仪式上，暨南大学学子与诺贝尔奖大师面对面交流

特别是在 2019 年，Heckman 教授因在中国留守儿童早期教育及中美高水平人才交流合作等方面做出的杰出贡献，被授予 2019 年度中国政府友谊奖。他在获奖感言中特别提到了与暨南大学学者合作的调查研究，研究院宣传团队紧跟当天新闻报道，在央视新闻报道播出之后立即进行新闻推送，并提前梳理了 Heckman 教授与研究院的合作情况，结合 Heckman 教授与研究院合作的调查项目，连续推出了系列报道：《我院顾问委员会主席、诺贝尔奖获得者赫克曼教授获中国政府友谊奖》《中国政府友谊奖获得者赫克曼在颁奖仪式上的获奖感言》《中国政府友谊奖得主赫克曼领衔的中国留守儿童调查项目，了解一下！》。利用重大新闻事件的关键节点，研究院又一次给大家留下了深刻的印象：研究院拥有超一流的国际学术资源，是一所名副其实的国际化研究机构。值得一提的是，Heckman 教授获奖报道还进一步通过暨南大学官方微信公众号得到广泛传播，获得了 5 万余次阅读量，被评为 2019 年度暨南大学"优秀新闻作品"。

研究院宣传作品获奖证书

2. 系列人物专访：IESR 人物和名师零距离

　　研究院引进一流人才，做对标国际水准的学术研究，培养一流的学生。因此，宣传工作也紧密围绕"国际化"的品牌形象开展。首先，"国际化"体现在国际化的师资，研究院自成立以来就从美国人才市场招聘，宣传针对招聘，并对当年引进的人才进行详细报道，开辟"IESR 人物"专栏，先后采访了 30 余位受聘的海归老师。他们分享自身的求学经历、研究计划、与研究院的故事等，加深外界对研究院是以海归师资为主的国际化学术科研机构的印象。充满个性和人情味的专访文章在朋友圈得到同行和学生的广泛转发和传播，迅速提升了研究院在青年学者中的知名度。

助理教授韩昱洁：政策研究与学术研究相辅相成
2020-05-27
韩昱洁认为政策研究关注的内容往往是学术研究灵感的来源。

IESR助理教授苏应俊：在现实和理论之间搭建一座桥梁
2020-05-18
近日，苏应俊的合作论文被国际权威经济学期刊Review of Economics and Statistics接受发表。

专访邱筠、史炜：用科学的研究记录这场无硝烟的战争
2020-04-21
前事不忘后事之师也，一场大灾难中每个个体要如何度过？我要回答自己这个问题。所以为了不轻易忘记它，我要做一些事情帮助大家一起记住它。"

助理教授陈思宇：用匠心浇灌自己的每一篇科研成果
2020-03-23
陈思宇希望自己能够保持足够专注与耐心，不断学习，深入沉淀，最终能够成为一个领域中的专家，用科学的观点帮助周围的人。

研究院全职教师专访系列报道（部分）

　　研究院的"国际化"同时体现在频繁举办的国际一流的学术活动上。针对大型国际学术会议、重大新闻事件，宣传团队均会进行前期活动宣传预热、活动报道，对参与活动的学术大咖进行采访，并开办了"名师零距离"专栏，针对来访研究院的知名教授进行采访。这些对学术界知名教授的专访探讨了被访者的学术生涯、治学之道、对研究院的评价与期待等。这样的文章一方面为广大师生提供了深度了解学术大师的机会；另一方面也借此机会让学术界知名学者为研究院"站台"，通过他们在学术界的权威声音和影响力，助力研究院在短时间内在国内外经济学界崭露头角。值得一提的是，部分专访是研究院或者暨南大学的学生参与完成的，例如《向诺奖大师提问是怎样一种体验？——James J. Heckman 教授与学生代表交流全纪录》，这样珍贵的体验着实对学生有很大的吸引力，研究院也迅速在学生口耳相传中获得了更高的知名度。

名师零距离

Loren Brandt: 我更重视深入了解复杂现象的内在机理

2017-08-31

Loren Brandt 是多伦多大学经济系教授，专门研究中国经济问题的专家。

Russell Cooper: Believe in your work just do it

2016-08-25

有这样一位经济学教授，他曾放弃为诺奖得主做助研的机会，还说人家的工作"不怎么样"。他曾两次改变研究方向，经历了做实证研究、做理论研究以及做理论与实证相结合研究的过程，并最终选择动态经济学作为"真爱"，…

胡颖尧："赖床时思维最活跃"

2016-07-11

胡颖尧，现任美国约翰·霍普金斯大学经济系教授，德国劳动研究所（IZA）研究员，暨南大学讲座教授。曾任美国德克萨斯大学奥斯汀分校经济系助理教授，美国哈佛大学经济系、马里兰大学帕克分校经济系访问学者。

Lefgren教授的"穿越"之旅——美国杨百翰大学Lars J. Lefgren教授广州行全纪录

2016-06-04

2016年5月，美国杨百翰大学Lars J. Lefgren教授应邀对暨南大学经济与社会研究院（IESR）进行了为期三天的访问交流。

向诺奖大师提问是怎样一种体验？——James J. Heckman教授与学生代表交流全纪录

2016-03-29

Check that ego at the do——不要过于尊重而失去了主见。"这是Heckman教授送给每位勇敢探索学术问题的同学的勉励之言。

研究院"名师零距离"系列采访报道（部分）

《向诺奖大师提问是怎样一种体验？——James J. Heckman 教授与学生代表交流全纪录》、《Lefgren 教授的"穿越"之旅——美国杨百翰大学 Lars J. Lefgren 教授广州行全纪录》、《胡颖尧："赖床时思维最活跃"》、"Russell Cooper: Believe in your work and just do it" 等文章在师生的朋友圈中广泛流传，让广大师生和科研工作者们深切感受到"研究院有一流的国际交流平台"！

3. 围绕国际化办学开展的系列策划报道

研究院从 2016 年开始进行本硕招生，借鉴国际一流高校经济系培养模式开创了本科项目"经济学（国际化创新班）"。围绕研究院国际化的培养模式，宣传团队在过去 6 年多，持续进行各类报道和宣传。2017 年上半年，在正式开设创新班时，宣传团队及时在校报上推出《创新班：打造经济学教育的"黄埔军校"》报道，为首届招生造势；同年下半年，随着本科生、研究生招生与教学步入正轨，研究院又将教学方面的特色制度总结为深度报道《一切为了学生——经济与社会研究院教学实践侧记》，并在校报上刊登；2018 年，5 位同学赴境外知名高校如芝加哥大学、加州大学伯克利分校等交流访问，他们在顶级学府的见闻与生活成为研究院坚定"国际化培养模式"的脚注，因此宣传团队策划了两期"在世界顶级学府芝加哥大学访学是怎样的体验？""终于知道 IESR 为什么坚持国际化培养模式！"活动，进一步向学生推广研究院对标国际一流学府的培养模式，传递致力于将更多优秀的学子送到顶级学府深造的信心。

同时，宣传团队开办"学子风采"专栏，对每年的优秀毕业生及获奖学子进行人物采访，报道注重细节挖掘，努力使典型人物"去光环化"。在采访和报道中，用生动的细节来丰满典型人物的血肉，用富有人情味的讲述拉近与受众的距离。这更有利于学生学习典型，将动力内化为自觉行动，进而促生更多典型。目前，研究院已采写过 20 余篇优秀学子专访，平均阅读量达 2 000 以上，取得了良好的宣传效果。

暨南大学校报刊登创新班专题报道

4. 广东千村调查专题报道

广东千村调查是研究院从 2018 年起每年都开展的追踪调查，社会调查中心、政策研究中心以及乡村振兴研究院悉数参与其中，是一个集社会调查、政策研究、学生实践、思政教育多项新闻点的事件。从 2018 年至 2022 年，连续五年宣传工作的重心之一都是广东千村调查。该调查每年的宣传周期都较长，一般会从 4 月前后持续到年底。

筹备期宣传：广东千村调查在每年的 7—8 月开展，过程中需要大量学生访问员，因此，每年的宣传工作从 4 月就着手筹备。从招募访问员、物资筹备、预调查，几乎有闻必报。同时，宣传团队着手联系媒体资源，策划每年广东千村调查的新闻点，向记者推广该调查。

培训期宣传：广东千村调查分为 5 个片区，共 30 支调查队伍，是一个有非常多新闻素材的事件。在培训阶段，团队制定详细的宣传培训手册，列明宣传素材征集要求和投稿渠道等，安排学生访问员进行关于拍照、写作的专题培训，帮助调查初期宣传工作正常顺利开展。在培训阶段，同步邀请媒体进行报道。

执行期宣传：在实地执行期，学生以调查任务为重，宣传团队早期跟访队伍进行采访和拍摄，收集前期宣传内容，中期主要以学生访问员收集的素材为主进行推送，同时引导学生加强宣传意识，鼓励投稿等。执行期即将结束时，特别关注项目回校交接的第一支队伍，这是一个非常有仪式感的节点。在 2020 年的广东千村调查中，广东电视台也进行了为期 2 天的跟访和跟拍，并在南方电视台上进行专题报道播出。

后期宣传：在执行期结束后，宣传团队主要以深度采访等形式采集学生的调查体验和乡村见闻，宣传团队通过推送直观地展示访问员在实地中的所思所感，也为每年的访问实录书籍作素材准备。

报告发布期：每年的年底，当年的广东千村调查研究报告都会以一定形式发布，例如研讨会形式的发布会，类似活动都会通过公众号、网站进行推送。与此同时，宣传团队整理出报告的重要发现，并向权威媒体投稿，《经济日报》《南方日报》等权威媒体会多次报道广东千村调查的研究发现。

（四）积极推进媒体联动

网络时代自媒体信息真假难辨，主流媒体新闻报道更加具有引导力与公信力。因此，宣传团队提前准备好重要活动的优质宣传材料，积极与权威媒体联动，最大程度地提高活动的知名度和影响力，提升活动的可信度和说服力。以下为宣传团队与媒体联动较为成功的具体案例。

1. 研究院院庆活动

2018 年 12 月，研究院成立三周年。在三周年的起点上，研究院总结过往的成绩，进一步深化改革，坚定步伐。宣传团队精心策划了多种有影响力的宣传活动，并积极借助权威媒体的影响力平台，拓展了多种传播形式，广泛传播研究院声音。

在文字方面，《南方日报》通过整版专题，以"暨南大学经济与社会研究院成立 3 年，助推学校经济学科在全国跻身前列——打造国际一流的应用经济学科"为标题报道了研究院成立三周年以来在人才培养、师资建设、学科发展、社会调查、政策智库方面的成果和突破，包括专题报道、人物专访、数读等多样化的报道形式，立体丰富地展现了研究院在各方面的成绩。

宣传团队还将文字、视频整合成多媒体报道资源，纪念三周年的成绩。宣传团队走访了北京、上海、西安、南京、厦门、广州、香港的 12 所高校和科研机构，采访了 23 位教授、专家，通过影像邀请他们为研究院三周年生日提出期待与寄语，最终制作了 10 分钟的三周年纪念视频，并在三周年院庆前后发出 3 波宣传弹，将视频剪辑为 10 秒钟朋友圈预热版、3 分钟祝福剪辑版以及 10 分钟完整版先后播出。

研究院在三周年宣传视频中对 James J. Heckman 教授的采访

2. 世界计量经济学会中国年会

2019 年 6 月 18 日至 20 日，号称经济学界的"奥林匹克"的世界计量经济学会中国年会在暨南大学盛大举办，这是当年中国经济学领域最高级别的国际学术会议之一。在 James J. Heckman 教授的大力支持下，世界计量经济学会定期在中国召开，即世界计量经济学会中国年会。五年一度的盛会推动着中国与世界在经济学特别是计量经济学领域更广泛和密切的交流，在世界范围内影响深远。前五届分别在北京大学、厦门大学、西南财经大学、武汉大学、复旦大学举办，暨南大学召开的大会为第六届大会。这对暨南大学经济学科来说，无疑是学科历史上的一个高光时刻。2019 年度会议共邀请到 2000 年诺贝尔经济学奖得主 James J. Heckman 教授在内的 11 位世界计量经济学会的会士和数百位来自世界各地的顶级学者前来出席并作了报告，其豪华规格和阵容让很多与会嘉宾赞叹不已。

宣传团队策划通过网络直播的方式扩大活动影响力，当天共有 50 万人次通过线上平台观看 2019 世界计量经济学会中国年会开幕式，一睹诺贝尔奖大师风采。同时，宣传团队及时与媒体联动。最终，本次会议吸引了中国新闻网、央广网、新华网、《羊城晚报》等多家权威媒体关注和报道。本次会议的召开极大地提高了暨南大学经济学科日益彰显的国际影响力，对暨南大学经济学科接轨"世界一流"起到积极的推动作用。

2019 年 6 月，研究院举办 2019 世界计量经济学会中国年会，并进行网络直播

3. 与权威媒体合作赋能学术产品

从 2019 年起，权威媒体南方报业传媒集团南方产业智库、南方舆情数据研究院联合研究院推出中国上市房企 60 健康指数（HFI-60）。据统计，双方合作共推出了 2019 年中国上市房企 60 健康指数、2019 年度上市房企健康指数、2020 年上半年中国上市房企 60 健康指数。研究院致力于推进同媒体联手，探索社会和业界关心的房地产、城

市与区域经济发展的热点问题的研究，如住房政策、住房公积金制度改革、房地产金融、城市更新与改造、粤港澳大湾区建设等，打造中国和东南亚领先的房地产研究智库，为业界和政府提供探索行业发展和攻克社会难题的务实的研究中心。该指数一经发布，便被《南方日报》通版发布，获得了高度关注。这是一个较为典型的跨界合作，也进一步在权威媒体中树立了学术公信力，为研究院的知名度、影响力的提升产生了很大的帮助。

三. 工作成效

研究院作为暨南大学的新生学院，在宣传上逐步整合资源、树立形象，针对校内师生需求和校外舆论变化及时调整宣传工作的阶段方向、力度、广度、精度和深度，在大众视野中创造了属于自己的标签：教学全英国际化、海归高水平师资团队、特色调查实践活动、"顶天立地"的智库研究等，随着研究院建设发展和宣传工作的开展，研究院在多个领域的影响力和话语权进一步扩大。

（一）传递暨南声音，形成社会影响

一直以来，研究院宣传团队十分注重利用自身的业务素质助力搭建起研究院教师与各类媒体之间的桥梁。据不完全统计，研究院自成立至今，教师在《经济日报》《南方日报》《羊城晚报》《南风窗》《广州日报》《南方都市报》《财经》等报刊杂志，以及人民网、新华网、财新网、澎湃新闻等权威媒体发表文章或接受采访达200次，这些文章紧扣乡村振兴、环境变化、经济发展趋势等国计民生热点问题，提供全面、客观、专业的解读观点，为解决相关问题献计献策，提高了研究院及暨南大学知名度及美誉度，广受好评。多名研究院青年教师已成为权威媒体专家咨询库成员。

研究院在各大报刊媒体的发表

其中值得一提的是，研究院教师邱筠、史炜与美国学者联合完成的一项抗疫成果分析发现，2020 年 2 月新冠疫情初期，在中国实施的公共卫生措施有效避免了 140 万以上的新增感染者和超过 5.6 万人的死亡。在研究院宣传团队的报道与推广之下，研究论文获广泛关注，被《环球时报》、环球网、新华网、人民网等权威媒体报道，后来更被外交部作为事实佐证引用以回击涉华人权问题的各种谬论，为我国稳步推进疫情防控措施提供一份强心力量。

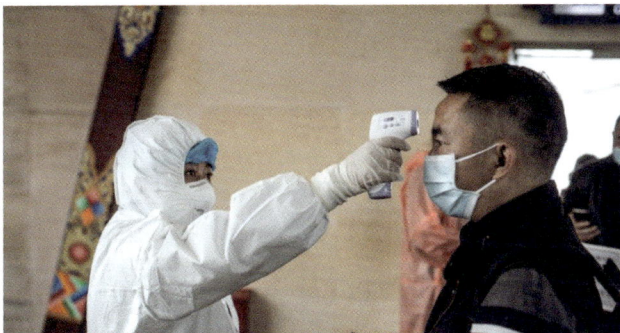

新华网报道研究院教师邱筠、史炜与美国学者联合完成的研究，表明我国防疫措施的有效性

宣传工作广铺排、细描写，促进更多业界和政府相关工作者了解研究院的各项工作，并逐渐给予信任。如国务院内参《国是咨询》杂志"聚焦新刚需"栏目刊发专题报道研究院关于流动儿童与教育的研究：《公办还是民办？流动儿童义务教育阶段的选择》《新时代流动儿童教育问题的新挑战》。

在宣传团队的努力下，广东千村调查获媒体报道约 30 篇。广东电视台、《南方日报》、《经济日报》、澎湃新闻等颇具影响力的知名媒体均报道过广东千村调查，澎湃新闻曾连载调查研究成果。2020 年广东电视台经济科教频道对广东千村调查项目作专门报道，其中一则新闻从学生暑期实践的角度采访了广东花都队的访问员，号召更多学生通过参加实践活动走进乡村，观察、记录乡村建设难题。此外，广东千村调查经过几年的素材积累，宣传团队精心制作了调查专题回顾片《乡土南粤》。该片在哔哩哔哩和微信视频号两个平台总点击量近 30 万次，还获得暨南大学学习强国号的发布，被各方高度肯定。《乡土南粤》在项目表彰大会播放时，获得了访问员的情感共鸣，有访问员评论道："视频拍得很用心，尽管宣传组没有跟随我们队伍收集素材，但我屡屡感慨这些镜头下的人和故事，不就是我们自己吗？回想起两个月前参与的这项工作，便愈发觉得它是了不起的，不虚此行。"专题回顾片让校内师生获得了荣誉感和自我认同感，也让校外人员对项目有了更深刻的共鸣和认同，甚至想投身乡村振兴相关工作中。

广东电视台经济科教频道对 2020 年广东千村调查项目作专门报道

暨南大学学习强国号发布广东千村调查专题回顾片《乡土南粤》

同时，研究院还积极利用智库公众号"黄埔大道西观点"发表研究院教师最新的研究成果、观点文章、采访等内容，将深奥、复杂的学术研究转化为对公众、媒体、政府有帮助的通俗的观点文章，帮助公众理性看待各类复杂事件背后的深刻原因，对政府政策制定产生积极影响，推动政策制定更加合理、有效。目前，该公众号累计阅读量突破 20 万，多篇文章被媒体转载或引用。不少记者通过公众号科普文章邀请研究院教师进行采访，也有很多读者在文章底下评论留言，积极发表看法。可见，智库文章受到了广泛关注，大大提高了研究院的社会影响力。

（二）塑造学院特色，树立学术品牌

研究院通过广泛报道和积极宣传举办的各类学术活动、研究成果、人才培养等，在经济学界取得了良好的学术声誉。学术氛围浓厚、学术成果突出是学界对研究院的直观印象，经济学界多位学者对研究院评价极高、寄予厚望，如中国人民大学经济学院院长刘守英期待"研究院能够成为将中国经济学研究主流化的典范"；辽宁大学校长、原北京大学教授余淼杰认为"研究院在科研、教学、社会服务方面都取得了非常惊人的成绩，已经逐渐成为南国的中国经济研究中心"；上海财经大学经济学院院长周亚虹评价"研究院的研究真正做到了顶天立地，注重国际前沿，又关心中国问题"。研究院要做具有国际水准的中国问题研究，在国际舞台上发出中国最强音，"将论文写在中国大地上"这一品牌形象已经深入人心。同时，研究院的学界影响力在研究院的海外社交媒体账号也有所体现，越来越多的海外学者在参加完研究院的学术活动后会主动在海外社交平台提到研究院账号，表达他们参与活动的感受，同时积极转发研究院发布的各类学术活动信息。

美国芝加哥大学人力资本与经济机会（HCEO）国际工作组官方推特账号与研究院官方账号互动

耶鲁大学陈希教授在推特上主动宣传研究院的相关活动并推荐学生参与

研究院人才培养参照国际一流经济系培养模式，实行导师制，注重学生科研能力的培养，教学创新实践、学子科研成果、优秀学子专访都得到了广泛的报道，学界对研究院的人才培养质量非常认可。院内教师陈思宇荣获广东省青年教师教学大赛一等奖，宣传队伍策划相关专题推文多角度展示青年教师在 IESR 探索教学和科研并举的职业经历，为展示暨南大学高水平教学、高质量师资团队再添佐证。在学生夏令营保研时，讲师们对研究院学子印象深刻，感叹"不愧是 IESR 培养出来的学生""IESR 硕士论文水平一骑绝尘"。同时，不少校外老师主动给研究院学子写留学申请推荐信，这也是学界对研究院教学质量高度认可的体现。

（三）带动兄弟院系，共发暨南声音

研究院过去几年在宣传工作方面形成的制度与积累的经验不仅有助于研究院自身影响力的提升，还辐射带动兄弟院系在宣传工作领域更进一步、形成突破。同为暨南大学经济学科的重要组成部分，自冯帅章院长 2020 年开始兼任经济学院院长以来，研究院与暨南大学经济学院在各领域不断加强深入合作。在宣传工作方面，双方更是多次共同协作、联动发展，取得了"1+1 > 2"的效果。同时，研究院在品牌建设方面的思考与实践也引导经济学院结合自身特点进一步打造其宣传特色。

1. 优势互补合作共赢

研究院与经济学院在视频项目方面展开了一系列深度合作，制作了招生宣传片、教学成果汇报片、教师慕课视频三类视频作品。其中招生宣传片为 2022 年 6 月 8 日播出的 2022 年暨南大学经济学科招生宣传片《暨南经济学科的神奇之旅》，该策划为在广大考生间树立暨南大学经济学科品牌形象起到了重要作用。教学成果汇报片是 2022

年 10 月研究院与经济学院、暨南大学伯明翰大学联合学院制作的《培根铸魂，融合贯通："三平台三课堂"经济学育人模式创建于实践》汇报片视频，该汇报片视频最终成为教育部开展的 2022 年国家级教学成果奖评审的重要支撑材料之一。汇报片以视听语言的艺术形式，用绘声绘色的方式实事求是地展现出了暨南大学经济学科的育人成果，令评委印象深刻。精心制作的 10 期教师慕课视频则有利于知识分享和传播（见表6–3），持续提升暨南大学经济学科的学术知名度和社会影响力。

表 6–3　教师慕课视频详情

慕课视频名称	制作时间	时长（分钟）
陈创练：股指期货风险对冲跨期套利策略	2021 年 12 月 24 日	180
冯海波：税收负担	2021 年 12 月 24 日	100
蒋海：货币金融学第 11 章	2021 年 12 月 28 日	100
张方方：汇率决定	2021 年 12 月 28 日	100
李丽芳：证券投资学	2021 年 12 月 28 日	100
冯帅章：中国劳动力市场的演化——历史、趋势与政策	2022 年 3 月 1 日	100
冯帅章：从一号文件看乡村振兴	2022 年 3 月 17 日	100
严子中：计量编程	2022 年 4 月 1 日	100
刘培：国际金融、国际收支与国际收支平衡表	2022 年 6 月 1 日	60
冯帅章：思政第一课	2022 年 9 月 5 日	100

宣传刊物方面，研究院宣传团队主导设计完成了 2022 年经济学院特区港澳经济研究所宣传册、2021 年及 2022 年暨南大学经济学科宣传册及海报、2021 年暨南大学经济学院宣传册等材料。除视频和纸质宣传刊物外，研究院宣传团队还协助经济学院进行网站重制、标识设计制作等工作，着重整合及提升经济学院整体形象辨识度。

2. 因地制宜塑造特色

在双方往来合作的过程中，研究院宣传团队所积累的丰富经验无形地引导着经济学院自身在宣传工作中的开拓思路与发展方向。相比于研究院，经济学院具有师生数量多、历史积淀深、校友资源广等特点。结合研究院过去在品牌建设和宣传运营上的探索与实践，经济学院正持续打造出一套适合自身特点、彰显自身优势的宣传体系。以下是经济学院取得良好宣传效果的典型案例。

（1）针对学生群体，每年瞄准高考招生、新生入学、毕业实习期等学生高度关注时期，推出多形式的宣传作品。如近两年来，经济学院联合研究院精心制作 4 支宣传片以及相关宣传资料，宣传片在微信视频号、哔哩哔哩等各大平台获多次转发，累计点击量达 36 万次，获得家长和师生的热烈反响。

经济学科 2021 年招生宣传片　　　　　　　　　经济学科 2022 年招生宣传片

（2）针对节庆和时事热点，挖掘新闻点，通过多种形式的作品拓展两院知名度，加深师生情感联系。如 2022 年 9 月，为庆祝第 38 个教师节，经济学院在多平台直播开展云音乐会活动，并邀请老教授、校友和同学云端连线，增进校友与母院情感交流，活动在"暨南大学经济学院"官方账号、哔哩哔哩、微信视频号平台同步直播，共3 000 人次在线观看，平台总互动量 20 000 余次。

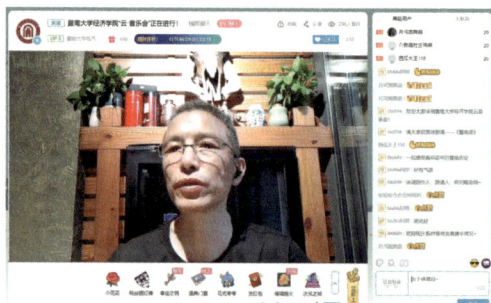

经济学院多平台直播开展云音乐会活动

在 2021 年东京奥运期间，经济学院紧跟奥运主题，推出了系列策划，《9 秒 83！中国第一人！暨大经济学院校友苏炳添刷新亚洲纪录》《暨大经济学院谢思埸、陈艾森在奥运会摘金夺银》等一系列推文，累计点击量超过 10 万次，获得海内外校友和社会各界的广泛关注。

37秒79！苏神领衔中国队获男子4x100米第四名！
祝贺苏神！
...人后！再一次 在奥运赛场取得出色成绩！东京奥运会百米决赛后苏炳添...
👁 1,376　💬 6　👍 13

小组第一！暨大经济学院校友苏炳添携队友晋级田径男子4×10...
排名小组第一，成功晋级决赛！
谢思埸、陈艾森在东京奥运会摘金夺银 帅气！盘点东京奥运会上的经济...
👁 2,025　💬 7　👍 25

赛后粉丝福利！暨大经济学子苏炳添、谢思埸、陈艾森致谢师...
两金一银！百米刷新亚洲纪录！经院就是这么牛！
...赛后苏炳添表示，东京奥运会还没有结束，还有接力的项目，上届奥运...
👁 4,226　💬 33　👍 52

再夺一金！暨大经济学院谢思埸再次站上最高领奖台
致谢大量时
...2分钟的续绳 在东京奥运会 赢得男子双人3米跳板决赛 冠军 为中国代表队...
👁 5,952　💬 35　👍 47

9秒83！中国第一人！暨大经济学院校友苏炳添刷新亚洲纪录...
创造历史！
...史！在刚刚的男子百米半决赛，百米飞人苏炳添以9.83的成绩 刷新亚洲纪录...
👁 14,758　💬 88　👍 142

转首祝贺！暨大经济学院谢思埸、陈艾森在东京奥运夺牌
一金一银！
...星！在刚刚结束的东京奥运会跳水男子双人3米板...
👁 4,762　💬 41　👍 80

帅气！盘点东京奥运会上的经济学院墨孔
为活动的5项目助威呐喊
...2016年里约奥运会上，陈艾森摘得里约跳水男子双人3米板冠军，男子...
👁 4,132　💬 16　👍 50

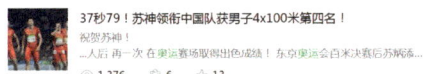

经济学院紧跟奥运主题，推出奥运冠军系列策划（部分）

目前，经济学院依托新媒体和平台优势，在宣传形式、宣传内容、宣传渠道等方面积极创新，运用"暨南大学经济学院"官方微信公众号，聚焦学科建设、科研成果、学术交流、人才师资及特色活动，着力提升经济学院师生校友用户黏性，不断加强思想引领，树立典型模范。2021年起，经济学院探索设立"暨南大学经济学院"官方微信视频号以及哔哩哔哩账号，旨在打造具有时效性、权威性、综合性的学院立体宣传平台。近两年来，经济学院持续扎实推进宣传工作，成效显著，表现亮眼，被评为"暨南大学宣传思想工作先进单位"，并成为暨南大学媒体联盟理事单位，其公众号被评为"暨南大学十佳公众号"，平均季度阅读量超过18万次，阅读人数达到119.1万人，在暨南大学校园新媒体排行榜中连续10个月荣登榜单十强，并一度成为校内唯一一个稳居榜单前十名的学院号，在其他学院中具有较强的影响力和良好的示范作用。

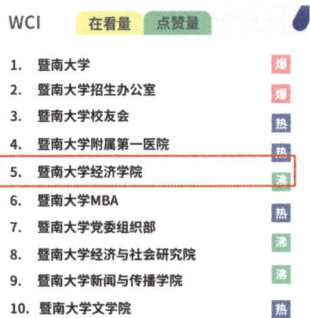

WCI　在看量　点赞量
1. 暨南大学　爆
2. 暨南大学招生办公室　爆
3. 暨南大学校友会　热
4. 暨南大学附属第一医院　热
5. 暨南大学经济学院　漲
6. 暨南大学MBA　热
7. 暨南大学党委组织部　漲
8. 暨南大学经济与社会研究院　漲
9. 暨南大学新闻与传播学院　漲
10. 暨南大学文学院　热

经济学院公众号在暨南大学校园新媒体排行榜中连续10个月荣登榜单十强（图为2022年7月排名情况）

2021年度暨南大学新闻宣传工作
先进单位
中共暨南大学委员会
2022年3月

经济学院被评为2021年度暨南大学新闻宣传工作先进单位

第七章

媒体采风：聚焦学院发展足印，全景呈现七载历史

中国经济学教育科研网

冯帅章：
在暨南大学经济与社会研究院成立仪式上的讲话

【按语】

2015 年 12 月 2 日，暨南大学经济与社会研究院正式揭牌成立，时任暨南大学校长胡军向长江学者特聘教授冯帅章授予聘书，正式聘请其担任研究院院长。在成立仪式上，冯帅章院长分享了研究院的愿景与定位，数据、研究、智库、学生成为之后几年里研究院始终坚持的"关键词"。

2015 年 12 月 2 日，研究院揭牌成立，冯帅章教授（左三）受聘担任院长

尊敬的胡军校长、宋献中副校长、甘犁教授，尊敬的各位领导、各位来宾：

大家好！在学校各级领导的直接关心与大力支持下，暨南大学经济与社会研究院正式成立了。非常感谢大家能够光临今天的成立仪式，共同见证这一激动人心的时刻。借着这个机会，我也向各位汇报一下我们研究院的愿景、定位和将要开展的工作。

暨南大学经济与社会研究院是以应用经济学为主要特色的研究机构，集数据收集、学术研究、政策咨询、人才培养于一身。研究院下辖社会调查中心，将开展多项大型社会调查项目，为学术研究及政策制定提供高质量的微观数据。研究院将引进海内外一流人才，从事国际水平的学术研究，在国际一流经济学期刊上发表论文。此外，在数据收集及学术研究的基础上，针对有关国计民生的热点问题，研究院还将进行相关政策研究，提供高水平的智库服务。研究院也将提供有特色的硕士和博士培养项目。

下面，我向各位详细介绍研究院将着力开展的四个方面的主要工作。我以四个关键词概括。

第一个关键词是数据，也就是大型微观数据库的建设。近年来，国内部分高校，如西南财经大学、北京大学、中国人民大学等已经开展了微观数据库的建设工作，并且取得了非常显著的成果。基于微观调查数据产生了大量的学术研究成果和政策报告，微观调查数据受到了学术界、媒体和政府的广泛关注。可以预见，在未来微观调查数据将进一步支撑经济学和其他社会科学的实证研究，也会越来越成为政府政策制定的基础。

在学校的支持下，研究院将通过下属的社会调查中心建立多个大型微观数据库，在劳动力市场与就业、城乡人口迁移、儿童与青少年发展等领域有望填补国内相关数据方面的若干空白，支撑研究院在相关的学术领域和政策研究方面达到国内领先水平。我们社会调查中心的一个亮点是将与西南财经大学中国家庭金融调查与研究中心开展全面深度合作。成立于 2010 年，由甘犁教授领导的西南财经大学中国家庭金融调查与研究中心，在短短几年内已经成长为拥有 100 人团队的国内首屈一指的非官方调查中心，在抽样方法、调查手段、调查管理等方面具有非常成熟的经验。与西南财经大学中国家庭金融调查与研究中心的合作，对于社会调查中心的发展将具有极大的促进作用，使得我们可以在较短的时间内迅速跻身国内一流调查中心之列。

第二个关键词是研究。具体而言，就是具有国际水准的、规范的学术研究。随着中国经济的崛起和不断增加的世界影响力，国际经济学界对于有关中国经济问题的研究也越来越关注，这给我们经济学者提供了非常好的机会。研究院将借助数据优势，集中开展应用经济学相关方向的研究，包括劳动经济学、卫生经济学、教育经济学、家庭经济学、城市与区域经济学、房地产经济学、资源与环境经济学和农业经济学等领域。

想要做出一流的研究，需要引进一流的人才。研究院在未来几年内将双管齐下，成规模地引进海内外优秀人才。一方面，我们将面向海外知名大学引进 20 名优秀博士。海归博士拥有良好的经济学学术训练和国际学术视野，在英文论文写作上有优势，有望短期内在国际一流期刊上发表论文；另一方面，我们也将以研究员系列岗位引进10名左右国内优秀博士。近年来，国内优秀大学培养的经济学人才水平不断提高，同时他们对国内经济情况更为熟悉，在中国问题研究方面有其自身优势。这两类人才将通力合作，优势互补，形成良好的互动及强有力的团队合作。

想要做出一流的研究，还需要良好的学术环境。研究院通过建立学术委员会和柔性引进若干具有国际学术影响力的特聘教授，带动整个研究团队的进步。研究院将通过每周举办学术研讨会、每年举办各类学术会议等学术活动，为学院教师提供大量与国内外专家同行进行学术交流的机会，形成学术网络。

引进人才很重要，留住人才、用好人才更重要。研究院将充分借鉴国内其他院校国际化进程中的经验，建立有效的激励机制、与国际接轨的制度安排，营造宽松稳定的工作氛围。希望通过几年时间的摸索，能为暨南大学大规模引进和任用海外人才积累经验。

第三个关键词是智库。我们将主动对接国家和广东省的发展需要，提供政策建议和智库服务。随着我国经济进入新常态，经济社会发展面临一些特殊的机遇和挑战，广东作为全国经济发展的排头兵，更是肩负着探索创新驱动发展路径的重任。通过设立专门的研究员系列岗位，研究院希望在政策研究方面有所作为，力求将学术研究与政策研究紧密结合，做到真正的"顶天立地"，为国家及广东省的经济发展献力献策。首先，研究院通过将公共科研纳入研究员的考评体系，激励研究员做好政策研究。其次，研究院将与国内外多家知名智库开展合作，相关合作计划也已经在拟定之中。最后，社会调查中心将为政策研究提供强有力的支撑，使得我们的政策研究以数据和事实为依据。一系列成果将以研究报告、政策建议、媒体发布等形式呈现。

第四个关键词是学生。我们要培养既具有扎实的学术功底和国际学术视野，又熟悉现实国情，能运用现代经济学分析方法解决实际问题的优秀人才。首先，研究院将参照国际一流经济系研究生培养模式设立硕士及博士项目，对研究生进行严格的现代经济学学术训练，培养严谨的学术习惯。其次，我们将创造条件让研究生尽早地接触数据调查项目。一方面可以让学生了解实际情况，另一方面可以唤醒他们的问题意识，学会理论联系实际。再次，我们将鼓励学生跟随导师开展最前沿的学术研究，在实践中不断提高自身的学术水平，积累研究经验。最后，安排研究生担任学院老师的研究助理，与国外知名高校学生开展交流互访。我们的培养目标是，硕士毕业生力争进入国外一流大学继续深造，博士毕业生在国内就业市场上具有较强的竞争力。

研究院四个方面的工作定位不是互相孤立，而是紧密相关的。数据收集是基础，学术研究和智库建设互为补充，相辅相成。而学生培养建立在前面三者的基础之上，又为这三者服务。

尽管研究院成立还不到一个月，但在学校相关部门的支持和配合下，我们已经做了大量的工作。

首先，研究院开通了自己的官方网站，在官网、美国经济学协会网站和中国经济学教育科研网上发布人才招聘广告。许多非常优秀的海内外博士，对我们的职位表示出强烈兴趣，目前已经收到大量应聘材料。

其次，研究院成立了学术委员会，学术委员会成员包括耶鲁大学教授、暨南大学长江学者特聘教授 Mark Rosenzweig，美国得克萨斯农工大学、西南财经大学甘犁教授，美国约翰·霍普金斯大学胡颖尧教授，澳大利亚国立大学孟昕教授，美国弗吉尼亚大学杨涛教授，北京大学张晓波教授和赵耀辉教授。学术委员会将为研究院各方面的发展提供意见与建议。研究院还成立了招聘委员会并已开始运作。有关人员招聘、考核、职称评审的一系列规章制度也在制定当中。

最后，研究院与西南财经大学中国家庭金融调查与研究中心开展合作。基于西南财经大学中国家庭金融调查与研究中心若干年的前期工作，研究院将启动中国家庭就业调查，力求全面准确及时掌握中国劳动力市场的运行状况。与西南财经大学的合作还涉及抽样调查、学术研究、政策研究等各领域。稍后，我和甘犁教授也将就双方的进一步全面战略合作签署备忘录。

目前，国内一流高校经济学科国际化已经有一定的历史积淀，形成领先优势，与此同时很多地方高校也开始推进相关工作，竞相吸引人才。我们肩上的担子不轻，机遇与挑战并存。但是我相信，在校领导的带领下，在各位的大力支持下，以清晰明确的目标定位作指引，经过我们的不懈努力，研究院一定可以实现跨越式发展，在 5~10 年内成为国内一流的应用经济学学术中心、数据调查中心及知名智库，为暨南大学建设成为高水平大学贡献一份力量。

发布于 2015 年 12 月 13 日

《南方都市报》

冯帅章：
投资早期教育对于减少贫困具有重大意义

【按语】

2016 年 3 月 14 日，2000 年诺贝尔经济学奖获得者、芝加哥大学教授詹姆斯·赫克曼（James J. Heckman）访问暨南大学，作题为"核心能力的形成和衡量（Creating and Measuring Capabilities）"的学术讲座报告。赫克曼教授认为"儿童能力的早期培养对中国至关重要"。就詹姆斯·赫克曼教授关于早期教育影响与中国儿童教育现状的研究，《南方都市报》专访了长期关注和研究中国流动儿童教育问题的暨南大学经济与社会研究院院长、长江学者特聘教授冯帅章。赫克曼教授的此次中国之行，拉开了暨南大学经济与社会研究院与芝加哥大学长期合作的序幕，此后，冯帅章教授团队和赫克曼教授团队在科研项目、人才培养等方面开展了长期而深入的合作。

针对詹姆斯·赫克曼教授关于早期教育影响与中国儿童教育现状的研究，《南方都市报》专访了长期关注和研究中国流动儿童教育问题的暨南大学经济与社会研究院院长、长江学者特聘教授冯帅章。

《南方都市报》：詹姆斯·赫克曼教授在演讲中阐述了早期教育的重要性，请问这对中国经济的长期增长和社会发展有什么特殊意义？

冯帅章：投资早期教育对于减少贫困具有重大意义。改革开放 30 多年来，中国是世界上解决贫困问题最好的国家，然而随着经济的发展，收入不平等和相对贫困问题也日益严重，不平等增加导致经济增长的减贫效应降低是中国未来减贫的最大挑战。针对这个现状，提升个人能力进而从根本上摆脱能力贫困显得尤为重要。但现实中，提高成年人能力的培训、再教育虽然也有一定效果，却往往不尽理想。国外的许多研究表明，与富裕家庭相比，贫困家庭的父母关注孩子更少、更难以提供有效的家庭教育，这使得孩子在认知、性格等方面发育迟缓，从而影响到成年之后的生活和工作。

这表明长期有效的扶贫政策应当注重投资贫困家庭儿童的早期教育，从娃娃抓起，而非简单的资金或物质上的支持。这也说明扶贫过程中，对于贫困儿童的投资最为关键。

此外，早期教育投资与其他投资相比更具有公平性，投资早期教育可有效缓解中国贫富差距较大的现状。现今以收入再分配和经济增长为主的缩小贫富差距的手段，已经被实践证明穷人越来越难以从中平等受益。鉴于早期教育投资的巨大回报，对弱势家庭儿童进行早期教育可事半功倍。事实上，儿童在 5 岁之前可塑性非常大，在早期教育尤其是家庭教育上缩小差距可以使他们在以后的能力形成过程中摆脱弱势，这对于缩小成年后的社会差距至关重要。如果社会能尽早地针对贫困家庭的儿童进行能力培养，持续投入并支持家庭教育，将极大程度地提升个人能力，从根本上消除贫富分化问题。

另一个需要关注中国早期教育的原因是中国正步入老龄化社会，并面临劳动力人口下降的严峻问题。根据国家统计局发布的数据，2014 年，中国 16 周岁以上 60 周岁以下的劳动年龄人口为 91 583 万人，比 2013 年末减少 371 万人。这已经是中国劳动力人口连续 3 年下降，并且数量有所加大，这是否会导致中国继续进一步调整人口政策和教育政策也引发各界关注。在与暨南大学的同学进行面对面交流时，赫克曼教授也提到未来的趋势将会是孩子越来越少。因此，劳动力质量的提高更为重要。换句话说，提高劳动力素质是解决劳动力人口下降而导致劳动投入不足的关键，培养能力便成为解决问题的核心方案，而根据这一观点，投资早期教育刻不容缓。

《南方都市报》：我们知道您已经在这个领域进行了长时间的调查和研究，能否介绍一下目前中国儿童发展环境的现状？

冯帅章：幼年时期大脑发育、身体成长需要充足的营养，而贫困不仅阻碍了孩子获取成长所需的充足营养，还让家庭中的父母难以顾及孩子的成长。而农村的留守儿童教育问题也形势严峻。2014 年的数据显示，中国的留守儿童已经达到 6 103 万人，也就意味着 5 个孩子中就有 1 个留守儿童，其中 205.7 万为独居留守儿童。儿童时期是一个人性格形成、养成良好学习习惯和道德修养的重要阶段。在这一时期，除了学校教育外，家庭教育所起的作用是非常重要的。留守儿童由于长时间家庭教育相对缺失，容易在生活、教育、情感、心理等方面出现一系列问题。外出打工挣钱的父母、缺乏关注和教育的留守儿童正成为中国许多农村家庭的普遍状态。

与此同时，截止到 2010 年 11 月 1 日，中国的流动儿童规模已达 3 581 万人。这一部分儿童虽然被父母带在身边，但家长往往教育意识薄弱且教育能力不足，缺乏良好的家庭教育环境。尽管国家已经确立了解决流动儿童接受义务教育"以流入地为主，以公办学校为主"的原则，但是仍然有相当多的流动儿童无法进入教育质量较高的公办学校。他们所就读的农民工子弟学校大多在师资力量、教学规范、校舍条件等方面不能与所在地公办学校相提并论，有的甚至没有办学许可证。在这种情况下，流动儿童难以获得有质量保障的学校教育。

更为严重的问题是，最近两年特大城市收紧了"流动儿童受教育"的相关政策，流动儿童入学门槛显著提高。许多流动儿童因此又成为留守儿童，甚至面临辍学。流动儿童因此经历的是家庭教育和学校教育的双重恶化。

无论是流动儿童还是留守儿童，他们都是未来国家庞大的劳动力群体。缺乏良好父母家庭教育的童年，无论是对儿童的身心健康还是对儿童的知识获取都非常不利。如果这一代孩子不能好好地受教育，将会影响到中国未来的经济发展和社会和谐。因此，这一问题亟待更多与此相关的政策来解决。

《南方都市报》：公共政策的制定离不开学术界对此更深的研究，能介绍一下您的研究情况吗？

冯帅章：我的一个主要研究领域为人口流动，目前的重点是对于中国流动儿童教育问题的研究。基于 2009—2011 年度的自然科学基金项目"民工子弟学校与流动儿童教育：基于上海的实证跟踪研究"，我从 2008 年底开始着手研究流动儿童的教育问题。在上海于 2010 年及 2012 年进行了两轮大规模的流动儿童的调查和成绩测试，这一数据库的建立填补了国内跟踪研究流动儿童的一个空白，而且此项调研的相关成果已在国内外相关学术期刊上发表。我们还组织邀请了研究流动儿童教育的专家以及一线教育工作者，举办了四届"城市的未来：外来儿童教育政策研讨会暨校长论坛"。会议针对流动儿童的制度困境以及创新人力资本的积累、政治社会化和对当地社会的融入，以及公办学校和民办农民工子弟学校对外来儿童相关影响等议题，进行了卓有成效的探讨，并在此基础上取得一系列有政策实际意义的研究成果，为国家制定相关政策提供了翔实的数据信息和坚实的理论支撑。

中国的儿童发展问题，包括流动儿童和留守儿童的教育问题，也是我现在工作的暨南大学经济与社会研究院的一个研究焦点。自去年成立以来，研究院已招收了二十余名来自耶鲁大学、加州大学伯克利分校、伦敦政治经济学院等海外名校的博士与国内的优秀博士，并邀请国内外知名顶尖学者加入学术委员会。为更好地在儿童教育和发展方面进行调查研究，这次特邀请詹姆斯·赫克曼教授来华访问，以在该领域进行深度合作。

赫克曼教授在讲座中也提到，现在最主要的工作是需要收集更多的跟踪调查数据，来理解事实的发展过程和需要帮助的人群特点。进行更多与社会经济相关的研究、提供更多研究所需数据，也正是暨南大学经济与社会研究院成立的初衷。研究院下辖社会调查中心正计划启动多项关于儿童与青少年发展、劳动力市场与就业、城乡人口迁移等领域的社会调查，以此来填补国内相关学术研究和政策研究微观数据上的空白。研究院目前已经和澳大利亚国立大学联合启动了中国劳动力流动项目（RUMiC）第九轮的调查。目前正在筹备启动"中国人口流动与未成年人发展追踪调查"，旨在关注儿童青少年发展这一重要课题，为政策制定提供实证支持。

借这次赫克曼教授中国之行，我们也深入探讨了在儿童与青少年发展研究上进一步合作的计划。赫克曼教授是这方面的专家，通过与赫克曼教授合作，我们能在这个问题上做得更好。我期望通过我们的研究能引发社会重视，为家庭和政府在儿童教育上提供更多建议和指导。由于对于儿童贫困、早期教育缺失影响的研究不足和政策面上的忽视，中国尚未有一套合理清晰、细致完善的针对帮助弱势儿童教育的政策。希望通过我们的努力，吸引更多的社会关注，以及吸引更多的学者来研究这一问题，从而改善中国儿童尤其是留守儿童和流动儿童的教育环境。我认为这对中国未来而言意义非凡。

《南方都市报》：目前应该怎样改善中国儿童早期教育环境？

冯帅章： 学术圈的关注仅仅只是开始，所有的研究成果最终要转化为家庭和政府的共同努力，才能真正帮助到儿童。

首先，家庭应该意识到对孩子的学前培养和教育的重要性，并付诸行动。早期教育不仅仅是学习知识，更多的是一个孩子知识、思维、心理、身体各方面的综合早期训练。幼儿期是人生智力发展的关键期，家庭应更多更早地对儿童人力资本进行投入。国外的许多研究都发现，学校教育不能替代家庭教育，家长在与子女交流时间上的投入尤为重要。

同时，政府的工作同样重要。我认为政府的工作体现在两方面，一方面是针对学校教育体系的，另一方面是针对家长的。政府应将消除儿童贫困、发展儿童早期教育纳入中长期的政策规划。针对目前城市流动儿童，政府应该更大规模地开放公办学校，包括一些质量较高的公办学校资源，并积极扶持民办学校的发展。对于留守儿童，则除了加强农村学校建设外，还要建立一套更加完善有效的关怀体系，目前刚刚成立的民政部未成年人（留守儿童）保护处就是一个很好的努力方向。

与此同时，政府也需要加大对于家庭尤其是弱势家庭的教育投入，并着重于支持家庭学前教育。完善支持早期教育服务，注重政策手段创新。如在农村建立优质早教托儿所，使得父母在安心工作的同时，孩子仍能受到良好的启蒙教育。同时，也应为弱势家庭提供资金物质支持。此外，政府需要唤醒家庭尤其是弱势家庭对儿童的培养观念和教育观念。许多中国农村家庭不仅缺乏培养儿童的客观条件，还欠缺培养儿童的主观意识和能力。所以，政府投资早期教育不应仅仅投资孩子本身，同时也应对其父母进行如何开展儿童早期教育的相关培训，为弱势家庭的早期教育提供资金、服务和观念上的全方位支持。

发布于 2016 年 3 月 27 日

中国经济学教育科研网

十个月了，
冯帅章的 IESR 新军发展得如何？

【按语】

2016 年 9 月，在经济与社会研究院（IESR）成立 10 个月之际，目前国内规模最大的经济学教育科研专业网站——中国经济学教育科研网推出原创观察文章《十个月了，冯帅章的 IESR 新军发展得如何？》，从外部视角介绍了这所年轻又有朝气的研究机构为何能够在短短十个月时间里受到学术界的特别关注。文章从师资队伍、科研成果、国际交流、数据调查等几个方面展现了 IESR 的迅猛发展，并对 IESR 的未来充满期待。

曾经，当观察家们在审视中国经济学界的时候，很少将目光落在位于广州的暨南大学。但是，这种现象在 2015 年 11 月开始得到改变。

为了建设广东省高水平大学，推行经济学教育科研国际化，暨南大学成立了暨南大学经济与社会研究院（Institute for Economic and Social Research, IESR），并聘请教育部"长江学者"、国家杰出青年科学基金获得者冯帅章教授为院长。彼时，刚刚接过聘书的冯帅章立志带领团队在 5 至 10 年内将 IESR 办成国内一流的应用经济学学术中心、数据调查中心及知名智库。

如今，10 个月过去了，IESR 发展得如何了？

作者姓名	文章题目	发表刊物
谷一桢	Measuring the Stringency of Land-use Regulation: The Case of China's Building Height Limits（合作者 Jan Brueckner, Shihe Fu, Junfu Zhang）	*Review of Economics and Statistics*, accepted 2016
李书娟	身份认同与夜间灯光亮度（合作者：徐现祥，戴天仕）	《世界经济》, accepted 2016
徐吉良	A Capable Wife: Couple's Joint Decisions on Labor Supply and Family Chores（合作者：Meng-Chi Tang）	*Empirical Economics*, accepted 2016
刘诗濠	Agglomeration, Urban Wage Premiums, and College Majors	*Journal of Regional Science*, accepted 2016
卢晶亮	资本积累与技能工资差距：来自中国的经验证据	《经济学（季刊）》, accepted 2016
蔡澍	Permanent Income and Subjective Well-being（合作者：Albert Park）	*Journal of Economic Behavior & Organization*, 2016
孙伟增	Understanding Spatial Inequality and the Impact of Local Public Service Provision Evidence from Chinese Cities（合作者：Siqi Zheng, Yuming Fu）	*Journal of Regional Science*, accepted 2016
孙伟增	The Decomposition and Dynamics of Industrial Carbon Dioxide Emissions for 287 Chinese Cities in 1998-2009（合作者：Maximilian Auffhammer, Jianfeng Wu, Siqi Zheng）	*Journal of Economic Surveys*, 2016
孙伟增	居民对房价的预期如何影响房价变动（合作者：郑思齐）	《统计研究》, 2016
朱宏佳	Changes in the Distribution of Land Prices in Urban China during 2007-2012（合作者：Yu Qin, Rong Zhu）	*Regional Science and Urban Economics*, 2016
冯帅章	Climate Variability and International Migration：The Importance of the Agricultural Linkage（合作者：Ruohong Cai, Michael Oppenheimer, Mariola Pytlikova）	*Journal of Environmental Economics and Management*, accepted 2016
朱宏佳	Fear of Nuclear Power？ Evidence from Fukushima Nuclear Accident and Land Markets in China（合作者：Yongheng Deng, Rong Zhu, Xiaobo He）	*Regional Science and Urban Economics*, 2016

2015 年 12 月至 2016 年 9 月，IESR 全职教师已经发表或已被正式接受的论文清单

其中，冯帅章的合作论文（合作者：Ruohong Cai, Michael Oppenheimer, Mariola Pytlikova）"Climate Variability and International Migration: The Importance of the Agricultural Linkage"即将发表的期刊 *Journal of Environmental Economics and Management* 为环境经济学领域顶尖杂志。

熟悉经济学界的人都知道，冯帅章是中国新一代经济学家中的领军人物。南下广州以前，他已经在国际高水平期刊上发表了 20 余篇论文，其中包括经济学领域排名最高的 *American Economic Review*（美国经济评论）、科学界权威刊物 *Proceedings of the National Academy of Sciences of the United States of America*（美国科学院院报），以及 *Review of Economics and Statistics*（经济学与统计学评论）和 *Journal of Business and Economic Statistics*（商业与经济统计杂志）等知名刊物。

在年轻一辈的学者中，毕业于美国加州大学伯克利分校的助理教授谷一桢的合作论文 "Measuring the Stringency of Land-use Regulation: The Case of China's Building Height Limits"（合作者 Jan Brueckner，Shihe Fu, Junfu Zhang）即将发表的期刊 *Review of Economics and Statistics* 在 2016 Google Scholar Metrics 经济学类排名中位列第 8。

目前，像谷一桢这样毕业于欧美名校的青年学者已经成为 IESR 的主力。因为，冯帅章深知，作为一个新成立的研究机构，人才招聘是头等大事。建院之初，IESR 便制订了"五年内招募全职优秀海归博士 20 人，国内优秀博士 10 人，具有国际学术影响力的特聘教授若干"的招聘计划。

为达成这个目标，IESR 组成了包括院长冯帅章、美国耶鲁大学经济系教授 Mark R. Rosenzweig、美国得克萨斯农工大学经济系教授甘犁、美国约翰·霍普金斯大学经济系教授胡颖尧、澳大利亚国立大学经济研究院教授孟昕、美国弗吉尼亚大学达顿商学院教授杨涛、北京大学国家发展研究院经济学教授张晓波和赵耀辉在内的学术委员会，在时间极为紧张的条件下开始了新晋教师的甄选和招聘工作。

如今，IESR 招聘的全职教师已基本到位。在 22 人中，不仅有毕业于美国加州大学伯克利分校、加州大学洛杉矶分校、耶鲁大学、威斯康星大学、英国伦敦政治经济学院、澳大利亚国立大学等欧美名校的海归精英，而且有 5 位毕业于北京大学、清华大学、上海交通大学、上海财经大学等国内一流院校的青年翘楚。

这些拥有优秀学术背景的青年学者，不仅在论文发表上表现亮眼，在国家重大科研项目的申报上也已有斩获。在 2016 年国家自然科学基金项目评审中，副教授张思思主持的项目"中国城市住房制度变迁及房价波动对劳动力市场的影响"以及助理研究员卢晶亮主持的项目"资本积累、市场临近与工资不平等：基于微观数据的实证研究"均获得国家自然科学基金青年科学基金项目立项。

除了研究院本身的全职师资外，许多国内外大牌教授的身影也频频出现在 IESR。其中最有名的，就是 2000 年诺贝尔经济学奖得主、芝加哥大学亨利·舒尔茨杰出成就经济学教授詹姆斯·赫克曼（James J. Heckman）。赫克曼教授今年三月访问 IESR，对其发展模式和潜力赞不绝口，除与冯帅章已开展多个项目合作外，还将于十月与 IESR 共同举办主题为"Asian Family in Transition"的学术会议，计划一年内再访暨大。美国宾夕法尼亚州立大学教授 Russell Cooper，美国杨百翰大学教授 Lars J. Lefgren，香港中文大学经济系教授张俊森、宋铮，中国人民大学统计与大数据研究院院长艾春荣等著名学者也通过短期授课、交流访问、举办讲座等形式助力 IESR。

"数据""研究""智库""学生"是冯帅章在就职典礼上提到的 4 个关键词。其中，对 IESR 而言，调研数据是进行经济学研究的基础。目前，IESR 下设的社会调查中心已经开始与西南财经大学中国家庭金融调查与研究中心、北京大学中国社会科学调查中心展开高水平合作。据悉，从 2017 年开始，IESR 将全面接手中国乡城人口流动调查项目（Rural–Urban Migration in China，RUMiC），单独承担研究设计与调研的全部工作。该项目于 2008 年由澳大利亚国立大学孟昕老师发起，已经成为研究国内流动人口状况的权威数据来源。而孟昕也已受聘 IESR 客座教授，将继续发挥 RUMiC 项目的学术领军作用。

按照冯帅章最初的设想，IESR 主要开展劳动经济学、卫生经济学、教育经济学、家庭经济学、城市与区域经济学、资源与环境经济学等应用经济学各领域的相关研究。同时，在数据收集及学术研究的基础上，针对有关国计民生的热点问题，通过研究报告、政策建议、媒体发布等形式，为社会提供高水平的智库服务。如今，公众已经在《财经》《财新周刊》等媒体上听到了来自 IESR 的声音。

"研究院四个方面的工作定位不是互相孤立，而是紧密相关的。数据收集是基础，学术研究和智库建设互为补充，相辅相成。而学生培养建立在前面三者的基础之上，又为这三者服务。"冯帅章在 IESR 成立仪式上曾指出 4 个关键词之间的关系。伴随 IESR 夏令营的成功举办，研究生及本科创新班等工作也已经紧锣密鼓地开始进行。这 4 个方面的工作都已驶上了快车道。

对一个研究机构来说，十个月的光阴不到总角之年。那么，5 至 10 年之后，这位锋芒初露的"南国稚子"能否重塑中国经济学界的格局呢？让我们拭目以待。

作者：绳晓春

发布于 2016 年 9 月

暨南大学新闻网

【迈向高水平·大家谈】
冯帅章：接轨于国际，创新于本土

【按语】

2016 年 12 月 2 日，经济与社会研究院成立满一周年，暨南大学发展规划处（高教研究与评估中心）专程采访了冯帅章院长，听他讲述引才建院，带领研究院谋求跨越式发展的成功经验和独到见解，并将经济与社会研究院的发展经验作为"暨南大学建设高水平大学专题"的一部分进行了详细报道。

时间拨回至 2015 年 12 月 2 日 14: 47，暨南大学经济学院 323 学术报告厅门前人潮涌动，一场重要的揭牌暨敦聘仪式即将举行。15: 00，胡军校长、宋献中副校长以及本次仪式的主角——冯帅章教授如期出现。15: 15，会议正式开始，宋献中副校长开始宣读《暨南大学关于成立经济与社会研究院的通知》《暨南大学关于聘任冯帅章同志的通知》。宣读完毕，胡军校长为冯帅章教授颁发聘书。冯帅章教授庄重地接过聘书，正式成为暨南大学经济与社会研究院（Institute for Economic and Social Research，以下简称"IESR"）院长。

2006 年，冯帅章教授获得美国康奈尔大学的经济学博士学位。"有所发现就是一件很快乐的事"，冯帅章教授如是说。就像做数学题一般，解决问题的满足感与乐趣激励着他不断前进。在南下广州以前，冯帅章教授就已经在国际高水平期刊上发表 20 余篇论文，包括经济学领域排名最高的 *American Economic Review*（美国经济评论），科学界权威刊物 *Proceedings of the National Academy of Sciences of the United States of America*（美国科学院院报），经济学领域排名前列的 *Review of Economics and Statistics*（经济学与统计学评论）和 *Journal of Business and Economic Statistics*（商业与经济统计杂志）等。学术上的卓越让冯帅章教授获得了一个又一个引人注目的荣誉：2012 年教育部新世纪优秀人才支持计划获得者，2012 年教育部"长江学者"特聘教授，2014 年国家杰出青年科学基金获得者，2014 年度国家百千万人才工程入选者，2014 年有突出贡献中青年专家（人力资源和社会保障部），2015 年上海领军人才……

2016 年 12 月 2 日，是与冯帅章教授相约访谈的日子。这一天，距离 IESR 成立刚好一周年。在这短短的一年时间里，IESR 已经硕果累累——在国际权威期刊上发表或已被正式接受的论文接近 20 篇，其中，冯帅章教授本人的合作论文发表在环境经济学领域的顶尖杂志 *Journal of Environmental Economics and Management*（环境经济学与管理杂志）；助理教授谷一桢老师的合作论文在国际经济学领域的 TOP10 期刊 *Review of Economics and Statistics*（经济学与统计学评论）上发表。此外，IESR 在国家重大科研项目的申报上也已有所斩获。这些骄人的成绩主要归功于 IESR 强大、年轻的师资队伍。仅仅一年时间，IESR 已经招纳了 22 位拥有优秀学术背景的全职教师，其中 17 位来自国外知名高校，例如耶鲁大学、加州大学伯克利分校、伦敦政治经济学院等。据悉，在 IESR 的全职教师中，80% 以上的教师是"80 后"，甚至还有"90 后"。更让人震惊的是，大部分全职教师 9 月份才到位。换言之，这些丰硕的成果是这群年轻教师在仅仅 3 个月的时间里取得的。

除了 IESR 本身的全职师资外，许多国内外大牌教授的身影也频频出现在 IESR。2000 年诺贝尔经济学奖得主、芝加哥大学亨利·舒尔茨杰出成就经济学教授 James J. Heckman 一年之内两度来访。他于今年 3 月首次访问 IESR，并于 10 月受聘为 IESR 顾问委员会主席。此外，美国宾夕法尼亚州立大学教授 Russell Cooper，美国杨百翰大学教授 Lars J. Lefgren，香港中文大学经济系教授张俊森、宋铮，中国人民大学统计与大数据研究院院长艾春荣等著名学者也通过短期授课、交流访问、举办讲座等形式助力 IESR。

上任仅一秋，冯帅章教授便带领团队在其就职典礼上提到的"数据""研究""智库""学生"四个方面取得了令人瞩目的成就。冯帅章教授在人才引进方面有何成功的经验？在学生培养方面有何独到的见解？ IESR 在暨南大学高水平大学建设中又扮演着怎样的角色？对于这些问题，我们期待在即将与冯帅章教授开始的对话中寻找到答案。

内培外引建队伍，创造条件育人才

问：IESR 引进的全职教师大部分都是年轻教师，但就是这帮"青椒"，在短短时间内取得了巨大的成绩，能否请您介绍下 IESR 在教师培养方面的经验呢？

冯帅章教授（以下简称"冯"）：IESR 在教师培养方面主要做了三方面的工作。首先是为教师创造一个良好的学术环境。我们始终保持着全方位的、高强度的学术交流，既积极邀请国内外知名学者前来交流，如 Seminar、暨南论道、"IESR+"等活动都请了一些优秀的学者来交流，也鼓励老师走出去多参与国际学术交流会议。只要有利于学术交流、有利于教师成长，IESR 在制度层面都会给予积极配合。我们还定期举办内部交流会、学术午餐会等，成员们可以在轻松的氛围中进行工作、学术上的探讨。

其次，IESR 制定了非常高的、与国际接轨的考评标准和体系。考评标准就好像是指挥棒。IESR 的教师无论是撰写学术论文，还是进行科学项目研究，都必须遵循高要求、高标准，向国际标杆看齐。

最后，我们建立了一支强大的行政团队为教师提供优质的服务。行政团队具有非常好的服务意识，在报销、出访，活动组织等方面，给予教师们最大的支持，努力营造出有亲和力的工作环境，让他们把更多的精力和时间放在研究上面。

问：短短的一年时间，IESR 就招募了 22 位国内外的精英教师。想请问下，IESR 接下来在人才引进方面还会有哪些新的安排？

冯：作为一个新成立的研究机构，人才招聘是头等大事。未来几年内，IESR 还将继续双管齐下，成规模地引进海内外优秀人才。一方面我们将面向海外知名大学批量引进优秀博士。海归博士拥有良好的经济学学术训练和国际学术视野，在英文论文写作上有优势，有望短期内在国际一流期刊上发表论文。另一方面，我们也将以研究员系列岗位引进国内优秀博士。近年来，国内优秀大学培养的经济学人才水平不断提高，同时对国内经济情况更为熟悉，在中国问题研究方面也有其自身优势。这两类人才将通力合作，优势互补，形成良好的互动及强有力的团队合作。

问："学生"是您在就职典礼上提到的四大关键词之一，一年来 IESR 在学校也开展了一系列的相关活动，能否请您详细介绍一下 IESR 的学生培养机制？

冯：在学生培养方面，IESR 在过去一年算是交上了一份基本满意的答卷。我们在 5 月份启动了首期硕士生培养招生工作。全部采用推免选拔的方式，当时有 500 多人报名。通过选拔，我们从中选出了 8 名学生。许多学生甚至放弃顶尖名校保研机会而选择 IESR，这对我们来说是巨大的鼓舞。

在本科生培养方面，我们于 10 月份启动了本科国际化创新班的招生工作，从已经入学的大一学生中进行选拔。创新班为大一的同学提供了一次转专业的机会。目前，我们选拔了 55 名预培养的学生开始上课，预培养课程之后，将选拔最后的 15 ~ 30 位同学成为我们的学生。国际化创新班采用全英文课程，提供丰富的国际学术交流机会，帮助学生奠定扎实的学术基础。

总体来说，培养既有国际学术视野，又熟悉我国国情，有扎实学术功底的同时，还能运用现代经济学分析方法解决实际问题的学生，就是 IESR 的人才培养目标。我们的培养则主要从四个方面展开：①参照国际一流经济系研究生培养模式设立本科生、硕士及博士项目，对学生进行严格的现代经济学学术训练，培养严谨的学术习惯；②鼓励学生跟随导师展开最前沿的学术研究，在实践中不断提高自身的学术水平，积累研究经验；③安排学生担任学院老师的研究助理，与国外知名高校学生开展交流互访；④创造条件让学生尽早地参与调查项目。

IESR 对学生的培养始终坚持因材施教，绝不拔苗助长。我们通过各种途径培养学生的兴趣，帮助他们建立起信心。尤其对本科生的培养，IESR 一直试图创造一个良好的学术环境，为他们搭建平台，使其主动自觉学习。

抱忧患意识办学科，以国际标准立标杆

问：10 月 19 日国务院学位委员会正式公布了《关于下达 2016 年动态调整撤销和增列的学位授权点名单的通知》，共有 25 个省份的 175 所高校大幅撤销 576 个学位点，包括大量博士学位授权点。此外，共有 25 个省份的 178 所高校增列了 366 个学位点。学位点动态调整已成为常态，其实质属于学科建设的一个方面，因此，能否请您谈谈对 IESR 学科建设的思考？

冯：学位点动态调整，通俗来讲就是办得好的学科，国家给予更多的资源，办得相对差一点的学科，获得的资源也相对较少，甚至有可能被撤销。这就要求我们办学要增强忧患意识，不能局限于过去的辉煌，而要为学科发展源源不断地注入新的活力。尤其是在经济学科方向，十年来变动非常大，国际化的步伐也非常快，很多以往的重点学科或许都已经过时。那么，什么才是我们要建设的一流学科呢？

首先，要有国际化接轨的标准，不能自己定义一个"一流"，甚至自封一流。最近，我国在经济学上的各项指标与国际接轨的趋势特别明显，是否为一流学科，要由国际标准说了算。

其次，一流的人才则是一流学科的保障。没有一流的人才，就无法建设一流的学科，所以我们必须十分注重人才的引进和培养。

最后，我们学科所在的地方必须是拥有自由而开放氛围的学术交流中心。这样国

内、国际上一流的人才才愿意与我们交流。最近，一些香港高校的老师和学生专程跑到 IESR 来旁听 Seminar，这个就是我们这里逐渐成为学术交流中心的一个体现。

学校助力破旧体制，克服困难创新天地

问：IESR 在建设过程中主要遇到了哪些问题？最后又是怎样解决的呢？

冯：在 IESR 成立之初，我们遇到的最现实的问题就是办公空间严重不足。后来经胡军校长亲自协调，总务处的大力支持下，我们将一些闲置的办公空间改建成教师办公室，保障了老师基本办公条件的需要。但随着 IESR 规模的逐步扩大，办公空间又成了当下困扰我们的一个问题。现在我们正与学校方面沟通，希望能尽快得出可行的解决方案。

此外，如刚才所讲，IESR 的创立和发展，在很多层面上是对原有制度的突破。例如我们研究生招生方式的创新，需要学校各相关部门的支持；我们培养方案的创新，需要经济学研究所分委会的通过，等等。还有其他许许多多需要解决的问题，但学校在关键时刻总是给予我们大力支持和帮助，让 IESR 成立和发展的各项事宜得以顺利开展。

突出重点显特色，下放权力提效率

问：如今正值我校高水平大学建设的关键时期，您认为现阶段我校在高水平大学建设的工作中应该将重心放在哪些方面？

冯：关于学校的高水平大学建设，我主要谈两点个人的体会：

首先，注重平衡的过程中一定要有重点。大学之所以大，不在于面面俱到，而在于在自己特色的基础上有宽度。暨南大学是一所综合性大学，我们在进行学科建设时，可能常常会想发展一些原本没有的学科。但需要注意的是，我们不仅要注重各个学科的平衡，更要注意有的放矢，克制过度扩张的冲动，要有重点地、积极地发展有潜力成为一流学科的学科，建设更多具有暨大特色的学科。

其次，增加院系的自主权，调动基层的积极性。院系的发展离不开学校及各职能

部门的帮助与配合，正是他们在各个方面为我们提供了强大的支持，才让我们可以免除后顾之忧，专注自身的发展。但正如刚才所讲，暨南大学是一所综合性大学，不可能所有的工作都由学校或学校的职能部门直接推进。IESR 的各项学术科研工作得以顺利开展，就是因为 IESR 在很多方面有做事的主动权，让我们可以根据自身学科的规律自主发展，这就很好地调动了我们的积极性和创造性。

微观数据奠基础，广泛合作创一流

问：您认为 IESR 接下来将往哪些方向努力，服务于暨南大学的高水平大学建设？

冯：除了以上提到的人才引进和学生培养外，IESR 还将着眼于为国家和广东省的发展提供政策建议和智库服务，提高我校的社会服务能力。

随着我国经济进入新常态，经济社会发展面临一些特殊的机遇和挑战。广东省作为全国经济发展的排头兵，更是肩负着探索创新驱动发展路径的重任。对此，IESR 将主动对接国家和广东省的发展需要，力求将学术研究与政策研究紧密结合，在政策研究方面有所作为，为国家及广东省的经济发展献力献策，做到真正的"顶天立地"。

如今，基于微观调查数据产生的大量学术研究成果和政策报告正受到学术界、媒体和政府的广泛关注。可以预见，微观调查数据在未来将进一步支撑经济学和其他社会科学的实证研究，成为政府政策制定的重要依据。对此，IESR 将通过下属的社会调查中心建立多个大型微观数据库，填补国内在劳动力市场与就业、城乡人口迁移、儿童与青少年发展等领域相关数据方面的若干空白，支撑 IESR 在政策研究方面达到国内领先水平。我们已经和西南财经大学中国家庭金融调查与研究中心开展合作，全套引进了他们的调查系统。这套系统非常完善全面，是集他们这么多年来的经验开发的一套系统。我们以这套系统为基础，能够使社会调查中心有机会在较短的时间内迅速跻身国内一流调查中心之列。

今年我们要开展的一个重要项目是中国乡城人口流动调查（RUMiC）。该项目最早由澳大利亚国立大学孟昕教授团队开展，从 2008 年起已经连续进行了 8 年。今年首次和我们进行合作。目前这个项目已涵盖了 15 个城市 5 000 户流动人口。2017 年，我们将全面接手 RUMiC 项目。届时，我们会对这个项目进行一些改进，包括利用现在的计算机辅助调查系统以及在抽样、第一期普查方面都会进行一些改进。

我们还与诺贝尔奖得主、IESR 顾问委员会主席 James J. Heckman 教授合作，启动了在四川绵竹基于 7 所学校的留守儿童非认知能力研究项目。我们将建立绵竹市 2~13 岁儿童的发展数据库，并基于调查数据，向学校、教育局提供政策建议。同时，IESR 与绵竹市教育局正式签订共建"社会实践与研究基地"的合作框架协议书，并将绵竹市"1+4"城乡教育联盟的 7 所小学及 6 所幼儿园作为"社会实践与研究基地学校"，试点开展调查项目，探索并建立可在全市推广的工作机制。我们希望这些调查能够为整个学界提供做研究的基础。这也对提高我们学校 ESI 引用率有很大帮助，因为它有公共产品的性质和价值，可以让很多人使用它。

在智库建设方面，我们始终坚持智库与研究相结合，以研究和数据作为基础，有的放矢，服务于政策。我们目前已经初步搭建了以"暨南论道""问政暨南""IESR+"等系列活动为基础的智库平台。同时与国家民政部、国家计生委、国家统计局等部门在人口与经济、留守儿童、劳动力市场等领域展开深度合作。

在打造智库影响力方面，我们的老师已经在财新传媒、财经网、南方周末、FT 中文网、澎湃新闻等国内外知名媒体上发表过评论文章，将理论研究与现实问题相结合，为政府建言献策。

我相信，在校领导的带领下，在各方力量的大力支持下，以清晰明确的目标定位作指引，经过我们的不懈努力，IESR 一定可以实现跨越式发展，在 5~10 年内成为国内一流的应用经济学学术中心、数据调查中心及知名智库，为暨南大学建设高水平大学贡献一份力量。

发展规划处（高教研究与评估中心）郭腾军 刘付权振；经济与社会研究院　武茜
采访 / 整理

发布于 2017 年 3 月 1 日

暨南大学新闻网

【迈向高水平】
经济与社会研究院成为我校首个综合改革示范区

【按语】

2017 年 9 月 30 日，基于经济与社会研究院在成立之后取得的一系列成绩，暨南大学校长办公室正式讨论并决定将经济与社会研究院设置为首个"暨南大学综合改革示范区"试点单位，鼓励研究院大胆尝试人才发展体制机制的改革措施，探索适合经济学科发展需要的管理运行新模式。

9 月 30 日，我校校长办公会议决定，将经济与社会研究院设置为首个"暨南大学综合改革示范区"试点单位，并将职称评定、评聘自主权下放至研究院，赋予了研究院更高的人事、学生培养及智库建设自由权。

在经济与社会研究院未来的规划中，五年内全职教师规模将达到 50~80 名，涵盖应用经济学各主要领域。教师队伍中海外毕业博士比例达到 90%，组建一支具有国际影响力的特聘教授队伍，输送学生到世界排名前 50 学校继续深造。以数据调研为特色，打造国际先进、国内一流、华南地区首屈一指的新型国际化智库。

为实现这一目标，研究院制定了《经济与社会研究院综合改革示范区建设方案（2017—2022 年）》（简称《建设方案》），明确了核心目标和系列改革措施。

实行"教师聘用双轨制"符合条件教师可转轨

10 月，对于经济与社会研究院孙伟增来说是特别的，因为他成功地由研究轨转为教学科研轨，完成了自我转型。未来他将会集中精力做好学术和教学工作，让二者相长。

孙伟增是研究院"教师聘用双轨制"改革的受益人之一。"双轨制"包括教学科研轨与研究轨，其中，教学科研轨以科研标准（如高水平论文发表等）考核教师；研究轨以智库相关的政策研究成果作为主要考核标准。双轨之间可以灵活转换，但必须经单位考核与同领域国内外专家评审，并获研究院学术委员会同意。

"'双轨制'允许教师综合考虑自身的学术表现、科研兴趣及发展方向，对自身定位进行调整，是研究院重视人才个性化发展的体现。"经济与社会研究院院长冯帅章表示。

自主评聘　教师满六年可获一学期带薪休假

研究院自主评聘教师，对教师实行准聘长聘制。教学科研轨含助理教授（assistant professor）、副教授（associate professor）、长聘副教授（associate professor with tenure）、正教授（professor）四个职级。研究轨含助理研究员、副研究员、长聘副研究员、正研究员四个职级。任职满六年的教师可以获得一个学期的带薪学术休假。

每年，符合条件的教师可以向研究院提出升职申请。初审合格后，申请人材料将送交国内外同领域专家，进行同行评议。之后，由研究院教师及若干名院外专家组成升职评审委员会，综合考虑申请人各方面情况，形成推荐意见，交由院长最终决定。

今年 10 月，经过同领域国内外专家评审、研究院升职评审委员会审核，谷一桢、史炜晋升为经济与社会研究院副教授。谷一桢表示："如今的评聘机制与国际知名高校的相关制度非常接近。研究院没有期刊目录，更看重同领域专家的评审意见。"

以数据为核心　做"专注中国问题"的高水平智库

《建设方案》中明确了两个核心目标，其中之一是"建设以中国问题为特色的学术及政策研究队伍，特别是在劳动经济学、区域经济学、环境经济学等方向要达到国内领先、国际先进水平"。其实，自 2015 年研究院成立以来，研究院便以数据为导向，持续关注中国社会，打造"专注中国问题"的高水平智库，"接地气"的研究成果不断涌现。

冯帅章的团队聚焦于人口流动背景下的儿童与青少年发展问题。他与团队实地跟踪调研了 3 000 名包括随迁子女在内的小学生的学习、健康、家庭背景、学校与班级等情况，并出版《城市的未来——流动儿童教育的上海模式》一书，总结近十年的研究成果，引发了社会舆论对该问题的关注。

谷一桢则应用全国的土地交易数据库和北京的容积率调整数据，进行容积率控制的研究，并提出了一种衡量容积率控制强度的方法；薄诗雨、宋彦关注医闹事件对高考生源报考医学专业的影响；孙伟增关注中国开发区政策；蔡澍关注精准扶贫问题；刘诗濛聚焦中国城市吸引力研究……

"无论是及时把握国情脉络，还是系统总结中国经验，乃至对传统理论进行创新，都离不开细致艰苦的数据收集工作。"研究院院长冯帅章说。因而，研究院成立了社会调查中心、政策研究中心、发展交流中心，以此为平台搜集大量数据，一步步明晰经济社会问题背后的机制。

力推精英模式　着力打造国际化特色

研究院从成立之初，便一直在打造精英化教学模式。去年 5 月，研究院启动了首期硕士生培养招生工作，从 500 多名推免生中选拔了 8 名学生。同年 10 月，研究院启动了本科国际化创新班的招生工作，从已经入学的大一学生中选拔了 55 名预培养的学生。

《建设方案》明确了经济与社会研究院"打造鲜明的国际化特色以及与国际接轨的管理体制"的核心目标之一。未来，经济与社会研究院的博硕招生与培养模式，将与国际一流经济系培养模式接轨，并单独制定博硕研究生导师资格认定标准，报学校学位评定委员会通过后实行。本科创新班作为本科教育的改革试点，采用一流师资和北美经济教育模式。

负责学生相关事务的谷一桢与研究院的本科、研究生接触后，欣慰地说："这些学生都很活跃、很聪明，对学术研究充满兴趣。值得一提的是，他们担任老师们的助研，为研究的顺利开展提供了出色的帮助！"

经济与社会研究院　李蔚　徐梦瑶

发布于 2017 年 10 月 31 日

财新博客

怀念克鲁格教授

【按语】

2018 年 11 月 17 日，美国普林斯顿大学教授、著名经济学家、奥巴马总统经济顾问委员会主席阿兰·克鲁格（Alan Krueger）教授受邀来访暨南大学经济与社会研究院，为暨大商科百年纪念活动做专题演讲，并于会后与研究院教师见面交流。在短短几个小时的沟通后，他总结研究院的做法是"Bring the best of the best to work on China"。2019 年 3 月 16 日，克鲁格教授憾然离世。作为他曾经的学生，冯帅章教授专门发文怀念，细数两人之间的相识、相知，以及克鲁格教授和经济与社会研究院短暂但令人深刻的相遇。

昨天开会回到广州，晚上睡觉前，突然在劳动经济学的一个群里，看到克鲁格教授去世的消息，我瞬间震惊了。

我想整个经济学界都是同样的反应。是的，今天和来访的 Klaus Zimmermann 教授说起，他也是这样的反应。他说"如果我是一个女人，我会爱上他"。

是的，他不仅仅是一个 CNN 今天报道所称的"famed economist"。在认识他的人眼里，他是一个非常有魅力的成功人士。他的举止永远都是那么得体，他的演讲永远都是那么逻辑缜密。他有幸福的家庭，妻子，一儿一女。他仿佛拥有我们很多人羡慕的一切，却以一种我们所有人都绝对意想不到的方式结束了自己的生命。这怎么能不让人们在震惊之余，百般惋惜呢？奥巴马总统在今天发布的一份声明上说："这个周末，美国失去了一位卓越的经济学家，我们很多人失去了一位亲爱的朋友。"

确实如此。

虽然很早就读过他的文章，听过他的名字，但是认识克鲁格教授是从 2008 年开始的。那年四月，我回国工作将近两年，有点迷茫，偶然间看到普林斯顿大学的 Krueger 教授和 Oppenheimer 教授在招聘一位博士后，从事气候变化对于移民的影响研究。虽然当时的我实际上不知道气候变化为何物，怀着对于 Krueger 教授的崇拜和普林斯顿大学的向往，我抱着试试看的心情申请了。此后不久，5 月 14 日，我就和 Alan 通了电话，他和我简单聊到了他们的研究计划，并且当场决定录用我。

八月，我到了普林斯顿大学，终于见到了教授本人。他给人的第一印象是聪明，和他谈话，常常会有跟不上的压力，因为他反应很快，感觉无所不知。我想这也是他能够在如此多不同的研究领域进行开创性研究的原因。从传统的劳动经济学研究：行业工资差距、最低工资、教育问题，到恐怖主义、环境库兹涅茨曲线、幸福感与时间利用，他似乎具有无穷无尽的寻找新的研究题目的能力。当时，两位教授想要进行的关于气候变化对移民的研究也是这样。虽然政策讨论和媒体报道很多，但严谨的实证研究几乎没有。我们最终的文章能发在 PNAS 上，我想和选题有莫大的关系。

在我到普林斯顿大学最初一两个月内，我们对开展的研究进行了大量的讨论。可惜，奥巴马总统上任后，他很快去了美国财政部担任首席经济顾问，效力于 Tim Geithner 帐下。虽然我们的项目还一直在持续，但是平时的交流机会只限于网络和他偶尔回普林斯顿大学了。于我而言，这似乎是到普林斯顿大学最大的遗憾。

两年后，我离开普林斯顿大学前，和太太到他家吃饭。当时他也快离开财政部回普林斯顿大学了。依稀记得他们家带游泳池的 house 及他太太 Lisa 准备的三文鱼晚餐，见到他正在读高中的女儿，好像学了中文。他的儿子当时已经上普林斯顿大学了。印象比较深刻的是 Lisa 还责问他为什么不提前告诉她我太太怀孕了。Alan 只能无辜地表示自己也不知道。

回国后不久就看到他成为奥巴马总统的首席经济顾问。这之后虽然我们还有通过 Skype 讨论研究进展，但更多的是在新闻媒体上看到关于他的报道。

再见 Alan，已经是在 2015 年春天的上海了。他和太太一起来亚洲，顺道来了上海。我陪着他们在上海游览了一两天，新天地、外滩、城隍庙，其间聊到很多他在白宫的趣闻，当然还有美国的劳动力市场，以及他正在做的关于 uber 司机的研究。Alan 还主动提到组织中国经济学家和顶尖美国经济学家的对话。可惜这一想法始终没能实现。

我到暨南大学后，一直想邀请他过来而不可得。他依然很忙，美国大选期间他成为希拉里团队重要成员。

直到去年 11 月，暨大商科一百年纪念。我受学校委托，邀请他来广州。虽然不是放假时间，但他还是重新安排了课程，专程过来。当天因纽约大雪，他还差点无法赶上过来的飞机，也让我虚惊一场。他看起来依然非常年轻。我们学院的年轻同事们都羡慕他有那么好的身材，那么好的精神状态。他做了 Rockonomics 的主题演讲，关于音乐的经济学，也是他的下一本专著。他仍然是那么的口若悬河，完成了近乎完美的演讲。作为一个民主党人，他对特朗普经济政策的评论不令人意外却又拿捏得恰到好处。

主题演讲结束后，Alan 抓紧时间和我们 IESR 的年轻老师开了一个见面会。快要结束的时候，他发现没有来自女老师的提问，于是坚持必须要有女性提问后才结束。事后，他告诉我，美国也是如此，女性趋向于不敢提问，而男性可能会过于轻率地提问不是太好的问题。

我们仍然聊到了他的研究。他提到和 Ashenfelter 教授做的关于连锁店劳动力市场的研究。美国麦当劳各门店之间互不挖墙角，这种合谋对于劳动者的福利无疑是一种损害。他还骄傲地提到，通过他们的研究，已经推动了美国一些地方立法的改变。这么大牌资深的教授还在做这么开创性的研究，确实让人感慨。

Alan 的洞察力依然让人惊叹，在 IESR 待了短短几个小时后，他就能总结出我们学院的做法是"Bring the best of the best to work on China"，真是一语点醒梦中人。

送他去机场的路上，我们又聊了劳动力市场的一些问题以及可能的合作。我们一直都有 email 联系，我也一直在准备着。昨天晚上，看到消息后，我查了一下邮箱，收到他最后一封邮件是 2019 年 3 月 8 日。我又查了一下我们以前的邮件，最早一封是 2008 年 5 月 5 日。

我想我还是有很多机会继续读 Alan 的著作，虽然再也没有机会和他合作了。

冯帅章

2019 年 3 月 19 日于广州

《南方日报》

在南粤大地打造国际一流的应用经济学科

【按语】

2018 年 12 月，经济与社会研究院成立三周年之际，《南方日报》整版报道了 IESR 在学术研究、学生培养、机制改革、新型智库等方面的发展，系统总结了研究院在短短三年时间里所取得的各项成绩。记者专程采访了冯帅章院长，请他畅谈一路走来的心路历程。此外，国内外专家学者纷纷表达了他们对研究院的肯定和认可。

今年 2 月，荷兰蒂尔堡大学"全球经济学研究机构排名"公布 2017 年数据，暨南大学经济学科在 35 本国际权威经济学期刊上的论文发表数跻身全国第 7 位，亚洲第 19 位。

"这是学校应用经济学科迈向国际化的标志性成果！"暨南大学经济与社会研究院（以下简称"研究院"）院长冯帅章说，成立 3 年以来，研究院助推学校应用经济学科向着建设国内顶尖、国际一流经济学科的目标稳步迈进。

站在建院三周年的新起点上，研究院将继续拓展人才"蓄水池"，充实学科发展，打造新型智库，奋力助推暨南大学经济学科冲刺国内第一梯队，进入全国前五行列，同时力争进入世界一流。

学科发展的排头兵：带动经济学科排名强势"飙升"

2015 年，广东启动高水平大学建设，暨南大学榜上有名。作为传统优势学科，如何为学校建设高水平大学做出新的贡献，成为摆在暨南大学经济学科面前的迫切问题。

彼时，教育部"长江学者"特聘教授、"国家杰青"获得者冯帅章加盟暨南大学，引发学术界的广泛关注。同年 12 月 2 日，暨南大学经济与社会研究院正式成立，冯帅章任院长，带领研究院开始推进经济学教育科研国际化进程。

新增研究院后，暨南大学经济学科开始在荷兰蒂尔堡大学"全球经济学研究机构排名"中崭露头角，并呈现强劲的上升势头，去年更是"飙升"至全国第七，较 2016 年上升 15 名。

冯帅章介绍，从成立之初，研究院便围绕数据、研究、智库、学生这 4 个关键词，致力于打造国际化的学术平台，对标国际水准的学术研究。

"我们要把研究院打造成'顶天立地'的学术机构。"暨南大学经济与社会研究院院长助理卢晶亮介绍，研究院走国际化的发展道路，同时又做"接地气"的政策研究，主动对接国家和广东的发展需求，提供政策建议和智库服务。

"顶天立地"从何实现？卢晶亮介绍，研究院成立的三大科研机构、三大职能中心提供强有力支撑。

三大科研机构分别为微观计量经济学中心、国际贸易与企业发展研究中心、劳动经济学研究中心，均由国外著名学者担任负责人。其中，劳动经济学研究中心"人口流动与劳动经济学科创新引智基地"成功入选教育部与国家外国专家局联合实施的"111 计划"，成为暨南大学首个人文社科类"111 计划"引智基地。

今年 6 月，研究院以"111 计划"引智基地为重要依托，与美国芝加哥大学联合发起"芝加哥—暨南人类发展研究联合计划"，由冯帅章与 2000 年诺贝尔经济学奖得主、芝加哥大学教授詹姆斯·赫克曼共同担任负责人，双方在学术交流、科学研究、人才培养等方面展开全方位合作。

此外，研究院下设社会调查中心、政策研究中心、发展与交流中心三大职能中心。卢晶亮介绍，社会调查中心开展大型社会调查项目，为政策制定及学术研究提供高质量的微观数据；政策研究中心针对有关国计民生的热点问题进行相关政策研究，提供高水平的智库服务；发展与交流中心帮助国内学子申请到海外知名学府深造，针对政府企事业人员进行专业培训。

国际化教育的领跑者：学生兼具全球视野与家国情怀

"研究院引进一流师资，最大限度运用于培养一流学生。"研究院院长助理朱宏佳表示，研究院坚持现代化教育，致力于把学生培养成既具有国际学术视野，又熟悉现实国情，能运用现代经济学分析方法解决实际经济问题的优秀人才。

为了让学生接触国际最前沿的研究成果，研究院所有课程使用国际一流经济学项目通用的英文原版教材，坚持英文授课，保证学生与国外主流学术界的交流顺畅。同时，聘请诺贝尔经济学奖得主詹姆斯·赫克曼为研究院顾问委员会主席，并聘请约翰·霍普金斯大学胡颖尧教授、杜克大学徐熠教授、澳大利亚国立大学孟昕教授、新加坡国立大学 Sumit Agarwal 教授、芝加哥大学 Steven Durlauf 教授、哈佛大学白洁教授等多位海外学者担任特聘教授，让学生和国外学术"大咖"经常面对面交流。

除了"引进来"，研究院还让学生"走出去"。今年，20 名大三学生中，有 5 名分赴美国、意大利、英国、中国台湾等国家和地区的高校交换访学，占比达四分之一。硕士生吕佳玮正在芝加哥大学访学，参与詹姆斯·赫克曼教授团队的研究项目。

"培养学生的国际视野，最终还是要落实到熟悉国情上，让学生有家国情怀，能真正研究、解决现实问题。"朱宏佳说，研究院的社会调查中心组织开展了多项大型社会调查项目，让学生们跟随调查中心深入一线，了解中国现实经济问题。

去年暑假，研究院本科生李蔚参加了中国家庭就业调查项目，参与 200 多个家庭调查。"实地调查让我感受到数据不是冷冰冰的，而是来自我们身边。"李蔚说，实地调查让他加深了对经济问题、社会问题的认识。

对学生因材施教，研究院还为本科生配备导师，实现学生的个性化培养。年轻老师们还发起了珠江经济学俱乐部，共享学院优质学术资源，吸引校内外的学生加入，让他们了解研究前沿。

机制改革的示范区：释放人才发展强劲活力

近日，研究院再次发出"招贤令"，并将于明年一月初奔赴美国，第 4 次通过全球最大的美国经济学年会人才市场进行教师招聘。成立仅 3 年，研究院已招聘 39 名全职教师，其中 35 名毕业于海外高校，占比达 90%。

冯帅章介绍，从 2017 年成为"暨南大学综合改革示范区"试点单位开始，研究院拥有独立的职称评定、评聘自主权，人事制度、学生培养及智库建设的自由度更高。

"学校赋予我们非常大的自主权。我们参考国际通行标准，也融合学校的实际情况，在人才引进、考核、选拔等方面理顺了机制体制，充分释放人才发展的活力。"冯帅章说，研究院的人才引进从"请学校审批"转为"向学校报备"，更为便捷、精准、及时。

目前，研究院实行教师聘用双轨制，即教学科研轨与研究轨并行。教学科研轨含助理教授、副教授、长聘副教授、正教授四个职级。每年，符合条件的教师可提出升职申请，按照研究院的规定程序和标准进行评审。

过去 2 年内，经过同领域国内外专家评审、研究院升职评审委员会审核，谷一桢、史炜、蔡澍 3 位教师从助理教授晋升为副教授。

"我从 2016 年在研究院任职助理教授，仅用一年时间就升为副教授。研究院的评价、考核机制非常顺畅。"史炜说，教师只需满足学院晋升标准，要求更为灵活，让他们感受到了学院对人才的重视。

"研究院的评聘机制与国际知名高校的制度非常接近，没有期刊目录的硬性要求，更看重同领域专家的评审意见。"在谷一桢看来，同行评价更能准确评判教师的学术水平，是更为科学的评价体系。

冯帅章介绍，研究院是暨南大学推进长聘副教授评定制度的首个试点，目前有 2 位副教授拟受聘为长聘副教授。长聘副教授制度将消除入选者面对短期考核的压力，让他们全身心投入研究工作中。

以人为本关注民生　打造专业新型智库

"研究院的智库工作开展不到 2 年，就获得了学界的肯定！"暨南大学经济与社会研究院副院长张思思介绍，根据中国社会科学评价研究院发布的《中国智库综合评价 AMI 研究报告（2017）》，研究院成为全国 16 家"高校智库 A 类——211 高校经济领域"入选智库之一，也是广东高校唯一入选该榜的经济类智库。

张思思介绍，在成立之初，研究院便将智库建设作为四大主抓工作之一，主动对接广东和国家的发展需求，致力于提供高质量智库服务和政策建议。

何谓新型智库？冯帅章介绍，研究院智库工作以社会调查中心开展的大型调查数据为基础，建立在严谨的学术研究基础之上。为此，研究院成立政策研究中心，与社会调查中心紧密配合，践行"新型智库"发展模式。

目前，政策研究中心已就多个民生领域与政府部门展开合作。包括与民政部合作关注留守儿童与困境儿童问题，与国家卫生健康委员会合作关注流动人口问题，为住建部住房公积金监管司及广州公积金中心提供政策咨询，与国家统计局合作开展就业方面研究，为广东省省委提供专家咨询等。

"我对房地产经济学一直很感兴趣，来到研究院任职后，结合广东的房地产经济运行情况开展了一些新的研究。"张思思举例介绍，针对广州长租房、租购同权等房地产经济现象，她从广州市现有人口结构及经济结构出发深入开展调研，为广州市建立"多主体供给、多渠道保障、租购并举"的住房制度提供政策建议。

在广东实施乡村振兴战略之际，研究院发起"广东千村调查"项目。今年暑假，研究院教师带领 150 多名学生历时 2 个多月，深入 3 000 多户农村家庭乡村进行调研，从精准扶贫战略、教育脱贫战略、农村金融改革等角度出发，系统收集乡村发展的微观数据，利用一手数据研究"三农"问题，实现学术研究与政策研究的有机结合，为广东省乃至全国的乡村振兴建言献策。

"成立至今，研究院以数据为基础，关注中国社会，'接地气'的研究成果不断涌现。"张思思表示，目前，研究院正一步步向高水平智库迈进，更好地服务于广东和国家的发展需求。

对话　暨南大学经济与社会研究院院长冯帅章：冲刺国内第一梯队，力争进入全球一流

今年 12 月 2 日，研究院将迎来三周岁生日。作为院长，冯帅章见证了研究院一点一滴的成长。

"研究院很'年轻'，但成长的速度超过我的预想。"冯帅章表示，站在建院 3 周年的新起点上，研究院将继续紧抓机遇，加快发展。

问：2015 年，广东启动高水平大学建设之际，您来到暨大，希望做些什么工作？

冯帅章：当时广东启动高水平大学建设，客观上为人才发展、科学研究提供了更好的大环境，我认为这是一个巨大的发展机遇，就应邀过来任职了。

我在 2015 年的就职典礼上提到四个关键词——数据、研究、智库、学生，这是我们的 4 项中心工作。其中，数据收集是基础，我来到暨大的初衷就是要做数据库的建设。从某种意义上说，数据库是学术界的一个基础设施，建成后可以推动很多相关研究的进展。而学术研究和智库建设相辅相成。学生培养建立在前三者的基础之上，又为这三者服务，达到教学相长的效果。

问：研究院成立快 3 年了，它的发展符合您的预期吗？

冯帅章：它的发展超过我的预期。学校大力支持研究院的工作，不仅给予充足的经费支持，还将它作为"综合改革示范区"试点单位，赋予我们很大的自主权。

目前，研究院的数据、研究、智库、学生 4 项工作进展顺利。我们依托社会调查中心、政策研究中心、发展与交流中心三大职能中心，在数据的基础上开展了高水平的研究，并基于这些研究，结合现实问题为政府建言献策。

我常常说，不管是教书育人，还是科研工作，研究院都要做一些实际的东西，而不是空中楼阁。我们的研究要与社会现实紧密结合，成果要为社会带来一些改变。

同时，我们不是一个纯粹的研究院，我们最终的落脚点还是要落实到人才培养上。我们的学生不仅要做好学术，更要勇于实践。因此，我们的社会调查常常吸纳学生加入。

问：站在建院三周年的新起点上，研究院有何新的发展规划？

冯帅章：目前，研究院的发展态势是稳步向前的。新起点上，我们更要紧抓机遇，加快新一轮发展，冲刺国内第一梯队，力争进入世界一流。

一方面，人才是开展教学、研究的智力支撑，我们将继续扩大人才引进规模，提高人才质量。目前，我们在人才引进方面有制度上的优势，有信心继续引进年轻的优秀博士，为团队持续注入新鲜血液。

另一方面，我们将继续充实学科发展。除了继续保持在劳动经济学、区域经济学、计量经济学、国际贸易与产业组织等方面的研究优势，也要寻找学科新的增长点以及学科的渗透与融合，如大力发展宏观经济学等学科。

近3年，研究院助推学校经济学科跻身全国前列，已经进入国内第二梯队。接下来，研究院希望助推暨南大学经济学科在国内站稳第二梯队，冲刺第一梯队，达到国内前5名的水平，同时力争进入世界一流。

声音　"研究院凝聚学术人才，形成学术高地"

詹姆斯·赫克曼（2000年诺贝尔经济学奖得主、芝加哥大学教授）：

暨南大学经济与社会研究院是一个年轻且非常有前途的研究机构。以严谨且系统的方法来讨论政策，不仅能让中国人以及全世界更深入地了解中国，还可以更好地服务政府，提供正确的决策意见。我对研究院未来3年乃至未来30年充满期待！

阿兰·克鲁格（前任美国总统奥巴马经济顾问委员会主席、普林斯顿大学教授）：

研究院正在进行的调查研究使我印象深刻，与詹姆斯·赫克曼等国际优秀人才合作是一个非常有效的方法，有利于推动中国经济学研究国际化的发展。

陈诗一（复旦大学教授、长江学者、国家杰青）：

研究院的特点是聚焦社会实际问题，进行有组织的社会调查，获取中国的一手经济数据，为研究、政策服务，同时拥有一支年轻的科研队伍，进行国际化研究。

方颖（厦门大学教授、长江学者、国家杰青）：

研究院的成功得益于在学校充分授权的基础上不断进行制度创新，短时间内凝聚了大量的海内外学术人才，形成学术高地，成为整个经济学界一支新生力量。

刘守英（中国人民大学教授、国务院发展研究中心农村经济研究部原副部长）：

将中国经济研究进一步规范化，将立足于真实世界的中国经济学研究推向主流经济研究，是你们的使命。我期待研究院团队能够成为将中国经济学研究主流化的典范！

余淼杰（北京大学教授、青年长江学者、国家杰青）：

研究院在科研、教学、社会服务方面都取得了非常惊人的成绩，已经逐渐成为南粤大地的中国经济研究中心。我们希望看到研究院有一个更辉煌的明天！

周亚虹（上海财经大学教授、长江学者）：

研究院的研究真正做到了顶天立地，既注重国际前沿，又关心中国问题。在学生培养方面，注重以本为本，希望研究院今后培养出更多能够掌握国际前沿，又跟中国实际情况相结合的复合型人才。

撰文：马立敏

发布于 2018 年 11 月 30 日

新浪财经

"安神" Angrist 教授眼中的中国功夫与计量经济学

【按语】

2021 年 10 月 11 日，作为压轴奖项的诺贝尔经济学奖揭晓，约书亚·安格里斯特（Joshua D. Angrist）与另外两位经济学家共同获此殊荣。在两年前的 2019 年，经济与社会研究院曾邀请 Angrist 教授前来暨南大学进行短期授课并与 IESR 师生深入沟通。Angrist 在采访中对经济与社会研究院给予高度肯定，他表示，"IESR 的教授在努力地为中国研究做出一些贡献，发表的论文也越来越有趣"。本篇采访被收录在新浪财经的"聚焦 2021 年诺贝尔经济学奖"专题中。

Joshua D. Angrist，麻省理工学院福特经济学教授，美国国家经济研究局研究员，美国艺术与科学学院和世界计量经济学会院士。他曾担任多个编辑委员会成员和《劳动经济学杂志》的联合编辑，并且是《基本无害计量经济学》《功夫计量经济学》的作者。Joshua D. Angrist 教授被中国经济学界的粉丝们尊称为"安神"。

笔者见到 Angrist 教授时，他在暨大的短期课程刚结束不久。许多慕名而来的"粉丝"带着自己的《基本无害计量经济学》或是《功夫计量经济学》找他签名，对于等待的每一位"粉丝"，Angrist 教授都耐心地询问名字，并签上专属的祝福。

计量之于劳动经济学

作为一名劳动经济学家，Angrist 教授却因两本计量教材（《基本无害计量经济学》和《功夫计量经济学》）而被熟知。采访伊始，他提及经济学是关于实证问题的学科，它的目标是回答经济体、社会系统如何运作等相关问题。它并不像哲学一样抽象，反而是像药学一样的实用学科。Angrist 教授认为随机控制试验在未来十年将会变得更加普遍。不仅限于学界，一些业界的公司如亚马逊、谷歌、网飞等，他们也在低成本、高效率地运用随机试验来了解商业中的关系与原理，并且他们将会为社会科学领域注入新的活力。谈及多数人关心的道德问题，Angrist 教授则表示他并不会过分担心。随机试验以自愿参与为原则，发起者并不会强迫任何人去做任何事，他们所做的只是鼓励某种行为，与此同时运用工具变量的方法来分析结果。Angrist 教授的研究有一部分集中于教育系统，目前很多年轻的学者们都关注教育政策、学校改革等方面的问题，他表示很高兴看到他正在做的一些事在中国也能被重视，且希望看到有关教育的研究被更多人所关心。

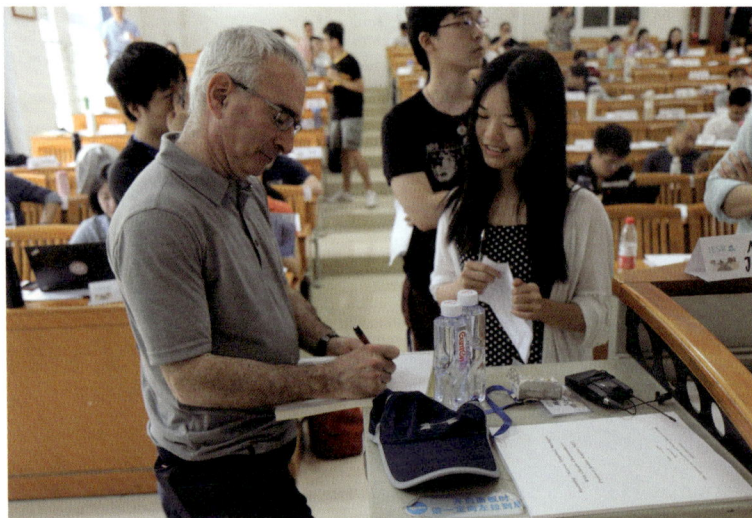

2019 年 6 月，Angrist 教授到暨南大学开展计量经济学短期课程，
图为下课后教授为学员在《功夫计量经济学》一书上签名

"安神" 与功夫

在为期 3 天的计量经济学工作坊上，Angrist 教授展示了许多计量与功夫相结合的照片与视频。当我们问到他与中国功夫的渊源时，他说，儿时住的小镇很少有亚洲移民，大概从他 12 岁起，每天放学回家就会看《功夫》（电视剧）和《星际迷航》（*Start*

Trek），同时深受剧中功夫的吸引。功夫、熊猫、少林足球这些元素逐渐变得流行起来，李小龙的电影也被观众所喜爱。功夫是美国流行文化的重要组成部分，也是东西文化交融中有趣的一部分。Angrist 教授表示，功夫所传递的"人生是一趟旅途，我们需要抉择。每个人都会有自己的命运，但同时也有自由的意志"是一种普世价值观，对计量经济学也同样适用：你有点像一个有着目的地 y_0 的旅者，但是你也可以把目的地选择成 y_1，但是只有你真的去了其中一个目的地，你才能观测到那里的风景。作为一个科学家，我们可以研究不同的人做决定的方法。

Steve Pischke 教授和 Angrist 教授希望在着手写他们的第二本书之前（先前完成了《基本无害计量经济学》），先找到一个主题。"首先，我们希望它和第一本完全不同，且能与书的内容有关联。所以我们尝试了许多不同的东西，并与普林斯顿出版社的编辑讨论，他认为'功夫计量经济学'正合适。接着，我写了一些东西，2012 年的时候我在香港访问，我向身边的人展示并询问他们是否觉得好玩或受到冒犯，他们的回复都十分正面与积极。"Angrist 教授同时也专门组了小组，并将书稿展示给他的亚洲学生看，书稿受到了喜爱。最终他们找来了能够完成配图的艺术家，于是《功夫计量经济学》一书诞生了。他提到，这本广为流传的教材，灵感始于功夫熊猫，而功夫熊猫则是基于最早期的电视剧《功夫》。

Angrist 教授表示他很享受三天的计量经济学工作坊，他希望各位学生也能乐在其中、有所收获。他坦言在劳动经济学午餐上对学员论文展示的批评可能有些严厉，并笑称这为"tough love"，有时他也会担心是否会伤及别人的感受，但他希望学员们能理性地对待他给出的评价。Angrist 教授说，其实他从 20 世纪 90 年代后期就开始教授这样的短期课程，一开始是教政府官员一些基本的计量经济学，后来逐渐发展为向非 MIT 的学生来展示他自己版本的计量经济学。直到 Steve 和他着手写书，短期课程才真正意义上开始基于《功夫计量经济学》，而各式各样的音乐、视频及有趣的细节则是在发展过程中慢慢加入的。

教学和研究缺一不可

从 Angrist 教授上课的方式可以看出，他非常注重与学生之间的互动，比如在课上他时常会根据学生的名牌直呼名字向学生提问。他表示，这么做是希望学生能集中注意力来思考，保持紧张感而不至于在课堂上太过放松。

Angrist 教授说，尽管只有少数人最终会选择攻读博士学位进而专门从事学术研究，但他希望大家能从他做学术研究及教学的方法中有所收获。Angrist 教授直言他现有的模式是从自己本科时代的一位教师那儿学来的，但当时并非所有学生都喜欢那位教师，甚至很多人因为教师的严厉而哭泣，他却很享受上课的氛围。当他集中精力思考时，每一堂课的时间飞逝而过。那门课是经济学原理，虽然他最终得到的成绩是 B（并且是本科时代的唯一一个），但最终激励了 Angrist 教授成为一个经济学家。好的老师能够改变人生道路。他说，希望年轻的教授能够明白，他们的教学对学生的影响可以和他们的研究对世界产生的影响一样有意义，或者更为重要。

"找到你擅长的事、你喜欢做的事和你比别人做得更好的事。""比如说你是一位中国的劳动经济学家，那就应该运用中国的数据去研究一些关于中国的、有趣的话题。"Angrist 教授曾经在以色列希伯来大学供职很长一段时间，并且完成了许多关于以色列问题的论文，那时较为年长的教授们总说要多用美国数据，否则文章将不会被发表，但事实并非如此。"我有很多以色列朋友，如 Victor Lavy，他就主要运用以色列数据，并且也有很不错的学术生涯。"他表示，中国是一个非常有趣的国家——几年来在不断地发展和变化，许多研究也应该基于中国的制度、中国的学校教育及劳动力市场等展开。国外许多年轻的学者会认为他们应当致力于美国问题，但 Angrist 教授并不认可这样的观点。"IESR 的教授在努力地为中国研究做出一些贡献，发表的论文也越来越有趣。如果将来能做出一些独特的东西，他们也会更加成功。仅运用公共数据库来做研究并不是一件难事，但现今想要做出一些有趣的东西，更多地应该利用好这里独有的资源，研究这里独特的问题，如中国的劳动力市场改革、移民及教育政策等。"

2019 年 6 月，Angrist 教授到暨南大学短期访问，与 IESR 院长冯帅章教授交流

"安神"和计量经济学教材的过去与未来

Angrist 教授表示曾在 20 世纪 90 年代就想写一本有关工具变量的书。"Guido W. Imbens 和我先是完成了两篇论文，那时我认为市面上关于工具变量的教学模式十分老旧。当你想写书时，你会先完成一个大纲并发送给出版者。大概在发给两三位出版者后，我先是被拒绝了，接着我想我应该完成一些其他章节，并写了一些关于回归的内容。由于时间的限制，出书的计划暂时被搁置。大约在 2005 年前后，Steve Pischke（Angrist 教授在普林斯顿大学读博时的朋友）来访 MIT，我提议继续完成剩下的部分，但他以工作量太大拒绝了。几周后，我收到了他写的一些章节，写书的工作就算是正式开始了，Steve 是个愿意投入时间的合作者。《基本无害计量经济学》的成功让我们开始考虑《功夫计量经济学》，一本更适用于本科生教学的书。"谈及是否会有下一本书面世，Angrist 教授坦言他正在思考推出一本《基本无害计量经济学》的新版本，它将更多地包含过去 10~15 年萌芽发展的计量方法。"我在想怎么将它做得好玩有趣，也有了一点基本的想法。但我需要找合作者，我想已经有合适的人选了。"新书或许会在 5 年后面世，他笑着说，"希望大家耐心地等待"。

发布于 2021 年 10 月 11 日

《国是咨询》

暨南大学经济与社会研究院与民生问题

【按语】

由国务院参事室主办的《国是咨询》杂志，在 2020 年第 2~3 期中刊发两篇暨南大学经济与社会研究院（IESR）报道。其中，"智库之声"栏目刊发文章《暨南大学经济与社会研究院与民生问题》，介绍 IESR 的智库研究队伍、研究领域以及研究成果；"聚焦新刚需"栏目刊发专题报道《流动儿童与教育》，介绍了冯帅章教授、助理教授韩昱洁关于流动儿童与教育的最新研究：《公办还是民办？流动儿童义务教育阶段的选择》《新时代流动儿童教育问题的新挑战》。《国是咨询》是国务院参事室、中央文史研究馆主办的高水平内参读物，主要刊发国务院及全国各地政府参事及文史馆员中的专家学者撰写的各类调研、建议、咨询类文章，具有很高的决策咨询和参考价值。经济与社会研究院自成立之初就坚持做独立专业的新型智库，并在很短的时间内成为国内知名智库，此次被《国是咨询》专题报道，充分彰显了智库的影响力。

暨南大学经济与社会研究院成立于 2015 年 12 月，是暨南大学为建设高水平大学、推行经济学教育科研国际化而设立的教学科研机构。研究院坚持"以人为本，关注民生"的智库发展价值观，致力于打造以严谨深入的实证研究为基础，立足本土放眼国际，独立专业的新型智库。2017 年，研究院首次荣登核心智库榜单，成为全国 16 家"高校智库 A 类——211 高校经济领域"的入选智库之一。2018 年，研究院入选由上海社会科学院智库研究中心发布的核心智库榜单，排名进入全国社会类智库专业影响力前十名。2019 年，研究院入选民政部政策理论研究基地，成为民政部在华南地区唯一的政策理论研究基地。同时，入选《光明日报》、南京大学"中国智库索引（CTTI）"来源智库。

研究队伍

研究院由"长江学者"特聘教授冯帅章担任院长，延揽 42 名海内外知名高校优秀博士毕业生担任全职教师，其中超过 90% 的全职教师毕业于海外知名高校。同时，聘请在国际上具有广泛学术影响力的知名学者担任特聘教授，建设了一支以 2000 年诺贝尔经济学奖得主、芝加哥大学教授詹姆斯·赫克曼（James J. Heckman）为核心的特聘教授队伍，打造一流的国际化师资团队，构建与国际接轨的考评标准体系。研究院专门设立了政策研究全职教师，专注于智库成果产出。现有 5 名政策研究全职教师，皆毕业于国内顶尖学府，为智库发展提供坚实的智力保障。

研究领域

（一）流动儿童与留守儿童

研究院与 2000 年诺贝尔经济学奖得主、芝加哥大学教授詹姆斯·赫克曼（James J. Heckman）合作，在四川绵竹开展了绵竹儿童认知与非认知能力发展追踪项目，追踪儿童认知与非认知能力的发展轨迹，研究儿童的健康状况、心理健康、社会—情感福祉、认知发展和教育获得的全面情况；父母外出打工对于留守儿童认知 / 非认知能力的影响及作用机制。旨在基于严谨的研究，为流动儿童和留守儿童的相关政策的制定提供科学依据。

（二）乡村振兴

研究主题涉及农业发展质量、乡村绿色发展、农村文化、乡村治理体系、农村民生保障、精准脱贫等各个方面。通过开展广东千村调查项目，着重研究广东省在"精准扶贫、乡村生态环境、一村一品、乡村治理体系"等方面的具体实践，通过研究报告和政策内参的方式呈现研究成果，为广东省实施乡村振兴战略提供智力支持。

（三）人口流动

研究聚焦在人口流动与城市经济发展、不同地区人口政策如户籍制度的影响机制等实际问题上，并与中国人口与发展研究中心合作开展了"人口与经济发展""人口与中等收入陷阱"等课题，研究人口在经济发展中的作用、人口政策发挥的影响以及处于中等收入陷阱的国家面临的各类人口问题。同时，研究院开展"中国乡城人口流动调查"和"广东人口流动现状调查"，搜集城乡流动人口的基本人口特征、健康、教育、就业、社会关系网络、家庭收支、居住条件和老家信息，分析城乡流动人口健康、教育、就业、劳动力市场以及居住情况的影响因素，从而了解促进其生活水平提高的因素。

（四）城市发展与住房政策

研究探讨住房公积金制度改革，研究住房金融政策发展，用房地产真实交易数据构造同质住房指数以研究房价波动，并研究房地产市场的价格波动和住房制度变迁对社会经济及个体行为的影响。结合人口城镇化，研究院还研究推进农民工和农民进城购房安居相关政策。其中，住房政策研究获得国家及广东省多项课题资助。此外，还与《南方日报》合作发布 2019 中国上市房企 60 健康指数。

（五）劳动就业

研究以中国家庭就业调查（China Household Employment Survey, CHES）数据为基础，重点关注我国劳动力市场相关政策。关注的议题包括但不限于：①我国城镇劳动力市场趋势变化；②城乡劳动力的差异与融合；③劳动力市场中的性别不平等；④劳动力市场发展的地区不平衡；⑤我国就业质量的变动趋势及影响因素。同时，与国家统计局人口与就业司合作开展我国就业质量动态监测方面的课题研究。

研究成果

在学术成果方面，研究院至今已在国内外知名学术期刊上发表或被正式接受论文 76 篇，出版著作 2 部，其中：SSCI 66 篇；SCI 4 篇；CSSCI 9 篇。多篇论文发表于《经济研究》《经济学（季刊）》等国内外重要经济学刊物。同时，学院在研科研项目 60 项，其中国家级项目 19 项，省部级项目 11 项，厅局级项目 4 项。

研究院重视政策成果产出，并以多种报告形式进行政策解读。至今，研究院已产出了包括《广东千村调查 2018 研究报告》《农村留守儿童关爱保护和困境儿童保障工作第三方评估反馈报告》等 5 篇大型调查报告。为了更好地为政府决策服务，还撰写了 14 篇政策简报，内容涉及乡村振兴、住房政策等领域。其中关于乡村教育、乡村生态环境、精准扶贫的政策简报获得了广东省委办公厅的批示和采纳。同时，研究院为国家民政部、统计局、住建部以及广东省委改革办、民政厅等政府部门开展政策咨询，承接相关部委课题，精准为政策决策服务。

研究院建立了自媒体公众号"黄埔大道西观点"，追踪时事热点、把握深度方向，发布了如高考改革、垃圾分类、个税改革等热点话题的深刻解读，迅速在学术界以及社会产生了影响力和曝光度。

《广州日报》

冯帅章：
物质资本投资的同时，应加大人力资本投资

【按语】

经济与社会研究院的智库工作一直坚持以人为本、关注民生、立足本土、放眼国际，深耕劳动就业、人口流动、乡村振兴等国计民生的热点领域及问题。冯帅章院长长期关注劳动就业及人力资本投资，2020 年 6 月 14 日，《广州日报》对冯帅章院长进行了专访，探讨人力资本投资的现状与未来，这是研究院智库工作发挥影响力的一个侧面。截至 2022 年，研究院教师已在媒体发表文章 130 余篇，接受媒体采访 60 余次，积极发挥建言献策的影响力。

面对本轮新冠肺炎疫情以及国内外各种不确定性因素的影响，需要同时重点进行人力资本方面的投资。

"人力资本投资，在目前经济下行的情形下，可以起到刺激需求的作用，从需求侧稳定经济形势。"暨南大学经济学院院长、经济与社会研究院院长、教育部"长江学者"特聘教授冯帅章说。

他表示，在短期内，人力资本的大规模投入可以带动就业，刺激需求；从长期内，也可以通过人力资本的提升，带动经济高质量发展。"所以我建议，在'铁公基''新基建'等物质资本投资的同时，也需要将加大人力资本的投资作为重要的政策选项加以考虑。"

人力资本投资也可创造需求和就业

《广州日报》：人力资本投资与物质资本投资有何相同与不同之处？

冯帅章：人力资本投资和物质资本投资作为投资，其相似之处在于都是先进行投入，再获取收益，二者都需要考虑投资回报率。二者的差别在于，人力资本投资的对象是人，通俗来说，就是通过教育、培训等方式来提高人的生产力。

因此，从投资刺激经济的角度来看，人力资本投资和其他物质资本投资一样，可以在短期内创造需求，从需求侧稳定经济形势。"铁公基""新基建"等物质资本投资项目需要修厂房、建铁路、修基站等，从而带动对于相应产业的需求。而人力资本投资同样能够通过短期对需求和消费的带动来刺激经济。比如，在城市中目前还存在比较严重的公立教育资源供给不足的情况，需要通过进一步新建更多学校的方式来解决这一问题。在新建学校的过程中，不仅可以因为校舍的修建带动建筑等行业，更为重要的是，新学校对于教师的需求可以创造更多的就业岗位。个人和家庭在人力资本方面的投资作为家庭消费的一部分，也可以带动教育培训行业的发展。因此，短期内的投资，无论是物质资本还是人力资本，都可以起到提振需求的作用。而人力资本方面的投资，其投入要素主要是人，因此对于就业的提升作用可能更为明显和直接。

人力资本投资与物质资本投资不是"取舍关系"

《广州日报》：人力资本投资和其他刺激手段相比，对经济的作用是相同的吗？

冯帅章：相较于物质资本投资，人力资本投资的回报期是比较长的。对于儿童在教育方面的投资，可能在十几年后等他们正式进入劳动力市场才能体现出回报。但是人力资本的收益率往往高于物质资本投资，"折旧率"低，其回报伴随着人的一生。人力资本的回报还体现在提升健康、和睦家庭、降低犯罪等非经济领域，且具有极强的正外部性。从长期来看，投资于人力资本应该是一个非常有吸引力的政策选择。

从短期来看，人力资本投资对需求端的刺激效果其实是立竿见影的，特别是考虑到现阶段的首要目标是稳就业。以新增学校为例，不管是校舍的开工修建，还是新教师及辅助员工的聘用，都可以马上创造更多的就业机会，同时对经济产生乘数效应。一般来说，与第二产业相比，第三产业对就业的带动效果往往更好。

需要特别注意的是，人力资本投资和物质资本投资并非非此即彼的取舍关系。适当的物质资本投资，特别是新基建的投入，是完全有必要的。人力资本与物资资本也具有很强的互补性。如果人力资本水平不到位，过度的物质资本投资往往将带来低效率、低收益的浪费。我们需要防止的是重物质资本投资，轻人力资本投资的政策陷阱。

《广州日报》：您认为人力资本投资主要是以政府决策和政策为主导，还是以企业、个人为主导？

冯帅章：我们这里谈论通过投资刺激经济，主要还是以政府为主。从实际情况来看，我国的教育投资主体也是政府。当然，在政府为主的基础上，我们也可以进一步放开民间渠道。民间对于教育和培训等产业的投资热情一直很大。对于民间投资，我们一方面是需要引导、加强监管，设定一定的规则，避免企业出现一些过度逐利的行为。另一方面，民办教育的存在满足了特定需求，对公办学校既是一个很好的补充，又可以形成一定程度的良性竞争。为民办教育机构搭建一个公平竞争的舞台，有助于我国教育水平的进一步提升和教育公平的实现。

此外，个人和家庭主要是人力资本投资的需求端。中国的传统就是重视教育，所以对于教育有非常旺盛的需求。如果能进一步将这些需求激发出来，不管是短期还是长期都将对我国经济和社会发展产生非常正面的影响。

《广州日报》：您一直以来都很关注留守儿童、流动儿童的教育问题，这是否也是人力资本投资的一个方面？

冯帅章：当然。目前流动儿童和留守儿童的总量大概为一亿。能否解决好这么一个庞大的群体的教育问题，事关整个国家人力资本的大局。对于城市的流动儿童来说，他们进入到公办学校仍然比较困难。这方面可能需要进一步破除制度障碍，通过在城市兴建更多的公办学校或扩充原有学校来解决，这就是人力资本投资。在农村，城镇化导致学生数量逐渐变少，好的教师也不愿意留在农村，这也需要我们去加大投入，提高教师待遇。除此之外，相比义务教育阶段，目前国内在学前教育阶段的幼儿园很大比例是民办的，且总体供给严重不足。这里就存在很多的投资机会，从建学校及硬件方面的投入，到老师的投入，都是很花钱的。

"扩招"要确保数量和质量都跟上

《广州日报》：今年围绕大学生就业问题，国家出台了不少政策，其中就有一种思路是"减存量"，通过研究生扩大招生、专升本，来推迟大学生进入劳动力市场的时间。

有人说，这是一种逃避就业困难现实的无奈选择，您怎么看这个说法？

　　冯帅章：您这个说法我不同意。在经济形势不太好的情况下，适度地推迟进入劳动力市场，进行更多的人力资本积累，无论是作为个人的选择，还是政府的政策，都是一种恰当的理性应对。

　　我们以 1999 年开始的大学扩招为例，当时也是面临亚洲金融危机导致的经济困难的类似情况。由于大学扩招工作比较突然，当时可能的确面临着一些困难，但从长远来看，我认为总体而言大学扩招仍不失为一个正确的决策。

　　首先，1999 年开始持续到现在的大学扩招大幅提高新一代的受教育水平。目前，我们的高等教育毛入学率已经基本接近发达国家水平。这对于长期经济发展和国民素质的提高无疑将起到重要的支撑作用。其次，大学扩招通过对人力资本的提升，间接地也带动了企业的转型升级，也就是所谓的内生的技能偏向型技术进步。生产工艺和生产设备是要跟劳动力相匹配的，当受过高等教育的劳动力增加后，企业就有动力采用更加先进的生产技术进行转型升级。

　　回到目前的情况，社会对于研究生的需求还是非常旺盛的，我觉得既然大家有这个需求，适当进行研究生扩招，进一步地提高我们整个国家的人力资本水平，并不是一件坏事，也谈不上是逃避现实。但需要注意的是，"扩招"过程中一定要保证培养质量。对于大学在扩招过程中面临的校舍、师资不足的情况，应该加以妥善解决。这也是人力资本投资中带来的需求和机会。

对人力资本投资是"没有上限"的

　　《广州日报》：现在有些发达国家经常会提到一个"人才过剩"的问题，博士的工资和基层公务员差不多，我们以后会不会也出现高等人才过剩的问题？

　　冯帅章：其实在发达国家，教育程度和收入的相关性也是很高的。也就是说，教育程度越高的人，其劳动力市场的平均收入也越高。另外，市场也具有自我调节的功能。如果过度教育带来的回报降低，大家的需求自然会相应下降。目前来讲，我们对人才的需求还是很大的，并不存在所谓"人才过剩"的问题。而且从劳动力市场上看，1999 年后的扩招也并没有带来很明显的大学生收入溢价降低的情况。这是因为当大学生供给增加后，对高技能的劳动需求也相应发生了变化，对大学生的需求也增加了。因此我们要动态地看待人才的供给和需求问题。

另外，人力资本的内涵也不单单是受教育程度或者知识水平。如果考虑到认知和非认知两方面的内容，我们在主动学习能力、生理和心理健康、进取心、责任感、抗逆力等方面进步的空间几乎是无限的。从这个意义上说，优秀的人才越多越好，永远也不存在所谓的"人才过剩"。对于人力资本投资也就不存在上限。这也是人力资本投资与物质资本投资的重要区别，因为物质资本投资通常具有边际回报递减的问题。

新就业形态未来要向"正规化"发展

《广州日报》：我们看到，受疫情的影响，有些行业如金融、旅游、餐饮等的从业人员转型去做外卖骑手、直播博主等，应该如何看待这些变化？

冯帅章：就业结构随着经济结构转变而进行转变是难以避免的。当然这种调整对有些人也是比较痛苦的，短期可能涉及很高的适应成本，甚至伴随收入的下降。长期来看，网约车司机、外卖骑手、直播博主这些所谓的新就业形态将会继续存在并进一步发展，不会是昙花一现的，因为这些就业形态跟技术进步是紧密联系在一起的。

新就业形态和传统就业形态相比会有一些优势。比如在时间安排上比较灵活，对于教育程度、年龄等方面的要求也比较灵活。有的新就业形态特别适合女性。而且总体来说，新就业形态的工资收入水平不低。未来这些就业形态肯定会继续稳步发展的，而政府需要做的就是让这个过程更加顺畅。

我觉得新就业形态未来要向更加"正规化"的方向发展，不能游离于法律监管体系之外。政府需要将与新就业形态相关的指标尽快纳入劳动力市场统计体系，逐步完善相应法律政策体系，建立针对新型灵活用工的劳动标准。此外，政府应加快改革与健全社会保障制度，使之适应新就业形态的发展，为不断壮大的灵活就业群体提供充分权益保障。对应我们谈的人力资本投资，政府在打造人力资源大国的过程中，应该有意识地使教育和技能培训体系适应新经济、新就业形态的发展。

记者：张丹、程依伦
发布于 2020 年 6 月 14 日

广东卫视报道我院广东千村调查

【按语】

2020年9月16日晚，广东卫视经济科教频道《南方财经报道》对我院广东千村调查作专题报道，这是广东千村调查自2018年启动以来再一次走到媒体的聚光灯前。

9月16日晚，广东卫视经济科教频道《南方财经报道》对我院广东千村调查作专题报道，我院院长冯帅章教授、助理教授李书娟、助理教授李承政接受采访。

冯帅章教授在报道中指出，广东千村调查可以为广东的乡村振兴工作提供有效支持。例如在精准扶贫方面，通过调查走访，广东千村调查项目发现目前扶贫工作中存在扶贫"造血"功能不足问题。数据调查发现，不同的农户贫困原因不一致，扶贫工作需要从根本上改变这个情况，加大"造血"功能。

在农村养老方面，李书娟针对广东省如何完善农村养老服务体系提出建议。李书娟认为，构建具有广东特色的大养老服务体系新格局，应探索适宜当地特色特点的养老服务模式，尤其是在集体养老模式上加大探索力度。国内一些地区已经开始互助养老模式的探索，例如在广东，部分经济发展较好的村镇利用集体资产的收益为农村养老提供保障。

在环境治理方面，李承政在采访中指出农村人居环境整治的三个主要问题，分别是农村生活垃圾的收运与处置、农村污水处理和农村厕所革命。李承政表示，从广东千村调查每年的调查问卷结果发现，农村人居环境整治的各个方面都取得有效进展，整体向好。

广东千村调查是一项由暨南大学经济与社会研究院发起、暨南大学社会调查中心共同主办的全省性社会调查项目。项目旨在通过深入广东乡村进行入户调研，从精准扶贫战略、乡村治理与乡村运行效率、农村生态环境、教育脱贫战略、农村养老和留守儿童、农村金融改革等角度出发，持续、系统地收集广东省乡村发展的微观数据和相关信息，利用一手数据研究"三农"问题，实现学术研究与政策研究的有机结合，为广东省乃至全国的乡村振兴建言献策。

在刚刚过去的 2020 年暑假，广东千村调查招募了 235 名大学生访问员，前往广东各地区进行调查访问。截至 8 月中旬，调查组共追踪收集到了 3 000 余户农村家庭数据。目前，项目已进入到了数据统计和分析阶段。

自 2018 年项目启动以来，广东千村调查已进行了 3 年。3 年间，项目所产出的成果包括：《广东千村调查 2018 研究报告》《广东千村调查 2019 研究报告》，书籍《南粤炊烟——2018 广东千村调查实录》，以及十余份政策简报。其中，三份政策简报受到广东省委办公厅的采纳和批示。此外，项目及成果曾多次受到澎湃新闻、《经济日报》、《南方日报》、《羊城晚报》等多家权威媒体的报道。为了让广东千村调查的数据能更广泛地服务学术界，广东千村调查已面向学术界开放了两年的数据。在短短 3 年间，广东千村调查已经在学术界、政府以及社会产生了不俗的影响力和知名度。

2020 年是决战脱贫攻坚、决胜全面建成小康社会和"十三五"收官之年，也是广东省乡村振兴"3 年取得重大进展""5 年见到显著成效"的承前启后之年。同时新冠疫情给扶贫工作带来了新的挑战，此时开展乡村调查工作更显意义重大。

行走南粤大地，收集一手数据，助力乡村振兴，广东千村调查将会继续努力，深入基层调研，为新时代乡村发展建言献策。

发布于 2020 年 9 月 18 日

南方 +

冯帅章：
到暨大经济学创新班，与诺奖大师面对面

【按语】

　　人才培养一向是经济与社会研究院的工作重点之一，研究院所开设的经济学（国际化创新班）专业自 2016 年首次招生以来，已然成为暨南大学的金牌专业之一。2021 年 5 月 11 日，高考招生之前，南方 + 专访了研究院院长冯帅章教授，听冯院长介绍这一金牌专业旨在培养什么样的学生、怎样培养学生。

　　"始有暨南，便有商科"，有着百年历史的暨南大学，其经济类学科一直都是暨南大学的一块"金字招牌"。2016 年，暨南大学经济与社会研究院（以下简称"研究院"）首次招收经济学（国际化创新班，以下简称"创新班"）专业学生，这些学生们于去年毕业，20 人中有 19 人斩获海内外名校的录取通知书，其中 2 人已直接前往世界名校攻读博士学位。

　　该专业有何亮点？报考创新班的学生需要拥有哪些素质？毕业生的发展前景怎么样？在接受南方 + 记者采访时，暨南大学经济学院、经济与社会研究院院长冯帅章教授妙语连珠，为考生答疑解惑。

南方日报

到暨大经济学创新班与诺奖大师面对面

暨南大学经济学院、经济与社会研究院 院长
冯帅章

培养有志改变世界的人才

南方 +：创新班和其他经济学专业相比，有什么亮点？

冯帅章：我们可以用"放眼国际、立足本土"来概括创新班的培养特色。一方面，创新班参照的是国际一流经济系培养研究生的模式设立的，无论是课程设置、师资配备还是科研环境都具有明显的国际化特色，我们采取全英教学模式，推行小班教学，师生比约达 1∶1，本科阶段全部实行专业导师制，鼓励学生尽早开始自己的科研探索。

另一方面，我们希望学生能够立足中国、了解中国、研究中国，做"接地气"的调查研究。为此，研究院下设的社会调查中心为创新班的学生们提供了专业平台，让学生有机会直接参与大型社会调查，接触微观数据收集，加深对中国现实的理解。

我们这种精耕细作的培养模式在首届毕业生上已经证实了可行性并获良好的成效，去年毕业的第一届本科毕业生就业率达 100%，19 人选择继续前往芝加哥大学等国内外知名高校深造，这是令人瞩目的成绩。

南方 +：创新班是小班教学，名额十分有限。在您看来，什么样的学生适合就读创新班？

冯帅章：我们希望培养的学生是有志去改变世界的人才，那些有着远大的理想和长远的目标、对经济学有浓厚兴趣、有志于学术研究的学生，会更适合创新班的培养模式。

学术研究需要学生本身有着强烈的学习驱动力，去主动探索更多的可能性，因此我觉得兴趣是非常重要的。我们现在都在说"内卷"，其实内卷很重要的一点是将外界那些比较功利的评价指标当成自己的追求目标，而忽视了自己的兴趣，这样很容易在遭遇压力的时候放弃。只有自己有强烈的内驱力，才能有更强的抗压力。

当然，学生的英语和数学基础也很重要，基础好一些的学生相对能够更好地适应全英教学模式和经济学的系统训练。

南方 +：如果学生对经济学感兴趣，应该怎么去训练自己这方面的能力？

冯帅章：我们常说经济学是"经世济民"的学问，关注的是整个世界方方面面的问题，经济学家们关注的是像气候变化、收入不平等、人口老龄化等这些全人类共同面临的挑战。因此我认为，作为高中生，在学习成绩之外，可以尽早去了解社会、关注国计民生的实际问题，比如乡村振兴、经济社会发展等。现在有些学生一味应付考试、只看重分数，却不知道自己是为了什么而学习。但其实，只有关注了现实世界之后，才会产生强烈的、想要去寻找答案的动力，这对学生的一生都是非常重要的。不只是经济学，如果学生对某一领域很有感觉，就能在这条路上走得更远。

南方 +：这个领域能够培养出什么样的人才？

冯帅章： 创新班想要培养的是既具有国际视野，又熟悉现实国情，能够掌握经济学系统知识，并能运用现代经济学分析方法解决实际经济问题的高级专门人才。我们的培养模式会让学生更偏重科研，比如首届本科毕业生韩亚婕和鄢瑜就拿到了新加坡国立大学全额奖学金的录取通知书，直接攻读博士学位。

当然，我们更希望学生能够在学习过程中找到自己的兴趣，成为对人生有追求的人。他们未来的方向是多种多样的，可以选择到国内外知名高校继续深造，也可以到政府机关、研究机构、金融机构及企业等单位从事专业工作，我们为学生提供的是一种思考和解决问题的方式。

请国际知名学者面对面指导论文

南方 +：您曾经提到，想要做出一流的研究，需要良好的学术环境。创新班的学生在这方面享有哪些优势？

冯帅章： 创新班为学生营造的学术环境可以分为三个层面：

首先，与学生接触最密切的要数我们的一线教师，他们是学生进入学术殿堂的领路人。研究院超过 90% 的全职教师毕业于芝加哥大学、加州大学伯克利分校、伦敦政治经济学院等海外名校，他们带给学生的不仅是前沿的研究思路和方法，更有鲜活的应用，他们讲授的课程内容经常从校园教室里延伸出来，走到生活实际里。比如教计算机编程的严子中老师，他在课余时间把学生组织起来，一起使用计量经济学的软件编写了目前网上缺失的两个编程软件包。目前，这两个软件包分别收录在 Python

Package Index（PyPI）与 Statistical Software Components 中，用户可以在 Python 或 Stata 软件界面中直接下载使用。

其次，研究院与多所海外高校、研究机构建立了广泛的学术交流网络，会定期举办多种形式的学术活动，包括学术讲座、学术会议、暑期课程等，学生都可以参与其中。即使在疫情期间，我们的线上学术活动也从未中断。研究院成立至今的 5 年时间里，已经有 200 多所顶尖高校的 800 余名学者前来交流，全球前 50 名的高校教授都曾来访过。通过聆听来自全球各地顶尖学者的学术报告，学生的视野能够变得非常广阔。

最后，创新班的学生还有一项福利是与诺奖大师面对面交流，甚至成为诺奖大师的研究助理。2000 年诺贝尔经济学奖得主、芝加哥大学的 James J. Heckman 教授是研究院的顾问委员会主席，他曾经多次来访暨大，除了举办公开讲座外，还与学生们面对面交流，点评学生的论文，我们有一位学生吕佳玮曾经到芝加哥大学参与到 Heckman 教授的研究中。Heckman 教授与我们还有一项在四川开展的长期追踪的项目，关注的是儿童的认知和非认知能力的发展，至今已经连续追踪了 4 年，我们的很多学生也都参与到了这个项目中。

南方 +：这些世界级的大师，会对学生造成什么样的影响？

冯帅章：大师的影响肯定是全面而深远的，不只是对于学生，我本人也非常珍惜与 Heckman 教授交流的机会，这不仅是一种对前辈的敬仰，更是一种潜移默化的影响。

研究院每年都会与芝加哥大学举办"社会不平等"暑期课程合作项目，芝加哥大学和美国其他高校的教授会前来暨大授课。学生们会在教授们面前展示自己的科研成果，请教授点评和指导。在课堂之外，学生们有很多跟大师面对面交流的机会。我想这种机会本身就会激发学生的科研兴趣和动力，不再将科研当成一件神秘和高不可攀的事情。

我们还曾经邀请过麻省理工学院（MIT）的 Joshua Angrist 教授前来授课，Angrist 教授非常著名，被中国经济学界的粉丝们尊称为"安神"，他的著作《功夫计量经济学》基本人手必备。他来暨大授课之后还特地在推特上感慨暨南大学的学生们特别热情，彼此之间的问答很多。我想参与课程的学生所收获到的肯定不止课程的内容那么简单。

暨南大学经济与社会研究院

南方+：除了学术研究，经济学在乡村振兴等政策研究上是否也起到了重要作用？

冯帅章：是的。正如我之前所说，研究院非常重视对中国问题的研究，强调"接地气"，我们今年也成立了乡村振兴研究院，这都得益于研究院在过去几年里深耕乡村振兴领域的努力，社会调查中心收集一手数据，政策研究中心基于数据开展实证研究，这为广东省的乡村振兴提供了扎实的政策咨询意见。

其中 2018 年启动的广东千村调查项目是全广东大规模的调研活动，覆盖整个广东农村地区，现已连续开展三年。这个项目本身也是一个社会实践的平台，我们的很多学生都曾参与到实地调研工作中，有些学生甚至参加了不止一次，这个经历对学生来说也是非常宝贵的，他们能够从中真正了解农村的现实情况，更能够深刻理解经济学这门学科的使命所在。

发布于 2021 年 5 月 11 日

暨南大学教育发展基金会

国华杰出学者冯帅章：
探求经世济民学问的劳动经济学家

【按语】

2020 年，冯帅章院长获评 2020 年暨南大学国华杰出学者。"国华杰出学者基金"是广东省国强公益基金会为推动暨南大学人才培养所设立的，用于奖励暨南大学在学术科研领域做出突出贡献的科研学者及管理专家。暨南大学教育发展基金会专程采访了冯帅章院长并进行专题报道，在采访中，冯院长不仅分享了自己所从事的研究领域和正在进行的科研项目，而且介绍了他在经济与社会研究院所推行的一系列改革措施和所取得的骄人成果。

他拔新领异、高瞻远瞩

勇于挑战劳动经济学领域中的难题

他首创经济学国际化创新班

培养立足本土、放眼国际的高素质人才

他创办的 IESR 已成为国内顶尖学术中心

积极为就业民生问题献计献策

他是经济学院、经济与社会研究院院长

冯帅章

冯帅章

暨南大学经济学院院长

经济与社会研究院、乡村振兴研究院院长

国务院特殊津贴专家

教育部"长江学者"特聘教授

国家杰出青年科学基金项目获得者

国家"万人计划"哲学社会科学领军人才

文化名家暨"四个一批"人才工程入选者

首届"中国青年经济学家奖"获得者

主要围绕劳动力市场的一系列重大理论和实践问题展开大量研究，其中既包括经济理论和计量方法的一般性研究，又包括对于中国和美国劳动力市场的特殊问题的实证研究。在国际著名期刊上共发表或被接受发表英文论文 30 余篇，其中 1 篇论文被经济学领域世界顶级的、影响最大的刊物之一《美国经济评论》接受发表，2 篇论文发表于与 Science、Nature 齐名的《美国科学院院报》。在《经济研究》《经济学（季刊）》等国内权威期刊上发表中文论文多篇，主持多项国家级课题。

01. 经世济民的劳动经济学家积极为就业民生问题献计献策

2020 年，一场突如其来的新冠肺炎疫情席卷全球。在经济下行压力和疫情双重影响下，应届毕业生就业面临巨大挑战。

教育部数据显示，2020 年全国普通高校毕业生达 874 万人，同比增加 40 万人，毕业生人数再创历史新高；而因疫情影响，39.29% 的企业缩减了校招岗位，毕业生面临的就业竞争更加激烈，这无疑加重了应届毕业生的焦虑。

就业是民生之本，安国之策。此时，深耕劳动经济学领域二十余年的冯帅章教授进入公众视野，他受邀接受《广州日报》、《财经》杂志、搜狐智库等多家媒体专访，以专家身份为政府相关部门建言献策，为后疫情时代就业环境的逐步改善打下了一剂强心针。

"为了充分应对疫情对总供给和总需求产生的长期不利影响，需要同时重点进行人力资本方面的投资。""对于人力资本的大规模投入短期内也可达到与其他刺激计划类似的效果，从需求侧稳定经济形势；长期来看，则将会为中国培养出一大批高素质人才，能从另一角度促进我国经济社会的高质量发展。"

在接受《财经》杂志采访时，他指出，人力资本投资的回报率高、收益时间长。人力资本投资与物质资本投资具有高度的互补性。人力资本投资既是应对新冠疫情这只"黑天鹅"的好方法，又能应对中国目前所面临的低生育率以及老龄化的"灰犀牛"。针对弱势群体加大人力资本投资，还能兼顾社会公平与效率。冯帅章表示，为国家和广东省的发展提供政策建议和智库服务，积极推动相关政策的出台和实施，是学者的责任。

近期在就业民生问题上屡屡发声引发关注的冯帅章，是我校经济学院院长、经济与社会研究院院长、教育部"长江学者"特聘教授，研究劳动经济学领域长达二十余年。他先后在美国乔治华盛顿大学及康奈尔大学获经济学双硕士、博士学位，曾师从奥巴马政府总统经济顾问委员会主席 Alan Krueger 教授与特朗普政府总统经济顾问委员会成员 Richard Burkhauser 等国际一流的经济学大师，与诺贝尔经济学奖得主 James J. Heckman 教授保持长期合作往来关系。

"有所发现就是一件很快乐的事。"冯帅章说到劳动经济学研究有点兴奋，"人力资本、劳动力市场时刻出现层出不穷的新现象，需要我们识别擅长的领域，专注其中，并做出应有的贡献。"就像做数学题一般，解决问题的满足感与乐趣激励着他不断前进。

冯帅章教授的科研成果不仅非常高产，而且在质量及影响力方面也非常突出，他已在国际著名期刊上共发表或被接受发表英文论文 30 余篇，其中 1 篇论文被经济学领域世界顶级的、影响最大的刊物之一《美国经济评论》接受发表，2 篇论文发表于与 *Science*、*Nature* 齐名的《美国科学院院报》。

Shuaizhang Feng 冯帅章
Jinan University
在 jnu.edu.cn 的电子邮件经过验证
Labor Economics

☑ 关注

标题	引用次数	年份
Linkages among climate change, crop yields and Mexico–US cross-border migration S Feng, AB Krueger, M Oppenheimer Proceedings of the national academy of sciences 107 (32), 14257-14262	639	2010
Recent trends in top income shares in the United States: reconciling estimates from March CPS and IRS tax return data RV Burkhauser, S Feng, SP Jenkins, J Larrimore Review of Economics and Statistics 94 (2), 371-388	380	2012
Access to public schools and the education of migrant children in China Y Chen, S Feng China Economic Review 26, 75-88	318	2013
Climate variability and international migration: The importance of the agricultural linkage R Cai, S Feng, M Oppenheimer, M Pytlikova Journal of Environmental Economics and Management 79, 135-151	253	2016

冯帅章教授的部分科研成果

在坚持做与国际学术前沿接轨的研究的同时，冯帅章教授也非常注重对中国问题的研究。回国后，他已在《经济研究》《经济学（季刊）》等国内权威期刊上发表中文论文多篇，主持多项国家级、省部级课题。其所主持的国家自然科学基金杰出青年科学基金项目"劳动力市场与收入分配"围绕劳动力市场的一系列重大理论和实践问题展开了大量研究，结束后被评估为优秀，受到社会各界的广泛关注。

02 ．"这是我们可以做的贡献"
关注特殊群体　对接国家政策服务

2000 年以后，随着人口增速放缓，老龄化加剧，留守儿童与流动儿童教育问题关系到中国未来经济发展亟需的劳动力素质和质量。然而在当时的国内经济学界，关于留守儿童和流动儿童群体的研究还比较少。

"最大的困难在于学校人员的配合。流动儿童研究在当时还算是块处女地，少有经济学家深耕，所以极度缺乏数据。"

很多学者认为，无论是对外来儿童教育的研究还是为改善其境况所做出的努力，都是付出远大于回报的。即便如此，冯帅章早在 2008 年，就开始了长时间的留守儿童与流动儿童教育跟踪研究。

2017 年 11 月，他带领社会调查中心团队前往云南省
进行农村留守儿童关爱保护和困境儿童保障工作第三方评估

2016 年，他的研究团队与 2000 年诺贝尔经济学奖得主、芝加哥大学经济学教授 James J. Heckman 合作，在四川省绵竹市开展长期性、常态化的科研项目——四川绵竹儿童认知与非认知能力发展追踪项目。该项目 2017 年已经完成基线数据的收集，每年追踪一次，学生样本量近 6 000 人。

2017 年 5 月，这部历时 8 年，跟踪调研近 3 000 名在沪就读的流动儿童，并开展实证计量分析和多学科理论研究的成果《城市的未来——流动儿童教育的上海模式》付梓发行，引起社会针对流动儿童教育问题的广泛关注。

"通过研究能够让我们更清楚地理解这个问题，基于研究提出有针对性的政策建议，这既是学者的责任，也给我们很大的价值感。"

此外，在研究的基础上，他在《财经》杂志中撰写了《重视随迁子女教育问题》《教育控人是误入歧途》等文章，呼吁政府及社会关注流动儿童受教育问题，同时提出了一些可操作的政策建议。冯帅章用切实的行动，为社会问题提供研究数据及政策建议，不断推动流动儿童成长环境的改善。

除敏锐地考察特殊群体的问题外，在支持国家和广东省政策服务方面，冯帅章也积极贡献自己的力量。在国家乡村振兴战略的大背景下，已经连续 3 年带领团队发起了"广东千村调查"项目，并取得了多项具有社会影响力和政策影响力的成果。2021 年，暨南大学乡村振兴研究院成立，担任研究院院长的冯帅章，将进一步投身于乡村振兴方面的数据收集和研究工作。

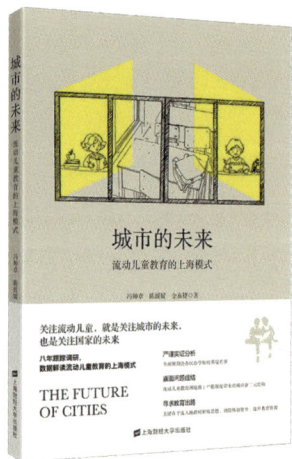

2021 年 5 月 19 日，冯帅章院长在暨南大学乡村振兴研究院揭牌仪式上发表讲话

"我们要最大化彰显自身特色、脚踏实地，争做全国一流的乡村振兴研究机构，提供最好的政策咨询服务。"

"广东千村调查"历时 3 年，产出了诸多成果，其中包括 2018—2020 年广东千村调查研究报告，近 20 篇政策简报，10 余篇媒体报道，很多调查报告得到了省委省政府领导的批示。

2018—2020 年，暨南大学经济与社会研究院发起的"广东千村调查"项目部分成果一览

03　接轨于国际，创新于本土
IESR 已成为国内一流应用经济学智库

为了建设广东省高水平大学，推行经济学教育科研国际化，我校成立经济与社会研究院（Institute for Economic and Social Research, IESR）。2015 年 12 月 2 日，暨南大学经济学院举行了一场重要的揭牌暨敦聘仪式。冯帅章庄重地从胡军校长手中接过聘书，正式成为经济与社会研究院院长。

从 2015 年建院至今，短短五年间，经济与社会研究院经历了蓬勃的发展，学术研究硕果累累，成为暨南大学经济学科腾飞的重要推动力。根据"2021 软科世界一流学科排名"、荷兰蒂尔堡大学"全球经济学研究机构排名"、《2020 全球高校经济学研究力排名报告》、"2020 软科中国最好学科排名"，暨南大学经济学学科均位列广东省第一。

截至目前，研究院全职教师在国内外知名学术期刊上发表或已被正式接受发表论文达 122 篇，出版专著 2 部，全职教师人均发表篇次 3.05。其中 SSCI 104 篇，SCI 16 篇，CSSCI 11 篇，国际论文发表占比高达 90%。

此外，经济与社会研究院在国家重大科研项目的申报上也已有所斩获。研究院获得立项纵向科研项目 59 项，其中国家级项目 27 项，省部级项目 14 项，厅局级项目 4 项，校级项目 11 项。国家自然科学基金项目 26 项，教师的国家自然科学基金项目在研率达 65%。获批纵向项目经费 1 035 万元，教师人均纵向科研经费 25.85 万元。

这一系列亮眼的成绩单，离不开冯帅章在师资队伍建设和人才培养方面所付出的努力。冯帅章积极探索人事机制体制改革创新，并通过设立顾问委员会、特聘教授等方式柔性引入海外高端智力资源。5 年之间，研究院已从芝加哥大学、加州大学伯克利分校、约翰·霍普金斯大学、伦敦政治经济学院等境外著名高校引进了 36 名优秀海归博士，境外优秀人才比例高达 90%。

冯帅章带领下的经济与社会研究院在国际经济学界的影响力不断提升。2019 年，经济与社会研究院承办了中国经济学领域最高级别的国际学术会议之一——2019 年世界计量经济学会中国年会，现场大家云集，群星荟萃，其中不乏 2000 年诺贝尔经济学奖得主 James J. Heckman、哈佛大学经济学教授 Ariel Pakes、麻省理工学院经济学教授 Whitney Newey 等学界重量级专家。

仅仅五年时间，经济与社会研究院已初露锋芒，实现了跨越式发展，成为遐迩闻名、国内一流的应用经济学学术中心、数据调查中心及知名智库，为暨南大学建设高水平大学贡献一份力量。

04 首度开创经济学国际化创新班
培养立足本土、放眼国际的高素质人才

除了在学科建设有所建树外，冯帅章在学生培养方面也取得了突破性进展。自担任院长以来，他首度开创经济学国际化创新班，致力于培养具有国际视野和创新潜质的高素质人才，将经济类学科这块"金字招牌"打造得更加国际化。

"我们可以用'放眼国际、立足本土'来概括创新班的培养特色。"冯帅章细说经济学国际化创新班的亮点：

1．国际一流经济系研究生培养模式

研究院借鉴国际一流经济系教育模式，实行全英文教学、本科导师制、小班精英化培养，师生比约达 1：1，鼓励学生尽早开始自己的科研探索。

2．为学生创造调研实践的机会

我们希望学生能够立足中国、了解中国、研究中国，做"接地气"的调查研究。为此，研究院下设的社会调查中心为创新班的学生们提供了专业平台，让学生有机会直接参与大型社会调查，接触微观数据收集，加深对中国现实的理解。

创新班参考国内外知名高校的经济学培养方案构建课程，难度和挑战性可想而知。但是课程难度的拔高和学术成果的高标准要求，不仅没有使学生们退缩，反而更加激发了他们的学习热情。

许多受访学生都曾异口同声地说道："尽管加入创新班意味着更大的学习难度和压力，甚至一定程度上影响自己的绩点，但是大有收获。"

冯帅章与经济学本科国际化创新班的同学进行交流

"无论从事什么行业，都需要学生现阶段打下非常好的学术基础，而学术基础并不限于知识，更重要的是创造性思维。"

经济学（国际化创新班）这种精耕细作的培养模式，在首届毕业生上已经证实了可行性并获得了良好的成效。首届本科学生实现 100% 就业，其中 95% 选择继续升学深造，70% 拿到境外知名高校录取通知书，其中不乏芝加哥大学、宾夕法尼亚大学、哥伦比亚大学等国外著名高校，成绩非常亮眼。

2021 年 6 月，冯帅章与创新班毕业生合影

作为国华杰出学者的获得者，冯帅章表示他非常感恩学校和基金会对自己工作的肯定。他表示经济学是"经世济民"的学问，关注的是整个世界方方面面的问题，最终要回归到让世界变得更美好的初心上。经济学科建设要关注社会价值，推动科学研究、社会服务高质量内涵式发展。

发布于"暨南大学校友会"微信公众号，2021 年 6 月 8 日

暨南大学新闻网

探索最前沿经济学的殿堂，趣享最欢乐的学习时光
——记首届"新文科经济学拔尖人才计划"

【按语】

2022 年 4 月，暨南大学经济学科首届"新文科经济学拔尖人才计划"正式开班。该计划依托暨南大学经济学科高水平、国际化的师资团队和精英化的培养平台而实行，是经济与社会研究院在经济学（国际化创新班）专业六年的经验基础上所进行的全新尝试，也是研究院人才培养改革成果向外推广并发挥示范效应的重要标志。

暨南大学经济学科首届"新文科经济学拔尖人才计划"（以下简称"拔尖人才计划"）第一期于 4 月开班，6 月中旬结课。在两个多月的时间里，学生们在导师团的引领下，在经济学的殿堂里探索遨游，感受学术前沿的独特魅力。在这里，入选"拔尖人才计划"的 22 名大二学生聆听冯帅章院长分享学术经历，跟随史炜老师学习文献阅读方法，在谢斌老师、刘诗濛老师和朱宏佳老师的带领下学习常用的微观计量方法，听薄诗雨老师讲解中国数据，并在与薛森、崔潇濛、马森、刘丛、杨仁琨、邹航、李霄阳等多位老师面对面的交流中，缓缓推开前沿经济学研究的大门……

基于"培养一批具有国际化水平、科研能力强的本科生"的创办宗旨，"拔尖人才计划"整合了暨南大学经济与社会研究院、经济学院的优秀师资，任课教师均于海外一流院校取得博士学位并深耕不同研究领域，能够满足学生不同的研究兴趣，而这也是"拔尖人才计划"最具吸引力的优势之一。谈起优秀的导师团队，"拔尖人才计划"的罗静怡同学觉得这对她进行研究很有帮助："这个班囊括了经济学各个细分研究领域的老师，给予了我们足够的选择机会与探索空间去触碰不同的经济学分支。"而对于能够得到这些优秀导师的指导，"拔尖人才计划"的韩伟琪同学认为收获颇多："老师们十分熟悉各领域最前沿的研究在做些什么，授课时会把最经典以及最新的文献加以引用和讲述。而我们只有了解最前沿的研究后，才可以有针对性地去打磨技能、汲取知

识。""拔尖人才计划"的吴佳仪同学也对这些优秀的老师赞不绝口："这学期我有幸认识到十多名优秀的老师。老师们不仅学术经验丰富，讲课极具特色，且带有独特的个人魅力。"

2022 年 4 月，谢斌老师在"拔尖人才计划"项目中授课

"拔尖人才计划"的主管教师刘丛认为，学生如果有志于进行学术研究，尽早接受实证经济学训练、接触大量优秀研究是必不可少的，如果按照一般的培养计划，到大三才开始学习计量方法并阅读论文，有志于学术的同学可能会因此错失宝贵的科研机会。因此在课程安排方面，"拔尖人才计划"从微观实证研究的常用方法入手，邀请近年来荣获经济与社会研究院最佳教学奖的谢斌、刘诗濛、朱宏佳、薄诗雨等多位优秀教师现场授课，讲授研究方法的思想、实践和应用。为了在短时间内提升教学效果，在讲授之余以作业形式指导学生阅读相关文献，并及时进行反馈。在经历了读论文的初体验后，罗静怡同学觉得这十分有帮助："加入'拔尖人才计划'后，我对阅读文献的心态由畏惧变为主动，因为导师会引导我们在框架下进行阅读，阅读文献的速度提高了、潜在的自信度增加了。这不仅会增加我的自我判断能力，还帮助我去了解更多的经济学知识，极大地提升了我对做研究的兴趣。"巴钰博同学则认为这对她的英语水平提升很大："在中英双语教学环境下，作业涉及阅读原汁原味的全英文文献并要求使用英文去完成，这使我学习英语的信心和动力也进一步增强。"

"拔尖人才计划"在培养流程上也注重浓缩精炼与系统化培育并重，在第一期夯实研究基础后，预计在第二期由导师们进行分领域授课，同时手把手带领学生开展科研实践。对于课程内容的安排，罗静怡同学觉得这十分务实且契合需求："从基本学术规范到计量方法的介绍；从当代中国实证数据到模型与实证的介绍，再到如何于社会科学中应用经济学方法。这对于学术研究基础薄弱的我而言十分重要，因为'拔尖人才计划'课程所涵盖的内容，几乎是一篇论文成型的过程或是关键要点，这是其他专业所不具备的优势。"

在常规授课之外，"拔尖人才计划"在人才培养方面也非常注重打破传统的班级和师生壁垒，加强师生间的沟通交流。于是，如果你在某个周末的午后步入曾宪梓科学馆四楼，那么你可能会被一阵阵欢声笑语所吸引。而当你走进弥漫着这股欢乐气氛的406课室，你就会发现原来是"拔尖人才计划"的师生们在进行午餐会：老师和学生三三两两地坐在一起，一同享受这味蕾与思想的盛宴。

午餐会和茶话会是"拔尖人才计划"特别设置的环节。这一制度源于"拔尖人才计划"的班主任冯帅章院长对师生交流的重视。冯帅章院长认为要达到"拔尖人才计划"的预期目标，除了精心安排授课内容外，打破师生间的隔阂也十分重要。午餐会和茶话会有别于传统授课，师生们坐在一起自由讨论、畅所欲言，导师们有机会分享自己的学术理念、学习方法和科研经历，学生也可以了解每一位导师的性格特点及研究方向。对于这一新颖的人才培育模式，"拔尖人才计划"的何兆民同学毫不掩饰自己的喜爱："这里最大的教学特色是师生间有较强的互动性。在本科课堂中，咨询老师问题的角度仅局限在该学科的知识点上。而通过参与'拔尖人才计划'，我在下课或者午餐会时，可以自由地与老师探讨各式各样的问题。比如海外和国内读研的区别，以及讨论导师当初求学时是如何寻找导师，如何进行科研工作等，颇感受益良多。"吴佳仪同学也表示午餐会的时光让人印象深刻，"我最大的收获是和同学老师们思维的碰撞。午餐会同学们侃侃而谈，讲述自己感兴趣的研究观点，让人眼前一亮；老师们的耐心解答和独到见解，引人思考。这种轻松聊天的形式也是一个知识外溢的过程，能学习到很多东西"。

在"拔尖人才计划"，师生间关系融洽，同学间互相扶持。朱宏佳老师的热情洋溢、刘丛老师的幽默风趣和李霄阳老师的谦逊和气都令同学们印象深刻；在良好的班级氛围里，同学们相互鼓励、取长补短。对于"拔尖人才计划"师生间和同学间互动性强的特点，罗静怡同学认为这很重要："在讨论会中可以看到同辈都在做什么样的研究、了解大家的关注点与问题，这是一件很具有启发性和触动性的事情。在这样的氛围与聚力下，会觉得自己'置身事内'。我对科研最初的空白、陌生，也逐渐转变为安全感、信任感。"吴佳仪同学也认为："这里对师生互动的重视程度很高，在课堂上学生与老师的联系相比平时专业课来说更加紧密。计划班的导师制也会加强师生沟通，这使知识传承、研究习惯、思维方式等能够潜移默化地影响学生。"

今年是"拔尖人才计划"正式开班授课的第一年，暨南大学经济学科以培养综合素质高、学术能力强，兼具国际视野与家国情怀的优秀本科生为己任，对参与"拔尖人才计划"的同学们耐心培育、倾心呵护。而同学们也不负众望，在经济学的学术殿堂里收获了同侪友谊与学术理想。谈到加入"拔尖人才计划"后的收获，巴钰博同学十分兴奋："我除了增加知识储备、初步入门科研基础外，还遇见了许多积极的同学，这会帮助我明确方向、见贤思齐。除此之外，在这里我还更清晰地看见了'经世致用'的可能，这使我有种血脉偾张的感觉，哪怕是遇到高难度的课程也更加会动力满满。"谈及在"拔尖人才计划"这两个月的体验，韩伟琪同学则认为这里能提高她对经济学研究者的共情，使她在翻开厚厚的专业课教材或翻阅文献时不似从前那样顶着要攻克新知识的痛苦，而是油然而生出一种"知为何为之而为之"的坚定与满足。除此之外，她也十分感谢导师们对她的帮助："最令我感动的是刘丛老师认真细致的作业讲解，以及对于我们每个人的需求所表现出的无微不至的关心，这让我感觉自己如同孩童一般被学院宠爱着、关怀着。我希望能够一直怀着这份对经济学的热爱，尽自己最大的努力，向'基础知识扎实、热爱经济学科、有理想、有担当的新文科经济学学生'靠近。"

发布于 2022 年 7 月 1 日

访谈节选

同忆初心，共话春秋

【按语】

从 2015 年 12 月到 2022 年 12 月，经济与社会研究院（IESR）从零开始，走过了七载春秋，同时也作为暨南大学"综合改革示范区"试点单位，完成了首个五年计划。七年来，IESR 在人才引进、国际交流、数据调查、智库建设、学生培养、品牌打造六个方面尝试和推行了一系列改革措施。如今研究院对七年的工作做了一个总结和记载，汇编成本书。借此机会，研究院特邀请 2000 年诺贝尔经济学奖得主，研究院顾问委员会主席詹姆斯·赫克曼教授，广东省阳江市委常委、秘书长、统战部长，暨南大学原副校长王兵，美国得克萨斯农工大学经济系终身教授，西南财经大学经济与管理研究院院长，西南财经大学中国家庭金融调查与研究中心主任甘犁教授三位见证 IESR 岁月成长的嘉宾接受采访，分享他们与 IESR 的故事，从另一个角度绘出 IESR 的发展足迹。

初创故事

问：从 2015 年 12 月到 2022 年 12 月，经济与社会研究院（IESR）从零开始，已经走过了七载春秋。如今回首，您还记得当时是怎么与 IESR 产生联系的吗？

詹姆斯·赫克曼：我第一次访问暨南大学是在 2016 年，当时研究院便专注于建立新的数据库以了解中国的经济和社会，令我印象深刻。当时许多中国学者专注于分析美国或欧洲的数据，以期在国外的主要期刊上发表文章，而重要的中国问题则少有学者和研究者去研究。基于了解和研究方向的契合，我在研究院成立之初便选择加入，并（带着我的团队）与冯帅章教授及研究院的青年教师们合作开展了调查研究项目。

后来，我所在的芝加哥大学人类发展经济学研究中心还和研究院合作组织了"社会经济不平等"暑期学校，启动了"芝加哥—暨南人类发展研究联合计划"，借此机会与暨南大学的中国顶尖学者合作，对中国经济和社会发展进行重要的实证研究。

甘犁： 2015 年 IESR 成立的时候，我受邀作为嘉宾到广州来参加了成立仪式。当年暨南大学得到广东省政府的资助，旨在大幅提升学术研究能力和完善创新人才培养机制。自 2005 年起，国内经济学界出现了以上海财经大学、厦门大学和西南财经大学为代表的发展模式，这种模式以大规模引进国际化人才为基石。冯帅章教授作为这批海归学者的杰出代表，迅速崭露头角，暨南大学果断邀请他加入，展现出极具远见的眼光。冯帅章教授加盟暨南大学的时候，我们曾多次探讨学科发展模式的问题，在数据采集和人才培养方面的认识相当一致，我也分享了西南财经大学在国内进行大规模入户调查的经验。后来这些观点都得到了暨南大学领导的大力支持。因此，IESR 应运而诞生，为暨南大学经济学学科带来了新的活力和思路，显著提升暨南大学经济学领域的学术研究水平。

王兵： 与 IESR 或者说与冯老师产生联系，其实源于当时暨南大学正在加强人才队伍建设。我们是通过经济学院一位老师而相识的，此前我对冯老师的印象是一位非常优秀的学者，年轻、有标志性成果，同时集"长江学者"和"国家杰青"等荣誉于一身，本身可以说是经济学领域内的标志性人物。在冯老师未加入暨南大学的时候，我们就数据调研项目和合作方式等问题进行过交流，此后保持联络。后来有一个比较合适的时机，我就代表暨南大学邀请冯老师加入。当时国内正处于推进经济学机制体制创新的热潮中，冯老师在经济学科发展、学术研究、国际交流方面，无论是运行机制还是具体实践，都有深入的认识和了解，并清晰地提出了建立数据基础、引进国际化人才、打造新的国内经济学"实验田"和交流平台的三项构思和目标。经济学科作为暨南大学的传统优势学科，在建设高水平大学的进程中，想要焕发活力就需要进行重点打造和创新锻造。学科打造关键在于高层次人才引进和广阔平台的搭建，所以在这个背景下，学校大力支持，成立了一个新的研究院，给予充足的施展空间，并寄予了殷切的希望，希望它作为一股崭新的力量，在机制体制、人才队伍等方面创新改革，为经济学科发展带来新风。

评价现在

问：今年研究院作为暨南大学"综合改革示范区"试点单位，总结了过往工作，交出了属于自己的答卷。作为 IESR 发展的见证者之一，您如何评价现在的 IESR 呢？

詹姆斯·赫克曼：研究院正在发展成为一个在中国乃至世界范围内日益重要的经济研究机构。它已经打下了一个很好的基础，与芝加哥大学及其他世界知名大学和机构建立了良好的合作伙伴关系。每年都有来自世界各地的学者和访问者到暨南大学经济与社会研究院进行合作研究、交流想法，这是扩展社会科学研究众多前沿领域的难得机会和平台。

王兵：对于 IESR，学校希望它能走出一条与国际接轨，又兼顾中国特色的道路，在体制机制上进行大胆探索和创新。如今看来，研究院的各项改革可以说是非常成功的，与暨南大学校内诸多研究院相比，已是前列的其中之一。IESR 建立以来，暨南大学的各种评估指标，尤其是经济学科的指标逐年进步。相较于广东省内众多高校的经济学科发展，不难从论文指标、国际化指标、人才存量指标等指标上看出，暨南大学经济学科的发展实际上已名列前茅。

甘犁：在过去的七年里，IESR 的发展迅速且超出了我的预期。事实上，如果一位学者同时收到西南财经大学经济与管理研究院和 IESR 的聘用邀请，我觉得他很可能会选择加入 IESR。这充分证明了 IESR 所提供的学术环境具有极大的吸引力。

人才引进

问：IESR 这些年尝试和推行了一系列改革措施，尤其是人才引进工作方面，希望为高等教育改革和中国经济学发展做一份贡献。您如何看待 IESR 的这种尝试？

王兵：以国际化作为明确的改革方向，当时整个经济学界中比较成规模的、能提供有益借鉴的就是上海财经大学、厦门大学和西南财经大学三所学校的国际化改革案例。IESR 人才引进方面的创新，可以说是暨南大学基于三个案例并充分立足实际而推进的一个完全从零到一的尝试。对于一位教师的引进、培养和评审考核，暨南大学当时都有一个相对完整的体系，但未完全与国际规范接轨。因此 IESR 以国际化为目标，初创时期就着手在教师引进、职称评审、薪酬管理等方面进行制度化尝试，探索与国际接轨的暨南方案。如今，AEA 招聘、准聘长聘制、自主职称等级评审等改革探索都已成为 IESR 较为成功的案例。学校也将这一系列成果推广到了经济学院，进行转化和应用。暨南大学是百年侨校，经济学科是其中历史悠久的学科，在这样"老校＋老学科"的背景下，如何进行机制体制创新探索，如何加快一个学科的发展？实际上，我觉得IESR 真切地走出了一条路子，也走出了一个例子。我相信随着时间的不断推移，暨南大学经济学科的师资水平会因为这些改变而整体提高。

詹姆斯·赫克曼：研究院自 2015 年成立以来一直通过美国经济学会（American Economic Association, AEA）招聘青年教师，现在的师资队伍中，这些充满激情和才华的研究者90% 以上都在国外接受过先进研究方法的良好训练，具有国际视野、先进知识。因此，从长远来看，研究院培养了如此一支一流的青年教师队伍，引入最新研究想法对大学大有裨益。这些年轻学者很有潜力，可以持续推动暨南大学在国内外取得卓越的学术成就。

调查数据

问：得益于各方支持，研究院初期迅速发展，在很短的时间内成立和发展了自己的社会调查中心并运行至今。对于暨南大学社会调查中心的设立和发展，您是如何看待的？

甘犁：研究院的社会调查中心发展迅速，在技术、经验和组织等方面已达到国内一流水平，可媲美国内顶尖学术调查机构。过去的十年里，中国的大规模学术调查从零起步，取得了飞速发展，同时，大数据和人工智能的蓬勃发展也令人瞩目。在这种背景下，大规模学术调查的发展前景成为同行们关注的焦点。我认为，在新的发展背景下，学术调查的重要性仍在不断增加，社会调查中心需要与时俱进，更加关注数据质量、准确性和可靠性，在大数据和人工智能的辅助下，推进学术调查更加高效地进行，从而进一步提升研究的质量和价值。

詹姆斯·赫克曼：我在研究院与冯帅章教授合作开展的绵竹儿童认知与非认知能力发展追踪项目就是基于社会调查中心推进数据收集和分析工作的。绵竹项目是为了了解儿童及其家庭在中国农村地区小学及以后的成长过程中的经历，特别是留守儿童的经历而开展的。研究需要丰富的信息量，而中国当时很少有研究和数据如此全面地、系统关联地涵盖家庭和学校环境，因此，在这项具有重要意义的研究中，研究院和社会调查中心在收集中国社会数据方面发挥了重要作用。

王兵： 研究院成立初期，同时也是学校积极引进人才的阶段，成立社会调查中心是研究院抓住机遇快速发展的一步。当时的构想是通过设立专门的职能中心和组建专职团队做更加接地气的中国经济学研究、做自己的数据库、做暨南大学的政策咨询品牌。对此，学校表示大有可为，并初期在人才引进、办公场地、资金等方面都给予了支持。研究院迅速组建成数据团队和研究院队伍，后来基于数年在调查领域和政策研究领域的耕耘，还在省委支持下成立了乡村振兴研究院，相当于实现"两条腿走路"，既做高大上的经济学理论研究，也做接地气的政策研究。一步一步走来，现在调查中心可以说是有声有色，逐渐建成了一个平台，发挥着服务于学术研究和政策研究的作用。

寄语未来

问：对于 IESR 的未来，您有什么期待呢？

詹姆斯·赫克曼： 研究院拥有一批年轻有才的教师，前途无量。如果能够招揽更多的资深学者加入研究院，为青年教师们提供建议和帮助，未来研究院将会在学术研究上有更广阔的发展。同时，研究院需要保持开放的对话，建立一个真正的国际学者社区，研究者们可就各种学术问题开诚布公地讨论，在学术交流中充实彼此。未来，基于"芝加哥—暨南人类发展研究联合计划"，我们可以共同努力创建丰富的新数据库以了解经济和社会，并以此作为设计有效社会政策的指南。希望研究院能够延续其发展势头，我非常期待在未来见证更多的成果。

甘犁： 新一轮的学科评估方式反映了国家对学术研究的一种引导，即强调研究问题而非论文本身。如何适应这一变化是每个学术机构都应深思的问题。我期待未来IESR 继续深耕经济学领域，创新进取，共同推进中国经济学科持续健康发展。

王兵： 潮平岸阔风正劲，扬帆远航启新程。希望研究院充分发挥人才汇聚优势，持续擦亮暨南大学商科金字招牌，带动整个暨南大学的经济学科再上新台阶。未来，研究院积极引导人才队伍通过教学培养和科学研究更好地服务国家战略、承担社会责任、实现可持续发展，努力建成全国一流的高水平智库，为推进中国式现代化、实现中华民族伟大复兴而积极贡献智慧和力量。

附　录

附录 1.1　研究院成立以来论文发表一览表

	题目	发表刊物	发表状态	数据库收录情况
1	Arrival of Young Talent: The Send-Down Movement and Rural Education in China	*American Economic Review*	正式发表	SSCI
2	Sensitivity of Self-Reported Noncognitive Skills to Survey Administration Conditions	*Proceedings of the National Academy of Sciences of the United States of America*	正式发表	SSCI&SCI
3	Comparing the Reliability and Predictive Power of Child, Teacher, and Guardian Reports of Noncognitive Skills	*Proceedings of the National Academy of Sciences of the United States of America*	在线发表	SSCI&SCI
4	Measuring the Stringency of Land-Use Regulation: The Case of China's Building-Height Limits	*Review of Economics and Statistics*	正式发表	SSCI
5	Ownership and Productivity in Vertically-Integrated Firms: Evidence from the Chinese Steel Industry	*Review of Economics and Statistics*	正式发表	SSCI
6	Explaining the Decline of the U.S. Saving Rate: the Role of Health Expenditure	*International Economic Review*	正式发表	SSCI
7	A Dynamic Discrete Choice Model of Reverse Mortgage Borrower Behavior	*International Economic Review*	正式发表	SSCI
8	Conventional Monetary Policy in OLG Models: Revisiting the Asset-substitution Channel	*International Economic Review*	在线发表	SSCI
9	Migration under Liquidity Constraints: Evidence from Randomized Credit Access in China	*Journal of Development Economics*	在线发表	SSCI
10	Minimum Wage and Outward FDI from China	*Journal of Development Economics*	正式发表	SSCI
11	The Unintended Impacts of Agricultural Fires: Human Capital in China	*Journal of Development Economics*	在线发表	SSCI
12	Can Information Influence the Social Insurance Participation Decision of China's Rural Migrants?	*Journal of Development Economics*	在线发表	SSCI
13	Military Investment and the Rise of Industrial Clusters: Evidence from China's Self-strengthening Movement	*Journal of Development Economics*	在线发表	SSCI

（续上表）

	题目	发表刊物	发表状态	数据库收录情况
14	Spatial Dynamic Panel Data Models with Interactive Fixed Effects	*Journal of Econometrics*	正式发表	SSCI&SCI
15	Injectivity of a Class of Integral Operators with Compactly Supported Kernels	*Journal of Econometrics*	正式发表	SSCI&SCI
16	Identifying Latent Group Structures in Nonlinear Panels	*Journal of Econometrics*	正式发表	SSCI&SCI
17	Identification of Nonparametric Monotonic Regression Models with Continuous Nonclassical Measurement Errors	*Journal of Econometrics*	正式发表	SSCI&SCI
18	The Alibaba Effect: Spatial Consumption Inequality and Welfare Gains from E-commerce	*Journal of International Economics*	正式发表	SSCI
19	The Effects of World War I on the Chinese Textile Industry: Was the World's Trouble China's Opportunity?	*Journal of Economic History*	正式发表	SSCI
20	The Birth of Edge Cities in China: Measuring the Effects of Industrial Parks Policy	*Journal of Urban Economics*	正式发表	SSCI
21	The Effects of Driving Restrictions on Travel Behavior: Evidence from Beijing	*Journal of Urban Economics*	正式发表	SSCI
22	Do In-kind Grants Stick? The Department of Defense 1033 Program and Local Government Spending	*Journal of Urban Economics*	正式发表	SSCI
23	Centralization and Regional Development: Evidence from a Political Hierarchy Reform to Create Cities in China	*Journal of Urban Economics*	在线发表	SSCI
24	Attenuation of Agglomeration Economies: Evidence from the Universe of Chinese Manufacturing Firms	*Journal of Urban Economics*	在线发表	SSCI
25	Climate Variability and International Migration: The Importance of the Agricultural Linkage	*Journal of Environmental Economics and Management*	正式发表	SSCI
26	Highway Toll and Air Pollution: Evidence from Chinese Cities	*Journal of Environmental Economics and Management*	正式发表	SSCI
27	Shoreline Defense against Climate Change and Capitalized Impact of Beach Nourishment	*Journal of Environmental Economics and Management*	正式发表	SSCI
28	Climate Change and Adaptation in Agriculture: Evidence from US Cropping Patterns	*Journal of Environmental Economics and Management*	在线发表	SSCI
29	Temperature and High-stakes Cognitive Performance: Evidence from the National College Entrance Examination in China	*Journal of Environmental Economics and Management*	在线发表	SSCI

（续上表）

	题目	发表刊物	发表状态	数据库收录情况
30	Impact of Temperature on Morbidity: New Evidence from China	*Journal of Environmental Economics and Management*	在线发表	SSCI
31	Productivity Loss Amid Invisible Pollution	*Journal of Environmental Economics and Management*	在线发表	SSCI
32	Acquiring Land in Cold Winter: Consequences and Possible Explanations	*Journal of Environmental Economics and Management*	在线发表	SSCI
33	Flattening of Government Hierarchies and Misuse of Public Funds: Evidence from Audit Programs in China	*Journal of Economic Behavior and Organization*	正式发表	SSCI
34	The Role of Locus of Control in Adulthood Outcomes: Evidence from Australian Twins	*Journal of Economic Behavior and Organization*	正式发表	SSCI
35	Labor Costs and the Adoption of Robots in China	*Journal of Economic Behavior and Organization*	正式发表	SSCI
36	Intergovernmental Communication under Decentralization	*Journal of Economic Behavior and Organization*	正式发表	SSCI
37	Permanent Income and Subjective Well-being	*Journal of Economic Behavior and Organization*	正式发表	SSCI
38	Media Attention and Choice of Major: Evidence from Anti-doctor Violence in China	*Journal of Economic Behavior and Organization*	正式发表	SSCI
39	Entrepreneur Income Inequality, Aggregate Saving and the Gains from Trade	*Review of Economic Dynamics*	正式发表	SSCI
40	Empowering Mothers and Enhancing Early Childhood Investment: Effect on Adults Outcomes and Children Cognitive and Non-Cognitive Skills	*Journal of Human Resources*	正式发表	SSCI
41	Nonparametric Identification Using Instrumental Variables: Sufficient Conditions for Completeness	*Econometric Theory*	正式发表	SSCI&SCI
42	Nonlinear Panel Data Models with Distribution-Free Correlated Random Effects	*Econometric Theory*	正式发表	SSCI&SCI
43	Job Search under Asymmetric Information: Endogenous Wage Dispersion and Unemployment Stigma	*Economic Theory*	正式发表	SSCI
44	Homogeneity Pursuit in Panel Data Models: Theory and Application	*Journal of Applied Econometrics*	正式发表	SSCI
45	A Robust Approach to Estimating Production Functions: Replication of the ACF Procedure	*Journal of Applied Econometrics*	正式发表	SSCI

（续上表）

题目	发表刊物	发表状态	数据库收录情况
46 Estimating Trends in Male Earnings Volatility with the Panel Study of Income Dynamics	*Journal of Business & Economic Statistics*	在线发表	SSCI&SCI
47 Reconciling Trends in U.S. Male Earnings Volatility: Results from Survey and Administrative Data	*Journal of Business & Economic Statistics*	在线发表	SSCI&SCI
48 Optimal Model Averaging of Mixed–Data Kernel–Weighted Spline Regressions	*Journal of Business & Economic Statistics*	在线发表	SSCI&SCI
49 Quality of Migrant Schools in China: Evidence from a Longitudinal Study in Shanghai	*Journal of Population Economics*	正式发表	SSCI
50 Run away? Air Pollution and Emigration Interests in China	*Journal of Population Economics*	正式发表	SSCI
51 Social Networks and Mental Health Outcomes: Chinese Rural–urban Migrant Experience	*Journal of Population Economics*	正式发表	SSCI
52 Impacts of Social and Economic Factors on the Transmission of Coronavirus Disease 2019 (COVID–19) in China	*Journal of Population Economics*	正式发表	SSCI
53 Does Social Participation Improve Cognitive Abilities of the Elderly?	*Journal of Population Economics*	正式发表	SSCI
54 Migration and Experienced Utility of Left–behind Parents: Evidence from Rural China	*Journal of Population Economics*	在线发表	SSCI
55 Long Run Trends in Unemployment and Labor Force Participation in Urban China	*Journal of Comparative Economics*	正式发表	SSCI
56 Estimating Returns to Education in Urban China: Evidence from a Natural Experiment in Schooling Reform	*Journal of Comparative Economics*	正式发表	SSCI
57 The Effect of Primary School Type on the High School Opportunities of Migrant Children in China	*Journal of Comparative Economics*	正式发表	SSCI
58 Labor Market Dynamics in Urban China and the Role of the State Sector	*Journal of Comparative Economics*	正式发表	SSCI
59 Political Hierarchy and Urban Primacy: Evidence from China	*Journal of Comparative Economics*	正式发表	SSCI
60 Trade Shocks, Industrial Growth, and Electrification in Early 20th–century China	*Journal of Comparative Economics*	接受发表	SSCI
61 Adapting Agriculture to Climate Change through Growing Season Adjustments: Evidence from Corn in China	*American Journal of Agricultural Economics*	正式发表	SSCI&SCI

（续上表）

	题目	发表刊物	发表状态	数据库收录情况
62	Unintended Environmental Consequences of Place-based Economic Policies	*American Journal of Agricultural Economics*	正式发表	SSCI&SCI
63	Beyond Yield Response: Weather Shocks and Crop Abandonment	*Journal of the Association of Environmental and Resource Economists*	正式发表	SSCI
64	Exclusive Dealing when Upstream Displacement is Possible	*Journal of Economics and Management Strategy*	正式发表	SSCI
65	Income Volatility and the PSID: Past Research and New Results	*AEA Papers and Proceedings*	正式发表	SSCI
66	Understanding the Unequal Post-great Recession Wealth Recovery for American Families	*B.E. Journal of Economic Analysis and Policy*	正式发表	SSCI
67	Debt-relief Programs and Money Left on the Table: Evidence from Canada's Response to COVID-19	*Canadian Journal of Economics*	正式发表	
68	How and Why Do Chinese Urban Students Outperform Their Rural Counterparts?	*China Economic Review*	正式发表	SSCI
69	Less Advantaged, More Optimistic? Subjective Well-being among Rural, Migrant and Urban Populations in Contemporary China	*China Economic Review*	正式发表	SSCI
70	The Education of Migrant Children in China's Urban Public Elementary Schools: Evidence from Shanghai	*China Economic Review*	正式发表	SSCI
71	Extreme Heat and Exports: Evidence from Chinese Exporters	*China Economic Review*	在线发表	SSCI
72	The Non-linear Effect of Daily Weather on Economic Performance: Evidence from China	*China Economic Review*	在线发表	SSCI
73	Compensating for Academic Loss: Online Learning and Student Performance during the COVID-19 Pandemic	*China Economic Review*	在线发表	SSCI
74	Does Crop Insurance Reduce Pesticide Usage? Evidence from China	*China Economic Review*	在线发表	SSCI
75	Heterogeneous Firm Responses to Increases in High-skilled Workers: Evidence from China's College Enrollment Expansion	*China Economic Review*	在线发表	SSCI
76	Does School Shutdown Increase Inequality in Academic Performance? Evidence from COVID-19 Pandemic in China	*China Economic Review*	在线发表	SSCI

（续上表）

	题目	发表刊物	发表状态	数据库收录情况
77	Key Links in Network Interactions: Assessing Route-specific Travel Restrictions in China during the COVID-19 Pandemic	*China Economic Review*	在线发表	SSCI
78	Examining the Impact of Home Purchase Restrictions on China's Housing Market	*China Economic Review*	正式发表	SSCI
79	Identification and Estimation of Semi-parametric Censored Dynamic Panel Data Models of Short Time Periods	*Econometrics Journal*	正式发表	SSCI&SCI
80	Does Raising Family Income Cause Better Child Health? Evidence from China	*Economic Development and Cultural Change*	正式发表	SSCI
81	Accounting for Urban China's Rising Income Inequality: The Roles of Labor Market, Human Capital and Marriage Market Factors	*Economic Inquiry*	正式发表	SSCI
82	Hazardous Lending: The Impact of Natural Disasters on Bank Asset Portfolio	*Economic Modelling*	在线发表	SSCI
83	On the Robustness of Alternative Unemployment Measures	*Economics Letters*	正式发表	SSCI
84	The Heterogeneous Effects of the Minimum Wage on Employment across States	*Economics Letters*	正式发表	SSCI
85	Admission Mechanisms and the Mismatch between Colleges and Students: Evidence from a Large Administrative Dataset from China	*Economics of Education Review*	正式发表	SSCI
86	Can Conditional Grants Attract Better Students? Evidence from Chinese Teachers' Colleges	*Economics of Education Review*	在线发表	SSCI
87	Does Contact Improve Attitudes towards Migrants in China?	*Economics of Transition*	正式发表	SSCI
88	The Effects of State-level Pharmacist Regulations on Generic Substitution of Prescription Drugs	*Health Economics*	正式发表	SSCI
89	Spatial Variation in Reverse Mortgages Usage: House Price Dynamics and Consumer Selection	*Journal of Real Estate Finance and Economics*	正式发表	SSCI
90	The Housing Market Effects of Local Home Purchase Restrictions: Evidence from Beijing	*Journal of Real Estate Finance and Economics*	正式发表	SSCI
91	Agglomeration, Urban Wage Premiums and College Majors	*Journal of Regional Science*	正式发表	SSCI

（续上表）

	题目	发表刊物	发表状态	数据库收录情况
92	Local Public Service Provision and Spatial Inequality in Chinese Cities：The Role of Residential Income Sorting and Land-use Conditions	*Journal of Regional Science*	正式发表	SSCI
93	Fertility, Human Capital, and Income: The Effects of China's One-child Policy	*Macroeconomic Dynamics*	正式发表	SSCI
94	Environmental Regulations, Political Incentives and Local Economic Activities: Evidence from China	*Oxford Bulletin of Economics and Statistics*	正式发表	SSCI&SCI
95	Partial Identification and Estimation of Semiparametric Ordered Response Models with Interval Regressor Data	*Oxford Bulletin of Economics and Statistics*	正式发表	SSCI&SCI
96	The Accuracy of Senior Households' Estimates of Home Values: Application to the Reverse Mortgage Decision	*Real Estate Economics*	正式发表	SSCI
97	Housing, Wealth, Income and Consumption: China and Homeownership Heterogeneity	*Real Estate Economics*	正式发表	SSCI
98	Changes in the Distribution of Land Prices in Urban China during 2007－2012	*Regional Science and Urban Economics*	正式发表	SSCI
99	Fear of Nuclear Power? Evidence from Fukushima Nuclear Accident and Land Markets in China	*Regional Science and Urban Economics*	正式发表	SSCI
100	A Spatial Panel Data Model with Time Varying Endogenous Weights Matrices and Common Factors	*Regional Science and Urban Economics*	正式发表	SSCI
101	Can Price Regulation Increase Land-use Intensity? Evidence from China's Industrial Land Market	*Regional Science and Urban Economics*	在线发表	SSCI
102	The Effect of Air Pollution on Criminal Activities: Evidence from the NOx Budget Trading Program	*Regional Science and Urban Economics*	在线发表	SSCI
103	How Do Home Purchase Restrictions Affect Chinese Elite Graduate Students' Job Search Behavior?	*Regional Science and Urban Economics*	在线发表	SSCI
104	Temporary Versus Permanent Migration: The Impact on Expenditure Patterns of Households Left Behind	*Review of Economics of the Household*	正式发表	SSCI
105	不利冲击下经济增长恢复的经验——基于中国经济目标管理实践	《经济研究》	正式发表	CSSCI

（续上表）

	题目	发表刊物	发表状态	数据库收录情况
106	行政审批改革与企业进入	《经济研究》	正式发表	CSSCI
107	官员偏爱籍贯地的机制研究——基于资源转移的视角	《经济研究》	正式发表	CSSCI
108	以微观数据库建设助推中国经济学发展——第二届微观经济数据与经济学理论创新论坛综述	《经济研究》	正式发表	CSSCI
109	最低工资、法律制度变化和企业对外直接投资	《管理世界》	正式发表	CSSCI
110	资本积累与技能工资差距——来自中国的经验证据	《经济学（季刊）》	正式发表	CSSCI
111	城镇劳动者工资不平等的演化：1995—2013	《经济学（季刊）》	正式发表	CSSCI
112	房租上涨如何影响流动人口的消费与社会融入——基于全国流动人口动态监测调查数据的实证分析	《经济学（季刊）》	正式发表	CSSCI
113	从"中国人必须走"到"中国病毒"——美国社会对华态度的历史根源	《经济学（季刊）》	正式发表	CSSCI
114	目标引领增长	《经济学（季刊）》	正式发表	CSSCI
115	高校扩招如何影响中等职业教育？	《经济学（季刊）》	正式发表	CSSCI
116	身份认同与夜间灯光亮度	《世界经济》	正式发表	CSSCI
117	中国经济增长目标的选择：以高质量发展终结"崩溃论"	《世界经济》	正式发表	CSSCI
118	人力资本集聚对城市工资与就业增长的影响——来自中国主要城市的证据	《劳动经济研究》	正式发表	CSSCI
119	房价上涨对已婚女性生育率的影响	《劳动经济研究》	正式发表	CSSCI
120	目标导向的微观机制：国有企业的关键作用	《财贸经济》	正式发表	CSSCI
121	房价上涨与教育选择：财富效应还是就业冲击？	《经济科学》	正式发表	CSSCI
122	居民对房价的预期如何影响房价变动	《统计研究》	正式发表	CSSCI

（续上表）

	题目	发表刊物	发表状态	数据库收录情况
123	人的城镇化：农民工的城市劳动力市场融入	《劳动经济研究》	正式发表	CSSCI
124	农民工的医保选择研究——基于中国乡城人口流动调查数据的分析	《劳动经济研究》	正式发表	CSSCI
125	限购政策对高技能劳动力择业的影响——以清华大学毕业生为例的实证研究	《经济体制改革》	正式发表	CSSCI
126	中国城市互联网发展的影响因素及地区差异分析	《城市发展研究》	正式发表	CSSCI
127	气候变化计量经济学方法研究进展	《城市与环境研究》	正式发表	CSSCI
128	经济增长目标压力下的国企投资规律及效应研究——来自地级经济增长目标与上市公司样本的证据	《南方经济》	正式发表	CSSCI
129	家庭生育决策与全面两孩政策——基于流动人口的视角	《南开经济研究》	正式发表	CSSCI
130	基于理性预期理论的大气污染经济成本评估	《中国人口·资源与环境》	正式发表	CSSCI
131	跨界空气污染需要跨区协同治理	《中山大学学报（社会科学版）》	正式发表	CSSCI
132	Strong Consistency of Spectral Clustering for Stochastic Block Models	*IEEE Transactions on Information Theory*	正式发表	SCI
133	Identifying the Economic Impacts of Climate Change on Agriculture	*Annual Review of Resource Economics*	正式发表	SSCI
134	Son Preference, Children's Gender and Parents' Time Allocation: Evidence from China	*Applied Economics*	正式发表	SSCI
135	Capital Advantages: Could Colleges and Universities Located in Beijing City Win More National Social Science Fund Projects?	*Applied Economics*	正式发表	SSCI
136	Noncognitive Skills and Gender Gap in Test Scores	*Applied Economics*	正式发表	SSCI
137	Up in STEM, Down in Business: Changing College Major Decisions with the Great Recession	*Contemporary Economic Policy*	正式发表	SSCI
138	Binary Choice Model with Interactive Effects	*Economic Modelling*	正式发表	SSCI
139	A Capable Wife: Couple's Joint Decisions on Labor Supply and Family Chores	*Empirical Economics*	正式发表	SSCI

（续上表）

	题目	发表刊物	发表状态	数据库收录情况
140	The Effects of Gun Control on Crimes: A Spatial Interactive Fixed Effects Approach	*Empirical Economics*	正式发表	SSCI
141	How Do Extremely High Temperatures Affect Labor Market Performance? Evidence from Rural China	*Empirical Economics*	正式发表	SSCI
142	Research on the Education of Migrant Children in China: A Review of the Literature	*Frontiers of Economics in China*	正式发表	SSCI
143	China's Investments in Skills	*Frontiers of Economics in China*	正式发表	SSCI
144	Does Homeownership Protect Individuals from Economic Hardship during Housing Busts?	*Housing Policy Debate*	正式发表	SSCI
145	The Decomposition and Dynamics of Industrial Carbon Dioxide Emissions for 287 Chinese Cities in 1998 – 2009	*Journal of Economic Surveys*	正式发表	SSCI
146	Property Tax Limits and Female Labor Supply: Evidence from the Housing Boom and Bust	*Journal of Housing Economics*	在线发表	SSCI
147	Home–Tutoring Services Assisted with Technology: Investigating the Role of Artificial Intelligence Using a Randomized Field Experiment	*Journal of Marketing Research*	正式发表	SSCI
148	How Restricted is the Job Mobility of Skilled Temporary Work Visa Holders?	*Journal of Policy Analysis and Management*	正式发表	SSCI
149	The Impact of State Foreclosure and Bankruptcy Laws on Higher–risk Lending: Evidence from FHA and Subprime Mortgage Originations	*Journal of Real Estate Research*	正式发表	SSCI
150	Social Security Expansion and Neighborhood Cohesion: Evidence from Community–living Older Adults in China	*Journal of the Economics of Ageing*	在线发表	SSCI
151	Time Well Spent Versus a Life Considered: Changing Subjective Well–being in China	*Oxford Economic Papers*	正式发表	SSCI
152	Climate Variability and Migration in the Philippines	*Population and Environment*	正式发表	SSCI
153	The Iimpact of Indoor Air Pollution on Health Outcomes and Cognitive Abilities: Empirical Evidence from China	*Population and Environment*	正式发表	SSCI
154	The Strategic Response of Banks to Macroprudential Policies: Evidence from Mortgage Stress Tests in Canada	*Review of Finance*	正式发表	SSCI

（续上表）

	题目	发表刊物	发表状态	数据库收录情况
155	The PSID and Income Volatility: Its Record of Seminal Research and Some New Findings	*Annals of the American Academy of Political and Social Science*	正式发表	SSCI
156	Understanding Housing Affordability in Australia	*Australian Economic Review*	正式发表	SSCI
157	Targeted Poverty Alleviation and Children's Academic Performance in China	*Review of Income and Wealth*	正式发表	SSCI
158	Dredging the Sand Commons: The Economic and Geophysical Drivers of Beach Nourishment	*Climatic Change*	正式发表	SSCI&SCI
159	Unfolding Beijing in a Hedonic Way	*Computational Economics*	正式发表	SSCI&SCI
160	A Simple Test of Completeness in a Class of Nonparametric Specification	*Econometric Reviews*	在线发表	SSCI&SCI
161	Nonparametric Estimation of Generalized Transformation Models with Fixed Effects	*Econometric Theory*	在线发表	SSCI&SCI
162	Semiparametric Estimation of Generalized Transformation Panel Data Models with Nonstationary Error	*Econometrics Journal*	正式发表	SSCI&SCI
163	Climate Change and Mortality Evolution in China	*Journal of Environmental Management*	在线发表	SSCI&SCI
164	Capitalization of Interconnected Active Transportation Infrastructure	*Landscape and Urban Planning*	正式发表	SSCI&SCI
165	Early Childhood Parenting and Adolescent Bullying Behavior: Evidence from a Randomized Intervention at Ten-year Follow-up	*Social Science & Medicine*	正式发表	SSCI&SCI
166	Heap: A Command for Fitting Discrete Outcome Variable Models in the Presence of Heaping at Known Points	*Stata Journal*	正式发表	SSCI&SCI
167	Moment Restrictions and Identification in Linear Dynamic Panel Data Models	*Annals of Economics and Statistics*	正式发表	
168	Could Weather Fluctuations Affect Local Economic Growth? Evidence from Chinese Counties	*Asian Development Review*	正式发表	
169	Spatial Variations and Social Determinants of Life Expectancy in China, 2005 - 2020: A Population-based Spatial Panel Modelling Study	*The Lancet Regional Health – Western Pacific*	在线发表	

附录 1.2　研究院成立以来纵向项目一览表

项目名称	负责人	项目级别	项目分类	项目子类
扩大就业规模与提高就业质量研究	冯帅章	国家级	国家社科基金	国家社科基金重点项目
劳动力市场与收入分配	冯帅章	国家级	国家自然科学基金	国家自然科学基金杰出青年科学基金
Fertility in the Twenty-first Century: Who Become Parents?	Shiko Maruyama	国家级	国家自然科学基金	国家自然科学基金外国优秀青年科学基金项目
Time and Material Inputs in the Skill Production of Left-behind Children in China	Jun Hyung Kim	国家级	国家自然科学基金	国家自然科学基金外国青年学者项目
Introducing Property Taxes in the Chinese Housing Market: Implications to Housing Affordability and Welfare	Yunho Cho	国家级	国家自然科学基金	国家自然科学基金外国青年学者项目
留守儿童的认知与非认知能力发展研究	冯帅章	国家级	国家自然科学基金	国家自然科学基金面上项目
近代中国政府投资、产业集聚和早期工业化的实证研究	刘丛	国家级	国家自然科学基金	国家自然科学基金面上项目
多维度社会经济网络的理论建模、计量估计与政策分析	史炜	国家级	国家自然科学基金	国家自然科学基金面上项目
流动人口子女教育的同伴效应	冯帅章	国家级	国家自然科学基金	国家自然科学基金面上项目
傅里叶变换在非线性半参数模型识别和估计中的应用	徐吉良	国家级	国家自然科学基金	国家自然科学基金面上项目
社会网络选择视角下流动人口的身份认同和劳动力市场表现研究	蔡澍	国家级	国家自然科学基金	国家自然科学基金面上项目
消费者内生性偏好对默契合谋的影响机制研究	刘珂	国家级	国家自然科学基金	国家自然科学基金青年科学基金项目
混合数据环境下的非参数模型平均方法：理论和应用	郑立	国家级	国家自然科学基金	国家自然科学基金青年科学基金项目
非完整性模型中参数的似然比稳健检验及其应用	张毅	国家级	国家自然科学基金	国家自然科学基金青年科学基金项目
极端天气如何影响劳动生产率与劳动供给：基于快递行业的理论机制与实证研究	邱筠	国家级	国家自然科学基金	国家自然科学基金青年科学基金项目
基于二元分组的面板结构模型的识别及应用	王武毅	国家级	国家自然科学基金	国家自然科学基金青年科学基金项目

（续上表）

项目名称	负责人	项目级别	项目分类	项目子类
工业用地市场扭曲对地区环境质量的影响研究	朱宏佳	国家级	国家自然科学基金	国家自然科学基金青年科学基金项目
高温天气对公众情绪与社会稳定的影响机制及经济成本评估：基于新媒体大数据的实证研究	陈思宇	国家级	国家自然科学基金	国家自然科学基金青年科学基金项目
中国城市住房制度变迁及房价波动对劳动力市场的影响	张思思	国家级	国家自然科学基金	国家自然科学基金青年科学基金项目
资本积累、市场临近与工资不平等：基于微观数据的实证研究	卢晶亮	国家级	国家自然科学基金	国家自然科学基金青年科学基金项目
政府层级、财政分权与区域协调发展：基于中国的理论与实证研究	薄诗雨	国家级	国家自然科学基金	国家自然科学基金青年科学基金项目
面板数据广义变换模型的半参数、非参数估计及其在实证分析中的应用	王　曦	国家级	国家自然科学基金	国家自然科学基金青年科学基金项目
"减负"背景下教育品供给方式对教育不平等及其代际传递的影响机制探讨	谢　斌	国家级	国家自然科学基金	国家自然科学基金青年科学基金项目
去产能政策的微观机制与效应评估：基于中国钢铁行业的实证研究	苏应俊	国家级	国家自然科学基金	国家自然科学基金青年科学基金项目
文化相似性，外商直接投资和经济发展：基于汉语方言区边界的实证研究	马　森	国家级	国家自然科学基金	国家自然科学基金青年科学基金项目
气候变化对农业种植结构的影响	崔潇濛	国家级	国家自然科学基金	国家自然科学基金青年科学基金项目
最低工资对企业转型行为影响的理论与实证研究——基于企业引进工业机器人和对外直接投资的视角	唐立鑫	国家级	国家自然科学基金	国家自然科学基金青年科学基金项目
气候变化背景下极端天气对农村居民劳动供给和劳动生产率的影响：作用机理与适应措施	李承政	国家级	国家自然科学基金	国家自然科学基金青年科学基金项目
贫困村互助资金项目减贫效果与机制：基于随机对照试验的实证研究	蔡　澍	国家级	国家自然科学基金	国家自然科学基金青年科学基金项目
存在共同因子的半参数空间面板模型的理论及应用	史　炜	国家级	国家自然科学基金	国家自然科学基金青年科学基金项目
地方政府经济增长目标约束对企业投资的异质性影响：机制与识别	李书娟	国家级	国家自然科学基金	国家自然科学基金青年科学基金项目

（续上表）

项目名称	负责人	项目级别	项目分类	项目子类
贸易政策的不确定性与企业创新机制研究——基于中国加入WTO前后企业微观数据的理论和实证分析	殷立娟	国家级	国家自然科学基金	国家自然科学基金青年科学基金项目
中国城市吸引力的区域差异、形成机制与影响效果：基于生活质量与商业环境的双维度研究	刘诗濛	国家级	国家自然科学基金	国家自然科学基金青年科学基金项目
基础设施、市场环境与早期工业布局的实证研究	刘　丛	国家级	国家自然科学基金	国家自然科学基金青年科学基金项目
基于"撤点并校"分析公共服务提供的成本、收益和总福利	马　祥	国家级	国家自然科学基金	国家自然科学基金青年科学基金项目
基于狄利克雷过程的平均处理效应估计和异质性分析方法：理论及应用	严子中	国家级	国家自然科学基金	国家自然科学基金青年科学基金项目
性别工资差异的动态演进及形成机制：来自公司人事数据的实证研究	陈　祎	国家级	国家自然科学基金	国家自然科学基金青年科学基金项目
人力资本与劳动经济学前沿研究创新团队	冯帅章	省部级	广东省教育厅高等学校科研平台项目	广东省普通高校创新团队项目
区域协调发展战略下增长极辐射作用空间衰减的成因、影响与对策：以粤港澳大湾区为例	刘诗濛	省部级	广东省基础与应用基础研究基金	广东省自然科学基金——青年提升项目
删失数据非线性分位数回归模型的series估计及其实证分析中的应用	王　曦	省部级	广东省基础与应用基础研究基金	广东省自然科学基金——面上项目
电子商务和农村家庭福利：基于阿里巴巴千县万村计划的实证研究	谷一桢	省部级	广东省基础与应用基础研究基金	广东省自然科学基金——面上项目
广东人居环境整治行动助力乡村振兴研究：治理模式和技术选择	李承政	省部级	广东省科技计划项目	广东省科技计划公益研究与能力建设专项科普创新发展领域
空气污染、极端天气对中国农村老年人劳动供给行为的影响研究	李承政	省部级	广东省基础与应用基础研究基金	广东省自然科学基金——博士启动
跨界空气污染的机制及治理研究	李书娟	省部级	广东省基础与应用基础研究基金	广东省自然科学基金——博士启动

（续上表）

项目名称	负责人	项目级别	项目分类	项目子类
住房制度变迁及房价波动对家庭金融的影响	张思思	省部级	广东省基础与应用基础研究基金	广东省自然科学基金——自由申请项目
城乡流动人口劳动力供给影响因素的研究——历史事件模型在存量抽样情形下的拓展	薛森	省部级	广东省基础与应用基础研究基金	广东省自然科学基金——博士启动
城市群区域典型生态景观重建和受损生态空间修复技术的社会效益评估	孙伟增	省部级	国家重点研发计划项目子课题	国家重点研发计划项目子课题
非典与新冠疫情对教育代际流动性的影响	薛森	省部级	广东省社科基金	广东省社科规划一般项目
留守儿童非认知能力的同伴效应和代际传递机制与其影响	杨哲	省部级	广东省社科基金	广东省社科规划一般项目
市场条件与工业布局——近代贸易开放对广东地区发展的量化分析	刘丛	省部级	广州市社科基金项目	广州市社科规划共建项目
中越跨境婚姻现状：对广东越南新娘的研究	韩嘉玲	省部级	广东省社科基金	广东省社科规划一般项目
城乡流动人口社会保险参与的决定因素与其影响——以消费与精神健康为例	薛森	省部级	广州市社科基金项目	广州市社科规划一般项目
政府层级与区域协调发展的理论与实证：以广州市在粤港澳大湾区中的领导与协调作用为例	薄诗雨	省部级	广州市社科基金项目	广州市社科规划一般项目
有偏经济增长目标管理对全要素生产率的影响研究：机制与识别	李书娟	省部级	教育部社科基金	教育部人文社科青年基金项目
城市阶层间融合度对个体主观幸福感影响机制的研究	史炜	省部级	教育部社科基金	教育部人文社科青年基金项目
工作搜寻的行为模式与动态演化过程：基于招聘网站大数据的实证研究	孙坚栋	省部级	教育部社科基金	教育部人文社科青年基金项目
收入增长视角下公共转移支付政策的收入分配效应研究：效果、机制与政策优化	唐高洁	省部级	教育部社科基金	教育部人文社科青年基金项目
广州加快建设多主体供给、多渠道保障、租购并举的住房制度研究	张思思	省部级	广州市社科基金项目	广州市社科规划智库项目
支持农村人居环境整治的财政政策研究	李承政	厅局级	其他厅局级项目	其他厅局级项目

（续上表）

项目名称	负责人	项目级别	项目分类	项目子类
空气污染对认知能力的影响	邱　筠	厅局级	广东省教育厅项目	广东省教育厅青年创新人才类项目
成年子女外出务工对留守老人主观福利的影响	蔡　澍	厅局级	广东省教育厅项目	广东省教育厅特色创新（人文社科类）项目
我国住房反向抵押养老保险的制度创新和对老龄人口健康福利的研究	史　炜	厅局级	广东省教育厅项目	广东省教育厅特色创新（人文社科类）项目
医闹事件的长期后果：来自中国的实证证据	宋　彦	厅局级	广东省教育厅项目	广东省教育厅特色创新（人文社科类）项目
新冠疫情污名化、排华根源与海外统战需求：来自网络大数据的视角	薄诗雨	校级	校级项目	暨南大学人文社科大统战专项
快速城市化背景下的城中村问题研究：产生机制、经济影响与政策分析	朱宏佳	校级	校级项目	中央基本科研业务费青年项目
中国制造业劳动收入份额下降及成因	牛梦琦	校级	校级项目	中央基本科研业务费青年项目
我国城乡流动人口市民化进程中社会保险的影响与决定因素：基于田野调查的证据	薛　森	校级	校级项目	中央基本科研业务费青年项目
成年子女外出务工对留守老人主观福利的影响	蔡　澍	校级	校级项目	中央基本科研业务费青年项目
我国住房反向抵押养老保险的制度创新和对老龄人口健康福利的研究	史　炜	校级	校级项目	中央基本科研业务费青年项目
医闹事件的后果：来自中国的证据	宋　彦	校级	校级项目	中央基本科研业务费青年项目
空气污染对认知能力的影响	邱　筠	校级	校级项目	中央基本科研业务费青年项目
中国城市吸引力的区域差异、形成机制与影响效果：基于生活质量与商业环境的双维度研究	刘诗濛	校级	校级项目	中央基本科研业务费青年项目
开发区的生产和消费带动效应：效果识别、微观机制和制度环境	孙伟增	校级	校级项目	中央基本科研业务费青年项目

附录 2.1　2016—2022 年 IESR 学术活动列表（讲座类）

Seminar		
期数	嘉宾	年份
1	赵　忠（中国人民大学）	2016
2	张吉鹏（西南财经大学）	
3	Lars J. Lefgren（杨百翰大学）	
4	Heather Stephens（西弗吉尼亚大学）	
5	张　炳（南京大学）	
6	徐吉良（中国人民大学）	
7	黄　炜（美国国家经济研究局）	
8	盛柳刚（香港中文大学）	
9	张庆华（北京大学）	
10	施新政（清华大学）	
11	雷晓燕（北京大学）	
12	李　珊（中央财经大学）	
13	张　健（香港浸会大学）	
14	张俊杰（杜克大学）	2017
15	寇宗来（复旦大学）	
16	孙　腾（北京大学）	
17	李　敬（新加坡管理大学）	
18	赵敏强（厦门大学）	
19	尹妮娜（中央财经大学）	
20	梁平汉（中山大学）	
21	Stephen Gibbons（伦敦政治经济学院）	
22	刘　丛（上海财经大学）	
23	刘毓芸（中山大学）	
24	田　柳（上海财经大学）	
25	郑思齐（清华大学）	
26	钟笑寒（清华大学）	
27	翁鞾鞾（香港浸会大学）	
28	谢志昇（香港中文大学）	
29	夏小雨（香港中文大学）	
30	雷宇翔（耶鲁—新加坡国立大学学院）	
31	陆利平（阿姆斯特丹自由大学）	

（续上表）

期数	嘉宾	年份
32	许育进（台湾中央研究院）	
33	王春华（对外经济贸易大学）	
34	秦　雨（新加坡国立大学）	
35	范青亮（厦门大学）	
36	黄振兴（上海财经大学）	
37	张川川（中央财经大学）	
38	Rose Lai（澳门大学）	
40	兰小欢（复旦大学）	
41	潘振宇（武汉大学）	
42	赵大旋（中国人民大学）	
43	黄阳光（香港科技大学）	
44	王睿新（香港浸会大学）	
45	赵国昌（西南财经大学）	
46	马　骏（中央财经大学）	
47	龚亚珍（中国人民大学）	
48	陆方文（中国人民大学）	2017
49	李龙飞（俄亥俄州立大学）	
50	韩　璐（多伦多大学）	
51	Ju-Chin Huang（新罕布什尔大学）	
52	Nathan Schiff（上海财经大学）	
53	吴斌珍（清华大学）	
54	Jens Suedekum（杜塞尔多夫大学）	
55	沈凯玲（澳大利亚国立大学）	
56	Victor Couture（加利福尼亚大学伯克利分校）	
57	郭凯明（中山大学）	
58	邓筱莹（上海财经大学）	
59	何国俊（香港科技大学）	
60	张　勋（北京师范大学）	
61	赵　昕（对外经济贸易大学）	
62	陈　波（南卫理公会大学）	

（续上表）

期数	嘉宾	年份
63	石　菊（北京大学）	2017
64	陈　婷（普林斯顿大学）	
65	易君健（新加坡管理大学）	
66	许文泰（新加坡管理大学）	
67	叶茂亮（厦门大学）	
68	Tim Kautz（数字政策研究公司）	
69	马湘君（对外经济贸易大学）	
70	唐孟祺（台湾中正大学）	
71	周亚虹（上海财经大学）	
72	杜宁华（上海财经大学）	
73	王　非（中国人民大学）	
74	陈晓光（西澳大学）	
75	唐立鑫（上海财经大学）	
76	张红松（香港大学）	
77	陈　硕（复旦大学）	
78	邓卫广（香港中文大学）	
79	张丹丹（北京大学）	
80	陈　钊（复旦大学）	
81	李　伟（北京航空大学）	
82	章永辉（中国人民大学）	
83	王　玮（西南财经大学）	2018
84	赵　忠（中国人民大学）	
85	吴致宁（台湾中山大学）	
86	Abdullah Yavas（威斯康星大学麦迪逊分校）	
87	郑　瑜（香港城市大学）	
88	范子英（上海财经大学）	
89	李天舒（弗吉尼亚大学）	
90	杨　超（俄亥俄州立大学）	
91	Tomoya Mori（京都大学）	
92	宋晓军（北京大学）	

（续上表）

期数	嘉宾	年份
93	张俊富（克拉克大学）	
94	彭玉磊（中山大学）	
95	李　培（厦门大学）	
96	戴　觅（北京师范大学）	
97	荣　昭（南京审计大学）	
98	宋　伟（厦门大学）	
99	申蕾蕾（堪萨斯州立大学）	
100	Andrew Chesher（伦敦大学学院）	
101	洪　翰（斯坦福大学）	
102	Arthur Lewbel（波士顿学院）	
103	姚文雄（佐治亚州立大学）	
104	沈凯玲（澳大利亚国立大学）	
105	张　爽（上海纽约大学）	
106	杨汝岱（北京大学）	
107	梁平汉（中山大学）	
108	秦　雨（新加坡国立大学）	
109	邢春冰（北京师范大学）	2018
110	李玲芳（复旦大学）	
111	Peter M. Morrow（多伦多大学）	
112	张　寓（对外经贸大学）	
113	吴延瑞（西澳大利亚大学）	
114	韩　军（中国人民大学）	
115	刘　丛（上海财经大学）	
116	李　彤（范德堡大学）	
117	邓永恒（威斯康星大学麦迪逊分校）	
118	Michael Kidd（皇家墨尔本理工大学）	
119	Sujata Visaria（香港科技大学）	
120	王春阳（北京大学）	
121	文家奕（厦门大学）	
122	李　兵（中央财经大学）	
123	王楚红（南安普顿大学）	
124	顾祝铜（北京大学汇丰商学院）	

（续上表）

期数	嘉宾	年份
125	邓希炜（约翰·霍普金斯大学）	
126	吴要武（中国社会科学院人口与劳动经济研究所）	
127	邢剑炜（北京大学）	
128	张同斌（上海财经大学）	
129	张　鹏（香港理工大学）	
130	Hiroaki Kaido（波士顿大学）	
131	孙文凯（中国人民大学）	
132	王鹏飞（香港科技大学）	
133	李冰晶（新加坡国立大学）	
134	Lin Tian（欧洲工商管理学院）	
135	王　瑾（香港科技大学）	
136	徐　扬（厦门大学）	
137	郭焕修（南京审计大学）	
138	何国俊（香港科技大学）	
139	赵绍阳（四川大学）	
140	郭萌萌（西南财经大学）	2019
141	常晋源（西南财经大学）	
142	Slesh Anand Shrestha（新加坡国立大学）	
143	Taehyun Ahn（韩国西江大学）	
144	Alberto Salvo（新加坡国立大学）	
145	马驰骋（香港大学）	
146	杨　凯（上海财经大学）	
147	李鲲鹏（首都经济贸易大学）	
148	Jungmin Lee（首尔大学）	
149	杜金钊（香港大学）	
150	李红军（首都经济贸易大学）	
151	Tsur Somerville（英属哥伦比亚大学）	
152	陈超然（新加坡国立大学）	
153	陈　劼（新加坡国立大学）	
154	郭乃嘉（香港中文大学）	
155	袁海山（澳大利亚昆士兰大学）	

（续上表）

期数	嘉宾	年份
156	朱雪宁（复旦大学）	
157	Liwa Rachel Ngai（伦敦政治经济学院）	
158	陈海强（厦门大学）	
159	郭汝飞（武汉大学）	
160	徐剑锋（上海科技大学）	
161	陈晓光（西南财经大学）	
162	曹　静（清华大学）	
163	宫　晴（北卡罗来纳大学教堂山分校）	
164	白金辉（华盛顿州立大学）	
165	洪圣杰（清华大学）	
166	祁　涵（香港浸会大学）	
167	Federico Rossi（英国华威大学）	
168	符育明（新加坡国立大学）	
169	Anthony W. Orlando（加州州立理工大学）	
170	郑　瑜（伦敦玛丽女王大学）	2019
171	Chinmoy Ghosh（康涅狄格大学）	
172	Corrado Giulietti（南安普顿大学）	
173	窦立宇［香港中文大学（深圳）］	
174	刘　凯（剑桥大学）	
175	Avraham Ebenstein（希伯来大学）	
176	刘　锋［香港中文大学（深圳）］	
177	龚斌磊（浙江大学）	
178	陈　硕（复旦大学）	
179	孙　昶（香港大学）	
180	黄阳光（香港科技大学）	
181	史震涛（香港中文大学）	
182	David Brownstone（加州大学欧文分校）	
183	Ashley Langer（亚利桑那大学）	
184	江　明（上海交通大学）	
185	孟　昕（澳大利亚国立大学）	

（续上表）

期数	嘉宾	年份
186	崔静波（昆山杜克大学）	2019
187	许杏柏（厦门大学）	
188	肖　伟（西南财经大学）	
189	邹咏辰（美国俄勒冈大学）	
190	张笑语（新加坡国立大学）	
191	朱晓冬（多伦多大学）	
192	钟松发（新加坡国立大学）	
193	Jiseob Kim（延世大学）	
194	楚军红（新加坡国立大学）	
195	Seonghoon Kim（新加坡管理大学）	
196	黄雯馨（上海交通大学）	
197	罗　晔（香港大学）	
198	周晓露（厦门大学）	
199	Richard J. Arnott（加州大学河滨分校）	
200	朱力行（香港浸会大学）	
201	赵丽秋（中国人民大学）	
202	Haoming Liu（新加坡国立大学）	
203	陈凯迹（埃默里大学）	
204	Matthew Shapiro（新加坡管理大学）	
205	王　倩（西南财经大学）	
206	陈　希（耶鲁大学）	
207	叶菁菁（西南财经大学）	
208	Weilong Zhang（剑桥大学）	
209	李　玲（剑桥大学）	
210	朱明英（南京大学）	2020
211	梁平汉（中山大学）	
212	于　航（密歇根大学）	
213	宋　阳（柯尔盖特大学）	
214	陈　婷（香港浸会大学）	
215	张博辉［香港中文大学（深圳）］	

（续上表）

期数	嘉宾	年份
216	田　园（卡内基梅隆大学）	
217	黄　炜（新加坡国立大学）	
218	黄雨婷（首都经济贸易大学）	
219	从佳佳（复旦大学）	
220	赵乃宝（西南财经大学）	
221	孙　航（东北财经大学）	
222	闫巨博（南洋理工大学）	
223	回　翔［华盛顿大学（圣路易斯）］	
224	戴　芸（中山大学）	
225	邹先强（中国人民大学）	
226	Daniel Gutknecht（法兰克福歌德大学）	
227	裴　撰（康奈尔大学）	
228	黄汉伟（香港城市大学）	
229	逄金栋（武汉大学）	
230	Marieke Kleemans（伊利诺伊大学香槟分校）	2020
231	茅家铭（厦门大学）	
232	杨益民（中国人民大学）	
233	Kyeongbae Kim（芝加哥大学）	
234	Eunseong Ma（路易斯安那州立大学）	
235	Youngsoo Jang（上海财经大学）	
236	王　顺（韩国发展研究院）	
237	刘　烁（北京大学）	
238	白　营（香港中文大学）	
239	Horng Chern Wong（巴黎综合理工学院）	
240	Nicolas Bottan（康奈尔大学）	
241	李　昊（南京审计大学）	
242	樊　颖（香港理工大学）	
243	何浩然（北京师范大学）	
244	许达锋（华盛顿大学）	
245	曹思未（北京师范大学）	

（续上表）

期数	嘉宾	年份
246	刘晨源（清华大学）	2020
247	Sangyoon Park（香港大学）	
248	James Graham（新西兰储备银行）	
249	邹　奔（密歇根州立大学）	
250	戴若尘（中央财经大学）	
251	洪福海（香港岭南大学）	
252	徐若男（新泽西州立罗格斯大学）	
253	Yuci Chen（W. E. Upjohn Institute）	
254	陈齐辉（香港中文大学）	
255	Junichi Yamasaki（神户大学）	
256	王天一（哥本哈根大学）	
257	蒋荷露（上海财经大学）	2021
258	张　欣（北京师范大学）	
259	张　琼（中国人民大学）	
260	资　源（奥斯陆大学）	
261	邹文博（南开大学）	
262	Jessica Leight（国际食物政策研究所）	
263	张川川（浙江大学）	
264	杨子砚（厦门大学）	
265	Yu Wang（瑞尔森大学）	
266	周　宇（复旦大学）	
267	Shengyu Li（新南威尔士大学）	
268	李昊洋（上海财经大学）	
269	Wendong Zhang（爱荷华州立大学）	
270	张　鹏［香港中文大学（深圳）］	
271	蒋涵晨（北得克萨斯州大学）	
272	Jing Cai（马里兰大学）	
273	瞿　茜（上海交通大学）	
274	傅十和（厦门大学）	
275	旷　纯（对外经济贸易大学）	

（续上表）

期数	嘉宾	年份
276	肖俊极（岭南大学）	
277	Travis Ng（香港中文大学）	
278	徐宇晨（北京大学）	
279	汤　睿（香港科技大学）	
280	尤　炜（北京大学）	
281	张红松（香港大学）	
282	庄额嘉（武汉大学）	
283	陈雨欣（长江商学院）	
284	郭汝飞（武汉大学）	
285	Hoonsuk Park（墨尔本大学）	
286	盛柳刚（香港中文大学）	
287	Fabrizio Mazzonna（提契诺大学）	
288	Alper Arslan（得克萨斯大学圣安东尼奥分校）	
289	Cynthia Kinnan（塔夫茨大学）	2021
290	盛抒杨（加州大学洛杉矶分校）	
291	Minchul Yum（曼海姆大学）	
292	欧声亮（上海财经大学）	
293	谢尔豪（加拿大银行）	
294	Jorge De la Roca（南加利福尼亚大学）	
295	袁　野（北京大学）	
296	张　鹏［香港中文大学（深圳）］	
297	赵一泠（北京大学）	
298	Chung Tran（澳大利亚国立大学）	
299	易君健（香港中文大学）	
300	贾　盾（北京大学汇丰商学院）	
301	李力雄（约翰·霍普金斯大学）	
302	史晓霞（威斯康星大学麦迪逊分校）	
303	王芷苓（鹿特丹伊拉斯姆斯大学）	

（续上表）

期数	嘉宾	年份
304	邓希炜（香港大学）	
305	Tsogsag Nyamdavaa（韩国外国语大学）	
306	吕振通（加拿大银行）	
307	孙晓婷（西门菲莎大学）	
308	黄阳光（香港科技大学）	
309	严　硕（南方科技大学）	
310	Kohei Kawaguchi（香港科技大学）	
311	徐　彤（西南财经大学）	
312	Laura Schechter（威斯康星大学麦迪逊分校）	
313	潘颖豪（中国人民大学）	
314	王　迪（中国农业大学）	
315	Eugene Tan（多伦多大学）	
316	韩晓祎（厦门大学）	
317	Tom Schmitz（米兰路易吉·博科尼大学）	
318	刘逸楠（中国人民大学）	2022
319	曹思未（北京师范大学）	
320	窦　唯（宾夕法尼亚大学）	
321	冯　颖（新加坡国立大学）	
322	王　轩（阿姆斯特丹自由大学）	
323	邓敏婕（西门菲莎大学）	
324	石雪竹（对外经贸大学）	
325	林　琳（华东师范大学）	
326	占超群（中山大学）	
327	Alexandre Poirier（乔治城大学）	
328	何国俊（香港大学）	
329	Russell Wong（里士满联邦储备银行）	
330	Kohei Iwasaki（大阪大学）	
331	华新宇（香港科技大学）	

（续上表）

暨南论道		
名称	嘉宾	年份
暨南论道 1	甘　犁（得克萨斯农工大学）	2016
暨南论道 2	孟　昕（澳大利亚国立大学）	
暨南论道 3	张吉鹏（西南财经大学）	
暨南论道 4	张宏浩（台湾大学）	
暨南论道 5	艾春荣（中国人民大学）	
暨南论道 6	胡颖尧（约翰·霍普金斯大学）	
暨南论道 7	史耀疆（陕西师范大学）	
暨南论道 8	王谦（国家卫生和计划生育委员会流动人口计划生育服务管理司）	
暨南论道 9	聂辉华（中国人民大学）	
暨南论道 10	周颖刚（厦门大学）	
暨南论道 11	Albert Park（香港科技大学）	2017
暨南论道 12	简锦汉（台湾中央研究院）	
暨南论道 13	文贯中（复旦大学）	
暨南论道 14	黄季焜（北京大学）	
暨南论道 15	田国强（上海财经大学）	
暨南论道 16	万广华（亚洲开发银行研究所）	
暨南论道 17	龙小宁（厦门大学）	2018
暨南论道 18	王　谦（国家卫生健康委员会流动人口计划生育服务管理司）	
暨南论道 19	Jimmy Chan（香港中文大学）	
暨南论道 20	赵金华（美国密歇根州立大学）	2019
暨南论道 21	Loren Brandt（多伦多大学）	
暨南论道 22	杨立岩（多伦多大学）	
暨南论道 23	宋　铮（香港中文大学）	
暨南论道 24	徐晋涛（北京大学）	

（续上表）

暨南论道		
名称	嘉宾	年份
暨南论道 25	宋铮（香港中文大学）	2021
暨南论道 26	刘守英（中国人民大学）	
暨南论道 27	周亚虹（上海财经大学）	
暨南论道 28	方汉明（宾夕法尼亚大学）	
暨南论道 29	Lance Lochner（西安大略大学）	
暨南论道 30	Peter Kuhn（加州大学圣塔芭芭拉分校）	
暨南论道 31	Ethan Lewis（达特茅斯学院）	
暨南论道 32	张　炳（南京大学）	
暨南论道 33	许志伟（北京大学）	
暨南论道 34	Mark Hoekstra（得克萨斯农工大学）	
暨南论道 35	陈晓红（耶鲁大学）	
暨南论道 36	Patrick Kline（加利福尼亚大学伯克利分校）	
暨南论道 37	Panle Jia Barwick（康奈尔大学）	2022
暨南论道 38	聂辉华（中国人民大学）	
暨南论道 39	孟　昕（澳大利亚国立大学）	
暨南论道 40	付　超（威斯康星大学麦迪逊分校）	
大师暨南行		
名称	嘉宾	年份
诺奖大师暨南行	James J. Heckman（芝加哥大学）	2018
诺奖大师暨南行	Christopher Pissarides（伦敦政治经济学院）	2019
大师暨南行	Joshua Angrist（麻省理工学院）	2019
大师暨南行	Edward Glaeser（哈佛大学）	2020
大师暨南行	Greg Kaplan（芝加哥大学）	2020
大师暨南行	Michael Oppenheimer（普林斯顿大学）	2020
大师暨南行	Chang-Tai Hsieh（芝加哥大学）	2020
大师暨南行	Scott Rozelle（斯坦福大学）	2021
诺奖大师暨南行	James J. Heckman（芝加哥大学）	2021

附录 2.2 2016—2022 年 IESR 学术活动列表（会议类）

时间	会议名称
2016.6.21	人口流动与儿童发展数据研讨会
2016.7.20	用结构模型理解中国经济研讨会
2017.5.20–5.21	第一届流动人口子女学术研讨会暨政策论坛会议
2017.6.6	"中国经济学研究向何处去？——学术发表如何推动经济学研究"发展高端圆桌论坛
2017.6.7–6.10	2017 城市与房地产经济学国际研讨会
2017.6.14	计量经济学学术研讨会
2017.6.24–6.26	首届"新兴经济体的企业发展"学术研讨会
2017.8.7–8.8	2017 劳动经济学国际研讨会
2017.12.16–12.17	2017 现代劳动经济学国际会议
2018.5.18	乡村振兴研讨会
2018.5.19–5.20	第二届流动人口子女会议
2018.6.12–6.14	2018 年度美国房地产和城市经济学会 American Real Estate and Urban Economics Association（AREUEA）国际年会
2018.6.18–6.19	CEMP 2018 Workshop
2018.6.21–6.23	Workshop on Firms in Emerging Economies
2018.6.25–6.29	HCEO–IESR Faculty Training Semianr
2018.9.25	Chicago–Jinan Joint Initiative Workshop 2018
2018.10.24	IESR Workshop on Family and Labor Economics 2018
2018.12.12–12.13	香港科技大学 — 暨南大学 2018 宏观经济学学术会议
2019.3.21–3.22	IESR–GLO "一带一路"劳动力市场研讨会
2019.3.30	第二届微观经济数据与经济学理论创新论坛
2019.4.18–4.19	第三届流动人口子女学术研讨会暨政策论坛会议
2019.5.28–5.29	第三届"新兴经济体的企业发展"学术研讨会
2019.6.18–6.20	2019 世界计量经济学会中国年会 (2019 CMES)
2019.10.11–10.12	"布鲁金斯 — 暨南"中国微观经济学政策论坛
2019.11.15–11.16	"外来人口市民化"研讨会
2019.11.24	2019 广东千村调查报告研讨会
2019.11.29	2019 城市经济学研讨会
2019.11.30	第 13 次"中国劳动经济学者论坛"季会

（续上表）

时间	会议名称
2019.12.5	大数据在经济研究中的应用研讨会
2019.12.17–12.18	香港科技大学 — 暨南大学 2019 宏观经济学学术会议
2020.6.5–6.6	第三届 IESR–GLO 联合会议（线上）
2020.6.13–6.14	第四届流动人口子女学术研讨会暨政策论坛（线上）
2020.8.10–8.14	The Second IESR Econometrics Camp
2020.10.11	暨南—绵竹"教育与发展"名家论坛
2020.10.16–10.17	第二届"布鲁金斯—暨南"中国微观经济学政策论坛（线上）
2020.12.5–12.6	2020 现代劳动经济学国际研讨会
2020.12.10	粤港澳大湾区经济金融政策论坛
2021.5.8–5.9	第五届流动人口子女学术研讨会暨政策论坛
2021.6.24–6.26	第四届 IESR–GLO 联合会议
2021.7.12–7.16	2021 HCEO–IESR Summer School & Best Paper Competition (Online)
2021.8.12–8.13	4th HKUST–JINAN Joint Macro Workshop
2021.8.24–8.25	IESR Summer Workshop of "Supply Chain and Buyer-Seller Networks in Developing Countries" (online)
2021.10.8–10.9	第三届"布鲁金斯 — 暨南"中国微观经济学政策论坛（线上）
2021.10.10	暨南 — 绵竹"教育与发展"名家论坛
2021.11.26–11.27	第五届社会抽样调查理论与实务研讨会
2021.12.15–12.17	The 2021 Jinan–SMU–ABFER Conference on Urban and Regional Economics
2021.12.11	广东乡村振兴高端论坛
2021.12.11–12.12	2021 IESR Micro–Econometrics Workshop
2022.3.3–3.4	IESR Workshop on Quantitative Macroeconomic
2022.5.14	第五届流动人口子女学术研讨会暨政策论坛
2022.6.17	SUFE–Jinan Industrial Organization Conference
2022.7.11–7.15	2022 HCEO–IESR Summer School
2022.8.11–8.12	5th HKUST–Jinan Joint Macro Workshop
2022.8.29–8.30	第五届 IESR–GLO 劳动经济学研讨会

附录 3.1　"社会调查与应用"系列讲座

序号	日期	嘉宾姓名	嘉宾所在单位	主题
1	2019 年 11 月 25 日	孙　妍	北京大学	追踪调查的理论及实践——基于中国家庭追踪调查（CFPS）的经验分享
2	2019 年 12 月 23 日	陈　瑛	云南大学	海外中国企业高质量发展：现状、风险与问题暨"海外中资企业与员工调查"数据库介绍
3	2020 年 3 月 23 日	王军辉	西南财经大学	反贫困田野实验和田野调查
4	2020 年 4 月 9 日	郭　峰	上海财经大学	新冠肺炎疫情对线下微型商户冲击的定量估算
5	2020 年 4 月 23 日	李　炜	中国社会科学院	中国社会状况综合调查介绍
6	2020 年 5 月 6 日	王亚峰	北京大学	中国健康与养老追踪调查
7	2020 年 5 月 22 日	Gina-Qian Cheung	密歇根大学	Social Survey Research Technology, Yesterday, Today & Tomorrow
8	2020 年 5 月 28 日	吴晓刚	北京大学	中国定量社会科学研究如何做"深"
9	2020 年 6 月 18 日	鲍曙明	中国数据研究所	面向突发事件研究的碎片化数据组织与数据响应
10	2020 年 7 月 2 日	张　婵	浙江大学传媒与国际文化学院	移动互联网调查的数据质量
11	2020 年 9 月 14 日	龚红娥	澳大利亚国立大学	用随机和对比分组评估社会政策：定量和定性调查分析
12	2020 年 10 月 13 日	宋月萍	中国人民大学	社会调查中的流动人口：梳理、反思与展望
13	2020 年 10 月 23 日	陆家海	中山大学	基于新冠肺炎等传染病的流行病学调查
14	2020 年 10 月 28 日	屈小博	中国社会科学院人口与劳动经济研究所	微观抽样调查：来自 CULS 和 CEES 的经验
15	2020 年 11 月 23 日	许　浩	之江实验室	金融大数据与金融科技
16	2020 年 12 月 11 日	李　佳	南京信息工程大学	内战后国家的微观家庭调查——经验与挑战
17	2020 年 12 月 23 日	梁玉成	中山大学	在华外国人调查实践
18	2020 年 12 月 29 日	缪　佳	上海纽约大学应用社会经济研究中心	健康行为调查的挑战与经验：以毒品滥用和性行为研究为例
19	2021 年 3 月 19 日	王卫东	中国人民大学	后新冠时期的电话调查技术与方法

（续上表）

序号	日期	嘉宾姓名	嘉宾所在单位	主题
20	2021 年 4 月 1 日	朱建辉	仲量联行测量师事务所	中国商业地产趋势研判与研究方法、数据分析研讨
21	2021 年 4 月 6 日	徐丽鹤	广东外语外贸大学	中小微企业调查与研究介绍：以广东为例
22	2021 年 4 月 22 日	盛 誉	北京大学	农业全要素生产力的理论与测度：方法与数据
23	2021 年 5 月 25 日	胡婧炜	瀚一数据科技（深圳）有限公司	网络调查的方法与实践
24	2021 年 6 月 23 日	陈华帅	湘潭大学	CLHLS 数据介绍及老龄化研究
25	2021 年 9 月 13 日	郗 艺	中国发展研究基金会	反贫困与儿童早期发展：基于家访干预的实证研究
26	2021 年 10 月 13 日	常 芳	陕西师范大学	随机干预实验的实施与数据收集——以教师绩效激励为例
27	2021 年 10 月 22 日	周文华	蓝信封理事长	留守儿童心理支持的一线实践，13 年的探索之路
28	2021 年 11 月 18 日	文书洋	西南财经大学	乡村一线的田野调查与数据搜集：基于原深度贫困地区帮扶政策的跟踪调查研究
29	2021 年 12 月 29 日	陈光慧	暨南大学	大数据背景下现代抽样技术方法及应用思考
30	2022 年 3 月 23 日	吕 萍	北京大学	中国家庭追踪调查（CFPS）抽样设计和加权方法介绍及其问题探讨
31	2022 年 4 月 12 日	薛 浩	斯坦福大学	农村田野调查和随机干预实验的设计和实施
32	2022 年 5 月 20 日	罗思阳	中山大学	从众驱动和自我利益驱动的不诚实行为及其在疫情控制中的效应
33	2022 年 5 月 26 日	庄亚儿	中国人口与发展研究中心	人口抽样调查设计与质量控制实务——基于 2017 年全国生育调查
34	2022 年 6 月 30 日	韩昱洁	暨南大学	儿童非认知能力测量及汶川大地震对儿童能力的影响
35	2022 年 10 月 13 日	孙 妍	北京大学	运用并行数据评估调查质量
36	2022 年 11 月 7 日	邢春冰	中国人民大学	成人高等教育、人力资本回报与中国的人力资本积累

附录 3.2　2016 年起社会调查中心参与学术会议统计

序号	时间	会议	主办方
1	2016 年 11 月	北京大学中国社会科学调查中心十周年庆典研讨会	北京大学中国社会科学调查中心
2	2017 年 3 月	高校合作调查研讨会	西南财经大学中国家庭金融调查与研究中心
3	2017 年 11 月	2017 年联合调查数据交付仪式暨高校数据调查共享平台启动会	西南财经大学中国家庭金融调查与研究中心
4	2017 年 12 月	国际数据调查与研究大会——首届大型社会抽样调查理论与实务研讨会	西南财经大学中国家庭金融调查与研究中心
5	2018 年 1 月	流动人口数据使用研讨会	暨南大学经济与社会研究院
6	2018 年 5 月	第二届流动人口子女学术研讨会暨政策论坛	暨南大学经济与社会研究院
7	2018 年 10 月	专题研讨会——广东省产业转型升级数据、政策与论文专场	北京大学新结构经济学研究院
8	2018 年 11 月	2018 年北京大学量化研究理论与方法研讨会	北京大学中国社会科学调查中心
9	2018 年 12 月	第二届社会抽样调查理论与实务研讨会	西南财经大学中国家庭金融调查与研究中心
10	2018 年 12 月	国家卫生健康委流动人口服务中心基层调查联系点工作培训班	国家卫生健康委流动人口服务中心
11	2019 年 4 月	第三届全国流动人口子女学术研讨会暨政策论坛	暨南大学经济与社会研究院、绵竹市教育局
12	2019 年 6 月	社会调查中的流动人口：经验与挑战	中国人民大学社会与人口学院、中国人民大学健康科学研究所
13	2019 年 9 月	2019 计算社会科学国际学术会议暨第二届全国计算社会科学高端论坛	北京大学
14	2019 年 10 月	2019 年中国社会调查数据日活动	中国人民大学
15	2019 年 11 月	第三届社会抽样调查理论与实务论坛暨社会调查创新发展研讨会	北京师范大学

（续上表）

序号	时间	会议	主办方
16	2019 年 12 月	大数据在经济研究中的应用研讨会	经济与社会研究院、香港浸会大学商业数据分析与数码经济研究中心及经济学系
17	2020 年 12 月	跨学科视角下调查技术与数据应用	中国人口学会调查评估与数据分析专业委员会
18	2020 年 11 月	第四届社会抽样调查理论与实务研讨会	云南大学社会科学处、国际关系研究院、西南财经大学中国家庭金融调查与研究中心、北京大学中国社会科学调查中心、暨南大学社会调查中心
19	2021 年 10 月	第五届人口迁移与可持续发展学术研讨会	中山大学
20	2021 年 11 月	第五届社会抽样调查理论与实践研讨会	西南财经大学中国家庭金融调查与研究中心、北京大学中国社会科学调查中心、暨南大学社会调查中心
21	2021 年 8 月	2021 年中国社会状况综合调查（CSS）数据发布暨总结会	中国社会科学院社会学研究所

附录 3.3 2019–2022 年社会调查中心开展的校内讲座

序号	时间	邀请方	讲座主题
1	2019 年 3 月 3 日	暨南大学学生处	社会调查研究
2	2019 年 3 月 17 日	暨南大学学生处	社会调研培训
3	2019 年 4 月 18 日	暨南大学经济与社会研究院珠江经济学俱乐部	PPT 设计之道——如何高效制作专业幻灯片
4	2019 年 10 月 20 日	暨南大学学生处	问卷设计
5	2019 年 11 月 21 日	暨南大学团委	社会调查研究
6	2019 年 11 月 28 日	暨南大学团委	社会调查研究
7	2021 年 3 月 31 日	暨南大学经济学院	稻熟农忙仲夏开，弱冠待年踏门来——广东千村调查实地情况分享
8	2021 年 3 月 31 日	暨南大学经济学院	初心不改，跬步千里绘千村
9	2021 年 5 月 8 日	暨南大学经济与社会研究院珠江经济学俱乐部	如何用调查方法采集高质量的数据
10	2021 年 5 月 29 日	暨南大学新闻与传播学院	问卷设计的实务操作及注意事项
11	2021 年 11 月 18 日	暨南大学经济学院	社会调查的流程与方法
12	2021 年 11 月 26 日	暨南大学新闻与传播学院	问卷设计的实务操作及注意事项
13	2022 年 1 月 14 日	暨南大学公共管理学院	社会调查方法概述
14	2022 年 7 月 6 日	暨南大学经济学院	社会调查方法介绍

附录 4.1　各类智库成果分类统计

类别	序号	题目
调查报告	1	广东千村调查 2018 年研究报告
	2	广东千村调查 2019 年研究报告
	3	广东千村调查 2020 年研究报告
	4	广东千村调查 2021 年研究报告
	5	2017 年广东省制造业调查报告
	6	2017 年农村留守儿童关爱保护和困境儿童保障工作评估总报告
	7	湖南省农村留守儿童关爱保护和困境儿童保障工作评估报告
	8	云南省农村留守儿童关爱保护和困境儿童保障工作评估报告
	9	浙江省农村留守儿童关爱保护和困境儿童保障工作评估报告
政策简报	1	新时代如何实现更高质量和更充分就业
	2	在评估劳动力市场状况时，我们关心哪些统计数据
	3	《广州市城市总体规划（2017—2035）》草案研讨献策要点总结
	4	粤港澳大湾区发展规划建议
	5	广州"租购同权"政策实施现状及效果
	6	促进农村教育公平，助力广东乡村振兴事业
	7	推进农村"厕所革命"，完善广东农村卫生公厕建设
	8	动态瞄准扶贫目标，夯实广东精准扶贫工作
	9	提升乡村治理水平，奠定乡村振兴基石
	10	产业共建助推区域协调发展，促进粤东西北人口城镇化
	11	着力农村环境突出问题，实现广东乡村可持续发展
	12	中国个人所得税制的隐性区域不平等
	13	加大广东农地流转供给侧改革，促进农地流转市场均衡发展
	14	中国流动人口住房问题研究
	15	妥善处理我国农村非正规跨境婚姻的社会救助问题
	16	疫情对广东省房地产市场的影响及对策
	17	加强农村人居环境整治，助力农村新冠疫情防控
	18	广东农村"厕所革命"存在的问题和对策建议
	19	落实农村党建工作，提升乡村治理能力
	20	慎终如始攻坚克难持续巩固脱贫成果
	21	提质增量：推进广东农村学前教育进一步普及

（续上表）

类别	序号	题目
政策简报	22	完善农村养老服务体系，应对农村养老难题
	23	农村人居环境整治：广东"三清三拆三整治"过程中存在的问题与对策
	24	广东与浙江农村居民收入差距的现状、成因与对策
	25	培育乡村人才　助力乡村振兴
	26	广东农地确权颁证与经营权流转：现状、问题与建议
	27	推动扶贫开发与农村低保制度的有效衔接
	28	广东农村"厕所革命"（2018—2020）：现状、问题与政策建议
	29	广东农村集体经济组织成员身份认定与股份流转的问题和建议
	30	广东县域第三产业过度主导及其突破路径
	31	推进集体产权改革，助力乡村振兴
	32	妥善解决宅基地确权颁证难点　全面盘活闲置宅基地资源
	33	粮食安全赋能乡村振兴：粮食生产支持政策的演进脉络与内在逻辑
	34	借他山之石，多措并举破解农村集体经济薄弱难题
	35	广东乡村振兴示范带建设存在的问题及政策建议
	36	西部贫困农村地区学生视力问题及防控对策
	37	农村改革试验区六盘水市"三变"改革（2014—2021）：现状、问题与政策建议
	38	西部贫困农村地区学生视力问题及防控对策
	39	广东乡村治理存在的问题及建议
	40	稳步推进农地规范流转，提升资源配置效率和种粮收益
	41	关于防控小农户退出风险、稳定农业经营体系的政策建议
	42	乡村旅游精英，助力乡村振兴
	43	乡村义务教育"空心化"问题凸显县域高中教育需进一步加强
	44	广东与浙江农村居民消费水平差距的现状
	45	促进县域经济发展，保障农民就近就业
	46	五华乡村产业振兴促进共同富裕"擂台赛"模式分析报告
	47	巩固脱贫成果优化低收入家庭收支结构
	48	促进广东省农民合作社高质量发展决策
书籍	1	《城市的未来——流动儿童教育的上海模式》
	2	《南粤炊烟——2018广东千村调查实录》
	3	《气候冲击对中国县级经济的影响研究》

附录 4.2 "问政暨南"系列活动统计

序号	讲座题目	主讲人	头衔
1	中国大陆经济的欧洲化	陆 铭	上海交通大学特聘教授
2	世界巨（特）大城市发展：规律、挑战、对策及其评价	丁成日	马里兰大学教授
3	中国房地产市场的现状、趋势与展望	陈 杰	上海财经大学讲席教授
4	人民的住房市场——中国主要城市住房市场的宜居性及可持续性评析	邓永恒	美国威斯康星大学麦迪逊分校威斯康星商学院教授
5	The European Migration Challenges and Perspectives	Klaus F. Zimmermann	波恩大学经济系教授
6	如何面对有心理障碍的青少年？以日本奈良少年监狱诗歌教室为案例	阿古智子	东京大学副教授
7	中国的新经济与新就业	高文书	中国社会科学院人口与劳动经济研究所人力资源研究室主任、研究员
8	中国产业政策的制定程序与组织机制——揭开中国产业政策制定的黑箱	江飞涛	中国社会科学院工业经济研究所副研究员
9	中国能源转型及其治理变革现状问题	齐 晔	香港科技大学公共政策研究院院长、教授
10	精准扶贫的现状和未来	汪三贵	中国人民大学中国扶贫研究院院长、国务院扶贫开发领导小组专家咨询委员会委员
11	人工智能对劳动就业的影响	贺 丹	中国人口与发展研究中心主任、第十三届全国政协委员
12	关注新冠疫情对中国宏观经济的影响	程名望	同济大学经济与管理学院副院长
13	利用信用风险量化模型预测新冠病毒疫情趋势	陈 剑	信风金融科技的创始人兼 CEO
14	农村土地第三轮承包制度设计的正当性分析	赵德余	复旦大学社会发展与公共政策学院教授
15	中国养老保险体系可持续性风险及"社保增值税"的应对思路	汪德华	中国社会科学院财经战略研究院研究员、财政审计研究室主任
16	实现小农户与现代农业发展有机衔接	孔祥智	中国人民大学农业与农村发展学院教授
17	我国社会医疗的发展及其道德风险问题	封 进	复旦大学经济学院教授
18	危机冲击、产业政策与产业升级	阮建青	浙江大学中国农村发展研究院教授
19	建立解决相对贫困的长效机制：江苏经验与展望	周 力	南京农业大学经济管理学院教授
20	中国营商环境需求侧建设调查报告	徐现祥	中山大学岭南学院经济学教授、中山大学国家治理研究院副院长

附录 4.3　乡村振兴大讲堂系列活动统计

序号	讲座题目	主讲人	头衔
1	农业保险理论基础、政策逻辑与乡村振兴案例分析	张跃华	浙江大学公共管理学院教授
2	农业全要素生产力的理论与测度：方法与数据	盛　誉	北京大学新农村发展研究院副院长、中国农业政策研究中心副主任
3	没有中间商赚差价？农村电子商务发展对农产品市场的福利影响	汪阳洁	中南大学商学院副教授
4	推进集体产权改革，助力乡村振兴	周应恒	江西财经大学教授
5	为食品安全现代化治理插上科学的翅膀	白军飞	中国农业大学经济管理学院教授
6	农业产业组织市场势力测度与竞争机制设计——基于马歇尔冲突视角的分析	杨　丹	西南大学经济管理学院教授
7	粮食安全赋能乡村振兴：粮食生产支持政策的演进轨迹与内在逻辑	易福金	南京农业大学经济管理学院教授
8	数字赋能，巩固脱贫成果与乡村振兴	郭红东	浙江大学中国农村发展研究院副院长、浙江大学 CARD 中国农村电商研究中心主任
9	广东三农调查案例	王伟正	南方农村报深度新闻部主任
10	新时期的农村金融理论：现实回应	刘西川	华中农业大学经济管理学院教授
11	国家粮食安全视角下我国种业发展的思路和政策建议	蒋和平	中国农科院农业经济与发展研究所二级教授
12	"三新"思想下的生态化乡村振兴	温铁军	暨南大学乡村振兴研究院学术委员会主席、首席研究员
13	全面推进乡村振兴阶段的新部署——中央文件解读	周应恒	江西财经大学、中国农业农村现代化研究院教授
14	农村土地承包经营权自愿有偿退出：困境与机制思考	王常伟	上海财经大学城市与区域科学学院、财经研究所、三农研究院教授
15	大国小农与农业现代化：中国策略	胡新艳	华南农业大学国家农业制度与发展研究院教授
16	创新驱动农业未来发展：机遇与挑战	霍学喜	西北农林科技大学西部发展研究院院长、教授
17	数字金融与数字农业融合赋能乡村振兴	魏志兴	广州电信数字金融中心总经理
18	农业机械化仅仅替代劳动吗？——农时视角的小麦机收增产功能研究	纪月清	南京农业大学经济管理学院教授
19	气候变化与中国农业——测度方法、研究进展与关注点动态	陈　帅	浙江大学中国农村发展研究院、公共管理学院长聘副教授

（续上表）

序号	讲座题目	主讲人	头衔
20	技术进步与结构调整——农业与森林碳中和的机遇与挑战	田晓晖	中国人民大学农业与农村发展学院副教授
21	乡村振兴战略下的水管理制度与政策	王金霞	北京大学现代农学院、中国农业政策研究中心主任、教授

附录 4.4 研究院各类政府、企业咨询合作项目统计

序号	项目名称	委托单位
1	广东省婚俗改革研究项目	民政部
2	农村留守儿童关爱保护和困难儿童保障评估工作	民政部
3	2019 年"托底性民生保障政策支持系统建设"	民政部
4	将低收入群体纳入低保的可行性研究	民政部
5	农村留守儿童关爱保护和困难儿童保障评估工作	民政部
6	《农村留守儿童状况报告》课题研究	民政部
7	中国城市流动人口子女教育评估研究	国家卫健委
8	就业质量动态监测专题研究	国家统计局
9	广东农村固定观察点项目	广东省委农办
10	广东人口资源趋势与融合发展机制研究	广东省委改革办
11	房企健康指数报告	南方日报
12	当前房地产市场发展趋势与广州应对策略研究	广州市政府
13	农村低保项目	亚洲银行
14	暨南大学—广东省建行共建乡村振兴学院	中国建设银行广东省分行
15	灵活就业项目	智联招聘
16	暨南大学乡村振兴建设项目	碧桂园集团·国强公益基金会

附录 4.5　"黄埔大道西观点"公众号发表文章

序号	内容标题
1	《广州日报》采访张毅：东数西算不仅仅是简单的算力牵引
2	【2019 千村专题报告】警惕"福利悬崖"，财务公开确保"真"脱贫
3	【2019 千村专题报告】农村金融割裂，九成赊贷来自亲友，违约率低
4	【2019 千村专题报告】农村就业率刚过半，不足三成农民进城务工
5	【2019 千村专题报告】农民参保积极，买药看病多选择自费
6	【2019 千村专题报告】三成村庄有公立幼儿园，低龄留守儿童相对多
7	【2020 广东千村调查】超七成农村劳动力没有签劳动合同
8	【2020 广东千村调查】村庄平均彩礼 2.66 万元，嫁妆 1.46 万元
9	【2020 广东千村调查】公办幼儿园数量不达标，高中在校率待提升
10	【2020 广东千村调查】现阶段广东农村集体产权改革的重点情况
11	【RUMiC 东莞】如果可以，我愿拿家里土地换城市户口
12	【RUMiC 广州】如果你也在灯火璀璨的城市中漂泊
13	【RUMiC 深圳】中国城乡人口流动调查的把脉人
14	【财经】冯帅章：如何通过婚俗改革消解婚恋市场的不平衡
15	【财经】薄诗雨：平行志愿减少 6% 的错配，出分报考减少 18% 的错配
16	【财新】冯帅章：大学生"最难就业季"，我们应该关注什么
17	【财新】马森：新冠疫情期间网络教学效果如何
18	【财新】唐立鑫等：网络购物能降低区域消费不平等吗？
19	【财新】严子中等：当讨论留守儿童时，我们说的是谁？
20	【财新】殷立娟：贸易战升级：中国产能会转移到东南亚吗？
21	【财新】郑筱婷等：城市产业的就业扩张如何影响收入代际流动
22	【财新】刘诗濛：为何高知女性单身比例高？
23	【对话】《财经》专访冯帅章："新基建"推进需加大人力资本投入
24	【对话】陈祎："3+1+2"方案下，化学可能成为物理之后的遇冷科目
25	【对话】邓永恒：中国房地产市场正趋向成熟
26	【对话】冯帅章对话 Klaus Zimmermann：中欧劳动力市场
27	【对话】冯帅章对话诺奖得主 Heckman：中国流动人口子女问题
28	【对话】冯帅章谈流动人口子女的教育与保护问题
29	【对话】冯帅章谈新任特朗普经济顾问 Burkhauser——学术研究与政策研究不可分割
30	【对话】韩嘉玲：农村小规模学校蝶变与探索的中国经验

（续上表）

序号	内容标题
31	【对话】流动儿童教育的上海模式
32	【对话】邱筠、史炜：用科学的研究记录这场无硝烟的战争
33	【对话】搜狐智库对话冯帅章：继续大力扶持中小微企业吸纳毕业生
34	【对话】搜狐智库专访冯帅章：建议政府给企业发放就业补贴，鼓励企业与员工共克时艰
35	【对话】我们从美国房地产市场学到什么？
36	【对话】学术发表如何推动中国经济学研究发展（讨论实录上）
37	【对话】学术发表如何推动中国经济学研究发展（讨论实录下）
38	【对话】张思思：多维度护航房企健康发展
39	【对话】张思思谈 HFI-60 指数与房地产业未来四大潜在增长点
40	【对话】专访 Zimmermann 主编：该研究提出了可供中国乃至世界各国参考的研究结论
41	【发现】广东千村调查 2018 研究报告完整版网络首发
42	【发现】了解广东省制造业，看这一篇就够了～
43	【高端论坛观点】刘守英：城乡融合与乡村振兴
44	【高端论坛观点】魏后凯：全面推进乡村振兴的两大最艰巨任务
45	【高端论坛观点】钟甫宁：人口变迁与乡村治理——村民自治组织与集体经济组织
46	【高端论坛主旨演讲】樊胜根：乡村振兴的国际比较
47	【高端论坛主旨演讲】黄季焜：粮食安全、特色农业和共同富裕：发展思路和政策取向
48	【高端论坛主旨演讲】温铁军：重资产脱贫攻坚与乡村振兴的有效衔接
49	【观点】"敢生、能生、想生"都不易：生育选择与照顾负担
50	【观点】冯帅章在《学习时报》撰文：全面推进乡村振兴亟待破解三个难题
51	【观点】罗必良：发展县域经济是乡村振兴重要路径
52	【观点】王子成谈"技能＋"复合型家政：家政务工群体应全方位提升技能水平
53	【观点】杨森平：加快信息化建设数字赋能县域振兴
54	【观点】杨森平：数字经济给我国税收征管带来八大冲击
55	【观点】中国如何防止发生规模性返贫？温铁军：让农民有长期财产性收入
56	【光明网】刘丛：第一次世界大战与中国的棉纺织工业：困境中的世界为中国提供了机遇吗？
57	【广东千村调查手记】事必躬行，方知乡村实况
58	【核查手记】听闻百家言，知晓百姓事
59	【暨济一堂】"外来人口市民化"研讨会观点集萃

（续上表）

序号	内容标题
60	【暨济一堂】2018 年度美国房地产与城市经济学会国际年会"业界论坛"精彩回顾
61	【暨济一堂】2020 广东千村调查报告发布会暨乡村振兴学术论坛主旨演讲摘编
62	【暨济一堂】Scott Rozelle：中国农村人口和流动人口子女的人力资本挑战
63	【暨济一堂】Scott Rozelle：中国农村人力资本现状以及对长期经济增长的挑战
64	【暨济一堂】产业政策圆桌论坛：政府从市场中有序退出更利于经济发展
65	【暨济一堂】陈剑：利用信用风险量化模型预测新冠病毒疫情趋势
66	【暨济一堂】程名望：关注新冠疫情对中国宏观经济的影响
67	【暨济一堂】崔丽娟：流动儿童：基于群体身份多元化的社会医治
68	【暨济一堂】第五届流动人口子女学术研讨会暨政策论坛发言摘编（上）
69	【暨济一堂】第五届流动人口子女学术研讨会暨政策论坛发言摘编（下）
70	【暨济一堂】丁成日：更应关注大城市对经济发展的贡献
71	【暨济一堂】封进：我国社会医疗的发展及其道德风险问题
72	【暨济一堂】广东省流动人口子女教育问题——第二届流动人口子女学术研讨会暨政策论坛精华之二
73	【暨济一堂】广东移动蜂巢大数据能力介绍及应用案例分享
74	【暨济一堂】广州房价还将上涨？当前的利率政策加重房贷风险？2016 年二手房价格增幅最大的城市竟然是它？
75	【暨济一堂】国家卫生健康委员会王谦司长谈流动人口问题
76	【暨济一堂】韩嘉玲：城镇化浪潮下中国乡村教育的变迁与实践
77	【暨济一堂】何世友：以端和云的进化推演服务数据的大趋势
78	【暨济一堂】贺丹：关注人工智能对我国劳动就业的多重影响
79	【暨济一堂】江飞涛：中国产业政策的制定程序与组织机制——揭开中国产业政策制定的"黑箱"
80	【暨济一堂】聚焦留守儿童教育问题
81	【暨济一堂】聚焦流动儿童教育问题
82	【暨济一堂】孔祥智：实现小农户与现代农业发展有机衔接
83	【暨济一堂】流动人口子女教育问题：新时代，新挑战——第二届流动人口子女学术研讨会暨政策论坛精华之一
84	【暨济一堂】流动人口子女教育问题会影响贫困等社会问题的代际延续——第三届全国流动人口子女学术研讨会主题发言摘编
85	【暨济一堂】流动人口子女政策论坛发言摘编（上）

（续上表）

序号	内容标题
86	【暨济一堂】流动人口子女政策论坛发言摘编（下）
87	【暨济一堂】陆铭：人口流动与流动性
88	【暨济一堂】伦敦政治经济学院 Vernon Henderson 教授谈要素市场对中国城市发展的影响
89	【暨济一堂】美国宾夕法尼亚大学 Joseph Gyourko 教授谈理解中国房地产市场：美国经验值得借鉴吗？
90	【暨济一堂】诺奖大师 James Heckman 教授谈中国儿童早期发展随机干预试验
91	【暨济一堂】诺奖得主 James Heckman：中国应当重视职业技能投资和学前教育投资
92	【暨济一堂】诺奖得主皮萨里德斯：新技术发展对劳动力市场的影响
93	【暨济一堂】潘丹：农村人居环境治理助力农业农村现代化：理论解析、福祉影响与政策优化
94	【暨济一堂】齐晔：中国能源转型及其治理变革现状问题
95	【暨济一堂】阮建青：危机冲击、产业政策与产业升级
96	【暨济一堂】厦门大学龙小宁教授谈促进创新的政策举措和制度环境
97	【暨济一堂】史耀疆：乡村振兴的起点——婴幼儿早期发展
98	【暨济一堂】随迁子女入学、教育、营养……第三届流动人口子女政策论坛观点集萃
99	【暨济一堂】挑战重重，出路何在——荷兰马斯特里赫特大学 Klaus F. Zimmermann 教授谈欧洲移民问题
100	【暨济一堂】汪德华：中国养老保险体系可持续性风险及"社保增值税"的应对思路
101	【暨济一堂】汪三贵：精准扶贫的现状和未来
102	【暨济一堂】徐现祥：中国营商环境需求侧建设调查报告
103	【暨济一堂】疫情之下流动人口子女教育的新问题和新挑战（上）
104	【暨济一堂】疫情之下流动人口子女教育的新问题和新挑战（下）
105	【暨济一堂】约翰·霍普金斯大学教授 Robert Moffitt 谈如何衡量贫困
106	【暨济一堂】粤港澳大湾区经济金融政策论坛发言摘编
107	【暨济一堂】张跃华：农业保险理论基础、政策逻辑与乡村振兴案例分析
108	【暨济一堂】赵德余：农村土地第三轮承包制度设计的正当性分析
109	【暨济一堂】中国增长模式转型再认识：一个环境经济学视角
110	【暨济一堂】周力：建立解决相对贫困的长效机制：江苏经验与展望
111	【暨济一堂】周应恒：推进集体产权改革，助力乡村振兴
112	【暨济一堂】周应恒：乡村振兴的路径和条件

（续上表）

序号	内容标题
113	【暨济一堂】庄太量：新冠疫情影响下的全球经济
114	【建言】杨森平提案：如何破解我省农村地区纳税人办税难的堵点，助力乡村振兴
115	【解读】"暨南乡村谈"妇女节专访：教育让女性拥有更多选择
116	【解读】"暨南乡村谈"视频专访第一期：易地扶贫搬迁
117	【解读】"暨南乡村谈"视频专访第三期：乡村旅游创业宝典
118	【解读】"暨南乡村谈"视频专访第四期：农村养老路在何方
119	【解读】"暨南乡村谈"专访王鹏：广东区域协调发展的关键在乡村振兴
120	【解读】房企盈利能力承压负债率显著下行
121	【解读】教育部成立校外教育培训监管司，如何进一步加强校外教育培训监管？
122	【解读】跨国"婚姻"在农村：外籍配偶的居留困境调研
123	【解读】上市房企规模增速呈放缓趋势
124	【解读】谢斌：经济学如何看待移民问题？
125	【解读】余家庆：实事求是看待外国人永久居留问题
126	【解读】张振江：外国人永居管理条例体现了中国与世界的互动与互惠
127	【界面新闻】蔡澍："小额信贷"为何以及如何在中国乡村振兴中发挥积极作用
128	【界面新闻】韩昱洁、李金阳：一娃好还是多娃好？关于独生子女教育、性格、偏好和健康的优劣分析
129	【界面新闻】何晓波：解决天价保姆乱象，"中介制"还是"员工制"靠谱？
130	【界面新闻】人工智能与劳动力市场：我的工作会不会被算法取代？
131	【界面新闻】薛森等：疫情如何放大教育不平等？从非典看疫情与教育代际流动性关系
132	【界面新闻】殷立娟：疫情蔓延下，全球价值链应该重新本国化吗？
133	【界面新闻】张萃：多样化 VS 专业化，哪些城市更适合创业？
134	【经济日报】马祥：盘活资源促乡村产业发展
135	【经济战疫】共渡疫情难关：精准扶持广东省中小企业发展
136	【经济战疫】李承政　张亚楠：守好农村地区疫情防控的"第一道关口"
137	【经济战疫】李润梁：股指期权在疫情中发挥的作用
138	【经济战疫】武文杰　孙瑞东：城市群空间视域下的新冠肺炎疫情启示
139	【经济战疫】谢宝剑：如何推动"共享员工"健康有序发展？
140	【经济战疫】疫后楼市出现明显分化
141	【经济战疫】张宁：复工复产要抓好三大施策关键点

（续上表）

序号	内容标题
142	【经济战疫】张思思：疫情推动房地产行业发展新路径
143	【卷首语】来自黄埔大道西有料、有用、有深度的声音
144	【两会好声音】房地产税是否是解决中国房地产困境的良药？
145	【论文推荐】AER 养老金制度如何改变亲属关系传统？
146	【论文推荐】班级中的性别同伴效应会影响学生的成绩与非认知表现吗？
147	【论文推荐】不同机构实行项目的有效性——来自随机试验的证据
148	【论文推荐】财富变动与健康状况——来自股票市场波动的证据
149	【论文推荐】产前经历极端温度对婴儿出生结果的影响：以中国为例
150	【论文推荐】城镇劳动者工资不平等的演化：1995—2013 年
151	【论文推荐】出生在"好日子"你就真的更好么？
152	【论文推荐】低能力学生在班级中的同伴效应：来自中国中学的证据
153	【论文推荐】多上一年中学能提高我们的收入吗？
154	【论文推荐】风险分担、兄弟姐妹和家庭股权投资：来自中国城市的证据
155	【论文推荐】高考录取机制与生源匹配
156	【论文推荐】家庭内部议价能力，姓氏继承与人力资本积累
157	【论文推荐】家庭支持还是社会支持？——宗族文化的作用
158	【论文推荐】降雨量对经济增长有影响吗？
159	【论文推荐】教育信息化对大学生劳动力市场表现的影响
160	【论文推荐】教育与性别角色观念
161	【论文推荐】空气污染对体重的影响——来自中国的证据
162	【论文推荐】劳动力市场改革和企业层面的就业调整——来自中国户籍制度改革的证据
163	【论文推荐】美貌与工作机会：来自实验的新证据
164	【论文推荐】免费义务教育减少了童工吗？
165	【论文推荐】朋友数量的多少会影响农民工的心理健康吗？
166	【论文推荐】社会参与能提高老年人的认知能力吗？
167	【论文推荐】社会经济地位低就不幸福吗？
168	【论文推荐】社会经济因素对 2019 新冠疫情（COVID-19）在中国传播的影响
169	【论文推荐】身份认同与资源转移
170	【论文推荐】升学还是务工？乡村青少年的两难
171	【论文推荐】熟人介绍工作会造成低工资？来自 RUMiC 的证据

（续上表）

序号	内容标题
172	【论文推荐】小额信贷如何助力脱贫攻坚？
173	【论文推荐】养老收入对老年人居住方式的影响
174	【论文推荐】移民海外和给家人汇款，对家人的幸福感产生了怎样的影响？
175	【论文推荐】拥有洁净的空气，我们愿意付多少钱？
176	【论文推荐】中国边缘城市的诞生：开发区政策的生产和消费带动效应
177	【论文推荐】中国的计划生育政策及其对劳动力市场的影响
178	【媒体聚焦】"南方＋"访谢宝剑：如何推动都市圈和城市群发展
179	【媒体聚焦】《大公报》专访谢宝剑：广州穗港智造合作区助港优势领域"再工业化"
180	【媒体聚焦】《东莞日报》访卢晶亮：谈灵活就业
181	【媒体聚焦】《东莞日报》访卢晶亮：保持高效率发展的动能在于坚持创新驱动
182	【媒体聚焦】《东莞日报》访卢晶亮：如何创新支持小微企业
183	【媒体聚焦】《环球时报》英文版访韩嘉玲、余家庆：谈跨国婚姻现象
184	【媒体聚焦】《经济》访武文杰：城市高质量治理，改善建成环境是关键
185	【媒体聚焦】《南方日报》访刘诗濛：有效的财政政策以及完整的产业发展基础增强了广东经济韧性
186	【媒体聚焦】《羊城晚报》访我院卢晶亮副教授：谈付费实习乱象
187	【媒体聚焦】2021 年广东千村调查报告出炉，这些结论值得关注
188	【媒体聚焦】变迁的菜市场如何转型？广州日报访武文杰、刘诗濛
189	【媒体聚焦】财新网访冯帅章：各地"抢人"不宜用"双一流"指标划线
190	【媒体聚焦】传统菜市场如何自救？《时代周报》访刘诗濛、武文杰
191	【媒体聚焦】单身女性成买房主力军？刘诗濛接受《联合早报》采访
192	【媒体聚焦】二手房参考价陆续出台，刘诗濛接受南方经济智库采访谈房地产调控逻辑
193	【媒体聚焦】冯帅章：高校应进行结构性扩招优化管理解决校舍不足
194	【媒体聚焦】冯帅章：可退休返聘是应对老龄化的重要举措，要通过立法禁止年龄歧视
195	【媒体聚焦】冯帅章：可以通过税收减免鼓励企业接纳老年人的再就业，推行老年人就业再实践
196	【媒体聚焦】冯帅章：我们还能为留守儿童做些什么？
197	【媒体聚焦】冯帅章：砸钱让大家生孩子本身就是对人的一种不尊重
198	【媒体聚焦】冯帅章教授解读 2022 一号文件：城乡基本公共服务要加强县域内统筹

（续上表）

序号	内容标题
199	【媒体聚焦】广东"男多女少"为何最明显？珠三角人口进一步聚集……卢晶亮谈广东七普数据
200	【媒体聚焦】广东 7 月规上工业数据：止跌回稳基本确立，恢复速度加快
201	【媒体聚焦】广东电视台报道"广东千村调查"：聚焦脱贫攻坚
202	【媒体聚焦】经济日报报道武文杰团队研究成果
203	【媒体聚焦】刘诗濛：深江铁路促进珠三角、粤港澳大湾区的知识外溢效应和劳动力蓄水池效应
204	【媒体聚焦】刘诗濛接受《南方日报》采访：解读广东 21 市经济数据
205	【媒体聚焦】刘诗濛接受《南方日报》采访：解读广东前三季度经济数据
206	【媒体聚焦】卢晶亮谈"七人普"：户籍人口城镇化率仍然相对落后
207	【媒体聚焦】南方经济智库访刘诗濛：谈保障性租赁住房建设
208	【媒体聚焦】南方日报访刘诗濛：解读《广东省加快推进城镇环境基础设施建设的实施方案》
209	【媒体聚焦】澎湃：那些待解的流动儿童教育难题
210	【媒体聚焦】特聘研究员谢宝剑谈顺德"后村改时代"
211	【媒体聚焦】我院张思思副教授接受《经济学人》采访
212	【媒体聚焦】谢宝剑：推动国内大循环和国内国际双循环，要素流动是关键
213	【媒体聚焦】谢宝剑接受《大公报》采访：港商发挥行业优势参建"一带一路"
214	【媒体聚焦】谢宝剑接受 21 世纪经济报道采访：粤港澳大湾区要强化科技创新的核心地位
215	【媒体聚焦】谢宝剑接受《南方都市报》《羊城晚报》采访：解读广州前三季度经济成绩单
216	【媒体聚焦】羊城晚报报道广东千村调查：广东农村养老如何加快探索步伐？
217	【媒体聚焦】羊城晚报采访卢晶亮：人才"用脚投票"缘何选择大湾区？
218	【媒体聚焦】钟韵接受中国评论通讯社采访：合作区助澳门经济适度多元开启新阶段
219	【南方日报】钟韵：实现粤港澳大湾区科创产业"双循环"
220	【年终回顾】2020 年度最受关注原创推文盘点
221	【澎湃】陈祎：有关计划生育的五个"错误"认知
222	【澎湃】陈英楠等：如何理解房地产政策不确定性
223	【澎湃】崔潇濛：为何今年一号文件更加关注农业应对气候变化问题
224	【澎湃】崔潇濛：转基因正在敲门，中国要避免被动接受
225	【澎湃】冯帅章　韩昱洁：单身未必是"贵族"，"单身经济"热的冷思考
226	【澎湃】冯帅章　韩昱洁：公办还是民办？流动儿童义务教育阶段的挑战

（续上表）

序号	内容标题
227	【澎湃】冯帅章　唐高洁：离婚率不断攀升的原因及呵护婚姻的政策建议
228	【澎湃】冯帅章：加强婴幼儿照护正当其时
229	【澎湃】冯帅章：以大规模人力资本投资来应对经济困境
230	【澎湃】广州体育设施调研：距离社区和单位越近，居民锻炼越多吗
231	【澎湃】郭文殊：亏钱的长租公寓怎样才能赚到钱？
232	【澎湃】韩嘉玲　余家庆：离城不回乡：超大城市农民工随迁子女的教育选择
233	【澎湃】刘诗濛：疫情对消费投资行为与风险偏好的影响
234	【澎湃】卢晶亮：《摇滚吧，经济学》：透过音乐窥探经济生活
235	【澎湃】马森："方言"会阻碍经济发展吗？
236	【澎湃】邱筠：气候变暖或扩大社会不平等
237	【澎湃】邱筠：全球变暖或扩大社会不平等
238	【澎湃】唐高洁：中国的离婚率高？你可能被骗了
239	【澎湃】唐曲：决定你高考分数的可能还有温度和空气污染
240	【澎湃】杨哲：几月份出生的人成就最大？生育与入学时机选择对个人成就的影响
241	【澎湃】余家庆　葛梦君：产假应该休多久？"三孩"时代的产假政策再思考
242	【澎湃】郑筱婷：疫后财政补贴效果好坏的细节
243	【澎湃】刘诗濛：中国个人所得税制的隐性区域不平等
244	【澎湃研究所】张思思：中国流动人口住房负担调查
245	【千村跟访手记】在十里稻香中感受中国乡村大地的每一次脉动
246	【千村调查手记】做"广东千村调查"项目的核查员是种怎样的体验？
247	【手记】他乡与故乡——对比清远佛冈和怀化洪江的乡村发展
248	【手记】"减税"真的能"减负"吗？——中国制造业企业经营之痛
249	【手记】沉寂的乡村：人都去哪儿了？——2021广东千村调查手记
250	【手记】当我们谈论留守儿童时我们在谈论什么？
251	【手记】广东制造业企业初见闻——广东省制造业企业全要素生产率调查项目跟访实录
252	【手记】脚步暂停，思考不止——广东省制造业企业全要素生产率项目调查员感想
253	【手记】婆媳各顶半边天？粤西农村的家庭代际分工观察
254	【手记】千村千态，因地制宜——2021广东千村调查手记
255	【手记】世界多广，转身还有故乡——2021广东千村调查手记
256	【手记】为你，千千万万遍——"一切为了数据完整、全面、精确"

（续上表）

序号	内容标题
257	【手记】乡村振兴，要答好新时代的教育、产业和人才建设考卷
258	【手记】心有所持，步履不停——中国家庭就业调查项目正在进行！
259	【手记】印象南昌——记中国家庭就业调查访问之行
260	【手记】原来，你是这样的调查！——绵竹项目调查员心声
261	【手记】在绿水青山间振兴乡村——2021 广东千村调查手记
262	【手记】真实世界最可爱——2021 广东千村调查手记
263	【手记】真心不负，初心不悔——访中国家庭就业调查项目江西访问 23、24 组
264	【手记】子女在，不远游？——浙江留守儿童关爱保护和流动儿童保障评估工作手记
265	【手记】宗祠走向何处？发挥宗族与祠堂在乡村振兴中的作用
266	【思·享】"共享员工"大法好，但更需关注派遣规范性
267	【思·享】"性别歧视"是女性在劳动力市场处于弱势的万恶之源么？
268	【思·享】"愿有良人立黄昏，问我粥可温"——政策如何帮助"空巢青年"建"新巢"？
269	【思·享】IESR 学者解读 2019 广东政府工作报告
270	【思·享】被"女孩学不好数学"支配的那些年——性别观念与数学成绩
271	【思·享】蔡澍　谢慧如：往事并不如烟，流金亦非岁月——如何测量主观幸福感？
272	【思·享】蔡澍：理解扶贫，超越现有经济理论的中国实践
273	【思·享】陈思宇：女性高学历真的是低婚育率的"罪魁祸首"吗？对性别刻板印象说不
274	【思·享】陈思宇：女性职场晋升为何这么难？
275	【思·享】陈祎　方汉明：计划生育政策如何改变中国老年人的生活？
276	【思·享】陈英楠等：为什么房地产市场主体预期疲软
277	【思·享】城乡流动人口拉动内需有巨大潜力
278	【思·享】从"The Chinese Must Go"到"Chinese Virus"——美国社会对华态度的历史根源
279	【思·享】崔潇濛：国际种业格局变迁的两大内在动力
280	【思·享】崔潇濛：用气象大数据支持农业发展需要"上天下地"
281	【思·享】崔潇濛：种业发展将助力农业应对气候变化
282	【思·享】大数据时代，我们为什么还要入户调查？
283	【思·享】大型离婚现场：谁来呵护中国人的婚姻
284	【思·享】当环境守法成为"新常态"，蓝天白云才会常驻穹顶
285	【思·享】挡不住的网红经济：空前爆发下的隐忧
286	【思·享】都是高温天气的"锅"——从健康威胁和情绪波动看全球变暖的社会经济影响

（续上表）

序号	内容标题
287	【思·享】都挺好？看重男轻女如何影响父母时间分配
288	【思·享】冯帅章　卢晶亮：新时代如何实现更高质量和更充分就业
289	【思·享】冯帅章　孙坚栋：根据新萨姆定律，美国经济已于三月进入衰退
290	【思·享】冯帅章："教育控人"是一种懒政
291	【思·享】冯帅章：关注留守家庭，让孩子感受更多的温暖与爱
292	【思·享】父母观念与行为对农村留守儿童问题的影响
293	【思·享】公办幼儿园的摇号录取能保证公平吗？
294	【思·享】谷佳家：女性劳动参与率下降，女性真的工作更少吗？
295	【思·享】谷佳家：人口质量比生育率更值得关注
296	【思·享】谷佳家：提高天赋、人力资本与职业的匹配度
297	【思·享】谷一桢等：农村淘宝为每村带来 18 万元 / 年的福利收益
298	【思·享】关于"共享员工"用工模式的几点思考
299	【思·享】广州建设共有产权住房，为大湾区做好人才储备
300	【思·享】广州日报专访冯帅章："折旧率"低回报率高应加大人力资本投资
301	【思·享】郭文殊：开放与透明应成为中国页岩气产业的发展趋势
302	【思·享】韩昱洁：重视提高农民工群体在城市的医疗保障水平
303	【思·享】解读广州"租购同权"
304	【思·享】今天你"团菜"了吗？"封城"下的社区团购新零售模式
305	【思·享】金融危机可以被预测吗？
306	【思·享】垃圾分类要与垃圾运输、处理等能力匹配
307	【思·享】李承政：借鉴国外成功经验，完善农村人居环境整治的财政保障机制
308	【思·享】李承政：为什么广东省东翼地区农地流转率低，租金高？
309	【思·享】李润梁：家庭债务是如何强化经济波动的？
310	【思·享】李润梁：降息渐成不可持续货币政策
311	【思·享】李书娟　钱文文：消费扶贫与乡村振兴
312	【思·享】李书娟：供需不平衡导致中小学校外培训热，教育招考制度改革是根本解决途径
313	【思·享】林威：共享单车能走多远？
314	【思·享】刘丛：20 世纪以来的在美华人：《排华法案》、夹缝求生与社区支持
315	【思·享】刘珂：平台"二选一"，谁是赢家谁是输家？
316	【思·享】刘珂：人工智能时代反垄断监管需警惕算法合谋风险

（续上表）

序号	内容标题
317	【思·享】刘珂：算法推荐的潜在风险
318	【思·享】刘珂：信息传递越准确及时越好吗？
319	【思·享】刘珂：疫情之下，远程办公没有你想象的那么好
320	【思·享】卢晶亮：关于国人的收入状况，我们了解多少
321	【思·享】卢晶亮：推广分配性国民经济核算——托马斯·皮凯蒂的雄心壮志
322	【思·享】卢晶亮：疫情防控背景下新业态逆势上扬，为稳就业注入新动能
323	【思·享】卢晶亮：中国男足真的落后吗？来自经济学文献的证据
324	【思·享】马森：互联网＋教育如何在欠发达地区推广？——基于英语教学应用在陕西省推广的实地调研分析
325	【思·享】马森：我和我的室友："同群效应"的估计和应用
326	【思·享】美国《排华法案》与华人的反歧视抗争史
327	【思·享】明确监管、健全法律，小学生托管宜校内外相结合
328	【思·享】你知道吗？家庭地位和数学水平都影响了你的个税抵扣
329	【思·享】农村电子商务扶贫是精准脱贫的有效途径
330	【思·享】破除非户籍子女上学难问题，公共服务何日不再短缺？
331	【思·享】人工智能与劳动力市场（一）：当我们讨论人工智能时，究竟指的是什么？
332	【思·享】人口流动大数据对疫情防控的启示
333	【思·享】深圳真的爆发"离婚潮"了吗？专家这样解读
334	【思·享】沈军、叶德珠建言南沙自贸区金融创新发展
335	【思·享】唐立鑫等：最低工资上涨促进中国企业的对外直接投资了吗？
336	【思·享】唐曲：电力投资效益评估亟需中国经验
337	【思·享】淘宝村方兴未艾
338	【思·享】提高女性劳动参与率也可以提高男性的收入吗？
339	【思·享】调查失业率统计方法科学规范
340	【思·享】王武毅：如何管好你的闲钱
341	【思·享】王武毅：数字政府是实现国家治理现代化的重要途径
342	【思·享】王曦：什么影响管理者任期长短？
343	【思·享】我们将失去好医生吗？
344	【思·享】乡村振兴是实现农村"老有所养"的根本保障
345	【思·享】小额信贷，精准扶贫之利剑

（续上表）

序号	内容标题
346	【思·享】小学生托管机构怎样才能不"脱管"
347	【思·享】谢佳欣：社交软件真的让你快乐吗？
348	【思·享】谢佳欣：师范生公费教育能缓解信贷约束，吸引高分考生
349	【思·享】新时代，商事制度改革在路上
350	【思·享】严子中：如何定义"留守儿童"？
351	【思·享】杨尚铭：网络购物平台对"市场"的革新及其未来
352	【思·享】杨尚铭:《关于授权和委托用地审批权的决定》的解读
353	【思·享】杨尚铭：房价上涨的逻辑及其未来趋势的判断
354	【思·享】杨哲：防疫措施大幅减少其他呼吸系统疾病患病率
355	【思·享】杨哲：性别失衡能否促进女性地位上升？
356	【思·享】一线城市户籍鄙视链
357	【思·享】以功能性产业政策推动制造业高质量发展
358	【思·享】疫情防控需关注"系统性风险"城市
359	【思·享】用数据说话：北京的学区房贵吗？
360	【思·享】在戴口罩这件事上，我们与外国人差别有多大？
361	【思·享】在评估劳动力市场状况时，我们关心哪些统计数据
362	【思·享】张思思　谢慧如：楼市 U 型反弹企业健康承压
363	【思·享】张思思："五险"与"一金"存在根本差异，降费宜区别对待
364	【思·享】张阳阳等：一二三次分配分别是什么，为什么改革要一起推动？
365	【思·享】张毅：社交平台上"电子烟"对青少年的影响值得关注
366	【思·享】中国家庭就业调查：看看哪些行业加班多
367	【思·享】"规范细化"与"严格监管"合力规范社交电商发展
368	【他山之石】空气污染悖论？
369	【他山之石】杠杆率与经济周期新特征
370	【他山之石】杨尚铭：航空连接对经济活动的影响
371	【他山之石】中国抗击"新冠"措施与空气污染改善
372	【调查手记】何日相同返故园？——安徽留守儿童评估见闻
373	【调查手记】家庭教育，不能忽视的生命之重
374	【调查手记】穷则思变——广西易地扶贫搬迁调研手记

（续上表）

序号	内容标题
375	【调查手记】人生最幸福的事情，是成为伟大事业的一部分——中国家庭就业调查访问员感想｜上篇·思家国
376	【调查手记】人生最幸福的事情，是成为伟大事业的一部分——中国家庭就业调查访问员感想｜下篇·谈访问
377	【调查手记】身在其中，方知责任重——绵竹儿童认知与非认知能力发展追踪项目调查员感想｜上篇·孩子
378	【调查手记】身在其中，方知责任重——绵竹儿童认知与非认知能力发展追踪项目调查员感想｜中篇·家人
379	【调查手记】身在其中，方知责任重——绵竹儿童认知与非认知能力发展追踪项目调查员感想｜下篇·我们
380	【乡村振兴】韩昱洁：促进农村教育公平，助力广东乡村振兴事业
381	【乡村振兴】黄季焜：如何确保我国实现从脱贫攻坚向乡村振兴平稳过渡
382	【乡村振兴】李承政：推进农村"厕所革命"，完善广东农村卫生公厕建设
383	【乡村振兴】李承政：着力农村环境突出问题，实现广东乡村可持续发展
384	【乡村振兴】李书娟：提升乡村治理水平，奠定乡村振兴基石
385	【乡村振兴】卢晶亮：产业共建助推区域协调发展，促进粤东西北人口城镇化
386	【乡村振兴】牛梦琦：动态瞄准扶贫目标，夯实广东精准扶贫工作
387	【乡村振兴大讲堂】白军飞：为食品安全现代化治理插上科学的翅膀
388	【乡村振兴大讲堂】程国强：我国农业资源自给率与粮食安全政策逻辑
389	【乡村振兴大讲堂】郭红东：数字赋能，巩固脱贫成果与乡村振兴
390	【乡村振兴大讲堂】蒋和平：国家粮食安全视角下我国种业发展的思路和政策建议
391	【乡村振兴大讲堂】刘西川：新时期的农村金融理论：现实回应
392	【乡村振兴大讲堂】盛誉：农业全要素生产力的理论与测度：方法与数据
393	【乡村振兴大讲堂】汪阳洁：没有中间商赚差价？农村电子商务发展对农产品市场的福利影响
394	【乡村振兴大讲堂】王伟正：广东三农调查案例
395	【乡村振兴大讲堂】杨丹：农业产业组织市场势力测度与竞争机制设计——基于马歇尔冲突视角的分析
396	【乡村振兴大讲堂】易福金：粮食安全赋能乡村振兴：粮食生产支持政策的演进轨迹与内在逻辑
397	【乡村振兴大讲堂】周应恒：全面推进乡村振兴阶段的新部署——中央文件解读
398	【羊城派】张毅："水果自由"背后的关注点不应只是简单的供需关系

（续上表）

序号	内容标题
399	【智库动态】11 月智库月报
400	【智库动态】布鲁金斯—暨南政策论坛、民政部政策理论研究基地、流动人口子女论坛……IESR 4 月智库报告出炉！
401	【智库动态】高考、贸易战……我们用经济学的思维分析你关注的问题
402	【智库动态】关注新冠肺炎疫情，1—2 月智库成果月报
403	【智库动态】国务院《国是咨询》杂志报道我院智库工作及成果
404	【智库动态】垃圾分类、全球变暖、千村调查……7 月智库动态汇总
405	【智库动态】流动儿童教育、人力资本投资、就业……6 月智库报告出炉
406	【智库动态】全球价值链、乡村振兴、生育婚姻选择……7 月智库月报
407	【智库动态】人工智能、共有产权住房、降息……8—9 月智库动态汇总
408	【智库动态】水果自由、网红经济、高考改革……5 月热点，IESR 为你一次性解读
409	【智库动态】外国人永居、新冠肺炎……3 月热点一网打尽
410	【智库动态】我院与国家统计局合作报告在《调研世界》发表
411	【智库动态】新基建、千村调查报告……4 月，IESR 持续关注最新热点
412	【智库动态】养老、个税改革、就业公平……IESR3 月智库报告出炉
413	【智库动态】疫后财政补贴效果如何？深圳真的爆发"离婚潮"了吗？5 月智库报告出炉
414	【智库动态】疫情影响空气质量？远程办公真的好吗？8 月报有答案
415	【智库动态】粤港澳大湾区、南沙自贸区……9 月报把脉中国发展
416	【智库动态】在线教学是否有效？解读广东经济数据……详戳 10 月报
417	【专家观点】如何打造现代化农业强国
418	【专家观点】如何建设和谐富美乡村
419	陈志钢等：中国减贫独特经验："回头看"破解精准识别难题
420	反家暴日丨经济地位的提升能否使女性免受家暴威胁
421	高考录取平行志愿取代梯度志愿，是一种进步吗？丨深度解读
422	暨南大学乡村振兴研究院专家谈城乡居民养老
423	暨南大学乡村振兴研究院专家谈教育扶贫
424	暨南大学乡村振兴研究院专家谈如何促进劳动力和人才社会性流动
425	暨南大学乡村振兴研究院专家谈如何更优化农民收入结构，缩小城乡差距
426	聚焦三农话题建言乡村发展——"广东乡村振兴暨千村调查研讨会"会议精华
427	了解你不知道的"厕所革命"

（续上表）

序号	内容标题
428	刘诗濛接受南方日报采访：谈《"十四五"新型城镇化实施方案》
429	南都对话崔潇潇：作别看天吃饭，普及精准农业
430	如何衡量乡村振兴效果？刘守英：提出两个参考指标
431	汪三贵：脱贫"中国标准"是怎样制定的？下一步怎么走？
432	王鹏："粤台农林 34 条"为海峡两岸乡村振兴和融合发展增添新动力
433	王鹏在《国家治理》撰文：深入推进区域协调发展要做好乡村振兴这篇文章
434	谢宝剑接受大公报等采访：横琴粤澳深度合作区将对国际高端人才吸引力非常大
435	杨森平：如何加强落实金融服务新型农业主体？
436	再见 2019，你好 2020！ IESR 智库工作年终盘点
437	张思思接受南都采访："押一付一"提倡的落实是社会福利的进步

附录 5.1 2020—2022 届创新班毕业生去向

序号	学生	毕业去向
	2020 届创新班毕业生去向	
1	韩同学	新加坡国立大学　房地产系　博士
2	鄢同学	新加坡国立大学　商学院　博士
3	武同学	杜克大学　经济与计算　硕士
4	张同学	芝加哥大学　计算社会科学（经济学）　硕士
5	龙同学	新加坡国立大学　营销分析与决策　硕士
6	黄同学	哥伦比亚大学　社会科学量化方法　硕士
7	吴同学	哥伦比亚大学　社会科学计量方法　硕士
8	王同学	华威大学　商业会计与金融　硕士
9	曾同学	华威大学　行为经济学　硕士
10	宋同学	新加坡南洋理工大学　应用经济学　硕士
11	李同学	香港科技大学　交叉学科研究型（创新、政策与企业方向）　硕士
12	刘同学	台湾大学　经济学　硕士
13	黎同学	香港中文大学（深圳）　经济学　硕士
14	陈同学	香港中文大学（深圳）　经济学　硕士
15	张同学	中国人民大学　应用统计　硕士
16	肖同学	北京师范大学　经济学　硕士
17	李同学	上海交通大学　法学　专业硕士
18	张同学	对外经济贸易大学　经济学　硕士
19	邹同学	中央财经大学　经济学　硕士
20	钱同学	暨南大学　经济与社会研究院　政策中心研究助理

2021 届创新班毕业生去向		
序号	学生	毕业去向
1	江同学	北京大学　软件与微电子学院　硕士
2	柴同学	北京大学　软件与微电子学院　硕士
3	李同学	中山大学　国际金融学院　硕士
4	胡同学	中央财经大学　中国经济与管理研究院　硕士
5	武同学	厦门大学　经济学院　硕士
6	唐同学	上海财经大学　经济学院　硕士
7	杨同学	杜克大学　经济学　硕士
8	曾同学	伦敦政治经济学院　经济学　硕士
9	马同学	新加坡管理大学　经济学　硕士
10	张同学	悉尼大学　经济学　硕士
11	郑同学	新加坡国立大学　经济学　硕士
12	严同学	南洋理工大学　经济学　硕士
13	韩同学	南洋理工大学　经济学　硕士
14	范同学	南洋理工大学　经济学　硕士
15	李同学	香港大学　经济学　硕士
16	黄同学	香港中文大学和美国西北大学　经济学　硕士
17	孙同学	香港理工大学　经济学　硕士
18	麦同学	香港中文大学　管理学　硕士
19	沈同学	香港大学　经济学　硕士
20	周同学	香港大学　经济学　硕士
21	陈同学	中国人民大学中国调查与数据中心
22	汪同学	厦门国际银行股份有限公司珠海分行
23	龙同学	招商银行股份有限公司深圳分行
24	曹同学	广州逸仙电子商务有限公司
25	黎同学	江西贪玩信息技术有限公司
26	陈同学	广州小迈网络科技有限公司
27	叶同学	捞旺盛哥（武汉）餐饮有限公司
28	梁同学	广州零点有数数据科技有限公司
29	吴同学	房地产公司　行业分析研究员
30	文同学	广西泛糖科技有限公司　研究专员

2022 届创新班毕业生去向		
序号	学生	毕业去向
1	林同学	上海财经大学　金融计量专业　硕士
2	苗同学	北京航空航天大学　理论经济学专业　硕士
3	杨同学	上海财经大学　应用数学与计算科学专业　硕士
4	苏同学	中国人民大学　金融专业　硕士
5	许同学	哥伦比亚大学　应用分析专业　硕士
6	詹同学	杜克大学　经济学专业　硕士
7	王同学	康奈尔大学　应用经济与管理专业　硕士
8	郭同学	宾夕法尼亚大学　社会政策与数据分析专业　硕士
9	陈同学	约翰·霍普金斯大学商学院　硕士
10	古同学	新加坡国立大学　应用经济学专业　硕士
11	窦同学	新加坡南洋理工大学　应用经济学专业　硕士
12	韩同学	新加坡南洋理工大学　国际政治经济学专业　硕士
13	漆同学	伦敦政治经济学院　经济学专业　硕士
14	牛同学	伦敦政治经济学院　数据科学专业　硕士
15	廖同学	华威大学　行为与经济科学专业　硕士
16	蔡同学	曼彻斯特大学　社会研究与统计专业　硕士
17	周同学	香港大学　经济学专业　硕士
18	刘同学	香港大学　经济学专业　硕士
19	张同学	香港科技大学　经济学专业　硕士
20	蔡同学	香港中文大学（深圳）　经济学专业　硕士
21	刘同学	香港中文大学（深圳）　会计学专业　硕士
22	佘同学	阿姆斯特丹大学　经济学专业　硕士
23	邓同学	招商银行股份有限公司运营岗
24	张同学	普华永道会计师事务所审计部
25	黄同学	毕马威审计部

附录 5.2　研究院学生"挑战杯"大学生课外学术科技作品竞赛获立项名单

暨南大学第九届"挑战杯"大学生课外学术 科技作品竞赛获奖作品名单 哲学社会科学类社会调查报告和学术论文				
序号	获奖等级	学生信息	作品名称	指导老师
1	一等奖	廖浩业	新冠疫情之下的线上教育如何影响不同地区学生的学业表现——基于陕西七市问卷调查的实证研究	马　森
2	二等奖	李力添、杨静茹	地域产业政策与城市创新	蔡　澍
3	三等奖	王欣盼、汤智超、刘思雨	新冠疫情对土地交易的影响——基于对土地交易微观数据的研究	朱宏佳
4	三等奖	范李天琦、郑晓彤、梁　潇	金山银山与绿水青山——工业用地价格与污染源变迁的实证分析	朱宏佳
5	三等奖	陈洁烨、林炳锟、许笑寒	寒门再难出贵子？——探究学生群体教育机会差异的现状与影响	陈　祎

2020 年暨南大学"挑战杯"竞赛等学生课外学术科技创新创业竞赛 拟立项项目名单				
序号	项目编号	学生信息	作品名称	指导老师
1		邓佳注	广东省农村非正式组织对乡村治理的作用——基于广东千村调查数据的实证研究	李书娟
2		吴雨欣	互联网＋对农村经济发展的促进作用探究及经验总结——以山东 B 县为例	卢晶亮

2021 年暨南大学"挑战杯"竞赛等学生课外学术科技创新创业竞赛 拟立项项目名单				
序号	项目编号	学生信息	作品名称	指导老师
1	21111005	邱俊杰	粤港澳高校青年融合视角下混合住宿制度成效探究	薛　森
2	21111018	廖浩业	大湾区高校青年融合能否如愿以偿——基于暨南大学混合住宿制度的实证研究	马　森
3	21111034	孙楠欣	持久的"心灵烙印"——留守经历对子女教育的代际影响	韩昱洁

附录 5.3　2018—2020 年获广东大学生科技创新培育专项资金资助立项项目

2018 年广东大学生科技创新培育专项资金 （"攀登计划"专项资金）拟资助立项项目					
项目类别	姓名	年级	指导老师	项目成员姓名	项目名称
重点项目	肖　雄	2016 级	史　炜	黄稚雯	不分"闾左"可安民？——用主观幸福感对混合居住模式进行价值判断

2019 年广东大学生科技创新培育专项资金 （"攀登计划"专项资金）拟资助立项项目					
项目类别	姓名	年级	指导老师	团队成员	项目名称
一般项目	范李天琦	2017 级	朱宏佳	郑晓彤	金山银山与绿水青山——工业用地价格与污染源变迁的实证分析
一般项目	钱文文	2016 级	朱宏佳	韩亚婕	短期空气污染抑制政策的效果及影响机制评估
重点项目	鄢　瑜	2016 级	张思思	龙绪坤	机器人应用对我国就业率的影响——基于省际面板数据的实证分析

2020 年广东大学生科技创新培育专项资金 （"攀登计划"专项资金）拟资助立项项目					
项目类别	姓名	年级	指导老师	团队成员	项目名称
重点项目	陈洁烨	2017 级	陈　祎	林炳锟	寒门再难出贵子？——探究学生群体教育机会差异的现状与影响
一般项目	漆也畅	2018 级	薛　森	蔡　渝	老年流动人口与农村留守老人养老模式的探索与研究——基于 CHARLS 数据的实证分析

附录 5.4　研究院学生获大学生创新创业训练计划项目立项名单

2018 年度国家级大学生创新创业训练计划项目					
编号	项目名称	项目类型	期限	负责人姓名	导师
201810559088	不分"闾左"可得安居乐业？——用主观幸福感对混合居住模式进行价值判断	创新训练	1 年	肖　雄	史　炜

2018 年暨南大学大学生创新创业训练计划项目					
编号	项目名称	项目类型	期限	负责人姓名	导师
CX18346	不分"闾左"可得安居乐业？——用主观幸福感对混合居住模式进行价值判断	创新训练	1 年	肖　雄	史　炜
CX18347	广州市小学生课后托管研究——现状、问题及建议	创新训练	1 年	黎思嘉	李书娟
CX18348	探究政府监管对现金贷市场的影响	创新训练	1 年	武乘羽	宋　彦
CX18349	短期空气污染抑制政策的效果及影响机制评估	创新训练	1 年	韩亚婕	朱宏佳
CX18350	收入差距对生育意愿的影响——基于大型人口追踪数据的分析	创新训练	1 年	张艺瀞	薛　森
CX18351	中国现行高考平行志愿填报策略及其影响调查研究——以暨南大学学生群体为例	创新训练	1 年	张子晗	牛梦琦

2019 年国家级大学生创新创业训练计划项目					
编号	项目名称	项目类型	期限	负责人姓名	导师
201910559029	宗族网络与乡村教育振兴	创新训练	1 年	李　蔚	韩昱洁

2019 年广东省大学生创新创业训练计划项目					
编号	项目名称	项目类型	期限	负责人姓名	导师
S201910559015	基于 Nested Logit 模型探究区域空间结构对出行选择的影响	创新训练	1 年	沈诗悦	史　炜
S201910559016	金山银山与绿水青山——工业用地价格与污染源变迁的实证分析	创新训练	1 年	郑晓彤	朱宏佳

（续上表）

2019 年广东省大学生创新创业训练计划项目					
编号	项目名称	项目类型	期限	负责人姓名	导师
S201910559072	复合店的商业运营模式探究——以树德生活馆为例	创新训练	1 年	孙子雁	陈致中

2019 年暨南大学大学生创新创业训练计划项目					
编号	项目名称	项目类型	期限	负责人姓名	导师
CX2019269	复合店的商业运营模式探究——以树德生活馆为例	创新训练	1 年	孙子雁	陈致中
CX2019405	宗族网络与乡村教育振兴	创新训练	1 年	李　蔚	韩昱洁
CX2019406	基于 Nested Logit 模型探究区域空间结构对出行选择的影响	创新训练	1 年	沈诗悦	史　炜
CX2019407	新时代下宗族在乡村治理中的作用——基于"广东千村调查"数据的研究	创新训练	1 年	曾旭游	李书娟
CX2019408	食品参数透明化对消费者饮食选择的影响——基于线下餐厅随机实验的证据	创新训练	1 年	杨世宁	邱　筠
CX2019409	广东农村电商"农产品上行"现实困境——基于"广东千村调查"数据的研究	创新训练	1 年	严博雯	李书娟
CX2019410	金山银山与绿水青山——工业用地价格与污染源变迁的实证分析	创新训练	1 年	郑晓彤	朱宏佳

2020 年国家级大学生创新创业训练计划项目					
编号	项目名称	项目类型	期限	负责人姓名	导师
202010559019	扶贫必扶智——研究精准扶贫政策的补助对学生成绩的影响	创新训练项目	1 年	刘润林	Jun Hyung Kim
202010559020	新时代大学生村官如何助力乡村振兴：以生态文明建设为例	创新训练项目	1 年	陈洁烨	李书娟
202010559021	有教可得无类乎？——以广东省为例探讨随迁子女义务教育阶段后的就学情况	创新训练项目	1 年	郭　琪	徐吉良

2020 年广东省大学生创新创业训练计划项目					
编号	项目名称	项目类型	期限	负责人姓名	导师
S202010559021	家庭教育投资对留守儿童学业表现的影响及异质性分析——基于正态混合模型的稳健回归	创新训练项目	1 年	苏琦涵	严子中
S202010559022	"云中课堂"能否如愿以偿？——新冠疫情下城乡教育信息化发展现状初探与信息化教学效果差异研究	创新训练项目	1 年	卢雅雯	张思思

2020 年暨南大学大学生创新创业训练计划项目					
编号	项目名称	项目类型	期限	负责人姓名	导师
CX20419	扶贫必扶智——研究精准扶贫政策的补助对学生成绩的影响	创新训练项目	1 年	刘润林	Jun Hyung Kim
CX20420	新时代大学生村官如何助力乡村振兴：以生态文明建设为例	创新训练项目	1 年	陈洁烨	李书娟
CX20421	有教可得无类乎？——以广东省为例探讨随迁子女义务教育阶段后的就学情况	创新训练项目	1 年	郭 琪	徐吉良
CX20422	家庭教育投资对留守儿童学业表现的影响及异质性分析——基于正态混合模型的稳健回归	创新训练项目	1 年	苏琦涵	严子中
CX20423	"云中课堂"能否如愿以偿？——新冠疫情下城乡教育信息化发展现状初探与信息化教学效果差异研究	创新训练项目	1 年	卢雅雯	张思思
CX20425	外来人口对本地居民主观幸福感的影响——基于不同空间维度的探究	创新训练项目	1 年	陈星彤	严子中
CX20426	实现猪肉自由，真的很难吗？——基于"保险＋期货"模式对"三农"的影响与探索	创新训练项目	1 年	牛烁衡	李润梁 崔潇濛
CX20427	包容性绿色增长与乡村环境振兴	创新训练项目	1 年	邹城捷	唐高洁
CX20428	"逃离北上广"还是"逃回北上广"？——基于"知乎"网络文本信息的综合分析	创新训练项目	1 年	蔡 渝	薛 森

（续上表）

2020 年暨南大学大学生创新创业训练计划项目					
编号	项目名称	项目类型	期限	负责人姓名	导师
CX20429	区域经济发展如何影响学生成绩？——基于对中国代表性区域的实证研究	创新训练项目	1 年	黄颖欣	宋　彦
CX20430	产业政策与企业创新	创新训练项目	1 年	李力添	蔡　澍
CX20431	经济地理与工资差异	创新训练项目	1 年	胡蕴逸	卢晶亮
CX20545	LDS 图书馆饮水解决方案	创业训练项目	1 年	王琛睿	苏　潇

2021 年国家级大学生创新创业训练计划项目					
编号	项目名称	项目类型	期限	负责人姓名	导师
202110559015	父母的留守经历对于子女教育的影响——基于中国乡城流动人口调查数据的实证分析	创新训练项目	1 年	孙楠欣	韩昱洁

2021 年广东省大学生创新创业训练计划项目					
编号	项目名称	项目类型	期限	负责人姓名	导师
S202110559022	大型公共卫生事件与股市反应——基于事件研究法的验证	创新训练项目	1 年	王欣盼	李润梁

2021 年暨南大学大学生创新创业训练计划项目					
编号	项目名称	项目类型	期限	负责人姓名	导师
CX21376	父母的留守经历对于子女教育的影响——基于中国乡城流动人口调查数据的实证分析	创新训练项目	1 年	孙楠欣	韩昱洁
CX21377	大型公共卫生事件与股市反应——基于事件研究法的验证	创新训练项目	1 年	王欣盼	李润梁
CX21378	大湾区高校青年融合能否如愿以偿——基于暨南大学混合住宿制度的实证研究	创新训练项目	1 年	廖浩业	马　森
CX21379	洪涝灾害对沿岸城市发展的影响	创新训练项目	1 年	晋雨欣	朱宏佳

后 记

　　年与时驰，转瞬七载。犹记当年驱车南下，两天时间从上海带着全部家当到广州的情景。其实当时的我对于很多具体的情况都不太了解，可以说仅凭着满腔热情和对于未来的美好期望就来到了一个非常陌生的环境。七年回望，多蒙保守，备受祝福，最深切的感受是感恩。

　　感恩这七年，必不可少的是学校领导们的大力支持。当时欣逢广东高水平大学建设的东风，学校在经费上给予了充足的支持，更为难能可贵的是，在体制机制上给了我们试错的空间。2017 年，我们就是这样被选定为"综合改革示范区"试点单位的。如果没有学校的大力支持，根本无法想象我们能进行本书所总结的一系列探索。回头来看，只能说幸运。还记得当时到暨大和胡军校长吃第一餐午饭的情景，我以为是一次正式的面试，没想到却是一次和长者轻松平等的交流。再后来，林如鹏书记和宋献中校长一如既往的信任和支持，保证了研究院的机制体制能按照最初的设想运行下去。王兵副校长从担任人事处处长开始，在引进我本人、建立 IESR，以及协助解决研究院实际运行问题等方方面面都事无巨细地做了大量工作，给予了毫无保留的支持。还有其他校领导、各部门领导和同事们的关心支持，都令人感激暨南大家庭的包容和温暖。许许多多的名字恕不能在此一一列举，但过往的点滴帮助都铭记心间。

　　感恩这七年，难能可贵的是师长朋友们的无私襄助。甘犁老师在 IESR 创办初期给了我很大的支持，他亲自到暨南大学参加我们研究院的成立仪式，鼓励我在当年抓紧时间招聘第一批教师。其中，我尤为感激的是甘老师在社会调查中心的建立上给予的全方位有力支持，使得我们可以在比较短的时间内完成社会调查中心的建设。在 2016 年 3 月研究院刚刚成立、还没有教师到位的情况下，Heckman 教授访问暨南大学，并从那以后与研究院开展了多方面的合作，对我们提升在国际学术界的影响力提供了巨大的支持。特别感谢田国强老师及上海财经大学的理解和支持，我们最初在暨南大学实施的制度，很多都是以我个人在上海财经大学的经历为蓝本的。感谢胡颖尧、徐熠等多位学界朋友的支持，他们利用自己在国际学术界的影响，在不同的专业方向带动我们的年轻教师精进，使得研究院在很短的时间内就在学术成绩上达到了相当的高度。还有很多国际和国内学术界的前辈和同行在这七年间访问暨南大学，关注研究院的成长，对我们取得的一些成绩给予了肯定和鼓励，在此一并感谢。

感恩这七年，铭感不忘的是研究院同事们和学生们的共同奋斗。首先特别需要感谢的是行政团队。研究院的行政教师基本都是在成立之时招聘的，当时她们绝大多数都是应届毕业的研究生。她们与研究院共同成长，奋斗相伴至今，已经度过了人生的好几个阶段。本书的内容，很多都是她们每天具体工作的总结和呈现。还需要特别感谢的是管理团队，几位副院长、院长助理也多是伴随着研究院共同成长起来的，他们在学术研究和教学工作之外，为研究院的发展献计献策，承担了很多的公共服务工作。同样，研究院在学术研究和人才培养方面取得的成绩，离不开我们的师资团队。加入一个全新的学院，对于教师们而言无疑需要冒一定的风险，所以我钦佩他们"吃螃蟹"的勇气，更感谢他们"用脚投票"的支持。研究院下辖的社会调查中心的同事们，以专业的素质为社会调查这个建设目标和特色付出了辛劳，他们是真正用脚"丈量"祖国大地、深入田间地头的人。当然，我也特别为研究院的所有学生感到骄傲，看着他们从研究院前往全球名校继续深造、奔赴五湖四海实现人生梦想，这让我们深感一切工作都更加有意义。

写这本书的目的，是为研究院的这七年做一个总结和记载。中国经济学教育界近几十年日新月异，不断发展变化，许多学校都在尝试各种各样的改革举措。我们在暨南大学所做的，既不是最先，相信也不会是最后。我们效法前贤，很多的做法都是学习在我们之前的改革者，如上海财经大学、厦门大学、西南财经大学等学校，同时在具体运行中根据暨南大学的实际情况不断进行改善。中国的大学和学院应如何管理，学科该如何发展，人才要如何培养，国际化办学道路应该怎么走？希望本书能够为中国高等教育改革和发展的探索增加一个新的小小的数据点，同时也借此书与同行进行交流与探讨。

本书的成书过程是集体协作的过程。对于研究院过往各项材料的系统整理由行政团队按工作分工分别进行，由张晓负责材料审核、内文统筹、文字校对等工作的全过程把关。参与各章初稿撰写的行政团队教师包括张晓、徐梦瑶、林嘉瑜、邱湘燕、蔡熙悦、武茜、黎莉、唐飞燕、樊静文、李晴虹，调查中心执行主任何李芮。参与各章修改或提供润色意见的教师包括张思思、卢晶亮、史炜、薄诗雨、薛森、崔潇濛、朱宏佳、李承政、唐高洁。出版过程中，张晓、樊静文、李封乾等同事在沟通协调、确认各种资料准确性等方面付出了大量努力。此外，本书得以付梓，还要感谢暨南大学出版社的大力支持，特别是曾鑫华老师提供了专业的编辑建议，在此一并表示诚挚感谢。

是为后记。

冯帅章

初稿于 2022 年 12 月，最终修改于 2023 年 4 月